21 世纪高职高专系列教材

旅行社经营管理

主　编　魏　凯　张　静
副主编　韩国华　宋斐红　闫淑琴

山东大学出版社

图书在版编目(CIP)数据

旅行社经营管理/魏凯,张静主编.—济南:山东大学出版社,2007.8(2019.3重印)
ISBN 978-7-5607-3439-2

Ⅰ.旅...
Ⅱ.①魏...②张...
Ⅲ.旅行社—企业管理—高等学校:技术学校—教材
Ⅳ.F590.63

中国版本图书馆CIP数据核字(2007)第132287号

山东大学出版社出版发行
(山东省济南市山大南路27号　邮政编码:250100)
山东省新华书店经销
济南铁路印刷厂印刷
710×980毫米　1/16　16.75印张　311千字
2007年8月第1版　2019年3月第2次印刷
定价:27.80元

前　言

教材是高等职业教育院校人才培养体系中的关键部分，高职高专教材建设必须实现从以教师为主体的传统观念到以学生为主体的现代教育观念的转变，从重理论、轻实践到理论与实践并重的转变，从以知识传授为主到以能力培养为主的转变。本书注重了理论知识的把握与定位，根据高职高专生源的实际情况，以学生为主体确定理论知识深度；另外，在教材的编写中注重加强实践性教学环节，融入实训内容，保证对学生实践与操作能力的培养，体现高等职业教育应用型、实践型人才的培养目标。让学生在掌握必要的基础理论和专业知识的基础上，重点掌握从事本专业实际工作的基本知识和职业技能。本书理论联系实际，力求反映当前旅行社行业的最新发展趋势，并且更加符合高职高专学生的知识结构和理论基础水平。

该书具体分工如下：魏凯、张静完成全书写作大纲、全书统稿工作，周大鹏完成第一章，宋斐红、刘宝平、纪建荣完成第二章，邵玲完成第三章，张健、宋斐红、曹银玲完成第四章，韩国华、刘宝平完成第五章，冯茂娥完成第六章，韩国华、闫淑琴完成第七章。

由于作者水平有限，疏漏、不足之处在所难免，恳请读者不吝赐教。

魏　凯

2007 年 6 月

目 录

第一章　旅行社概述

【学习目的】

- 了解世界旅行社及我国旅行社的产生与发展。
- 掌握旅行社的性质与职能。
- 掌握旅行社的基本业务和行业特点。
- 掌握旅行社的分类，明确旅行社的设立。
- 掌握旅行社行业的发展趋势。

第一节　旅行社的产生

旅游活动的发展是旅行社得以产生和发展的条件，旅游活动是旅游者和旅游经营者在旅游产品交易过程中所形成的旅游需求与旅游供给之间矛盾运动的过程。伴随着巨大而有潜力的近代旅游需求的产生，为满足这些需求而提供旅游产品和服务的专门机构——旅行社就应运而生了。

一、世界旅行社的产生与发展

（一）旅行社产生的历史背景

旅行活动，自古有之。从中外旅游的发展历史来看，早期的旅游活动无论是探险者、朝圣者、传教者还是经商者，主要都是依靠自己的力量来完成旅行，没有专门为旅游者提供服务的行业。而作为为人们旅行提供服务的专门机构的旅行社，则最早产生于产业革命后的英国。

18 世纪中叶发生的英国工业革命，使整个世界范围的产业结构和人们的生活方式发生了重大变化，同时也极大地改变了旅游活动的方式和发展方向。产业革命使社会生产力迅速发展、社会财富急剧增加，使更多的人开始有能力支付旅行费用；科技发展使运输工具大大地革新，运输能力大幅度提高，运输时间不断缩短，尤其是铁路运输技术的发展，为大规模的人员流动提供了条件；而城市化进程的加快，改变了人们的工作性质和生活方式，不仅使人们产生了强烈的旅游愿望,也使人们在长期劳资斗争中争取到更多的带薪休假的权利。所有这一切,都为旅游活动日益大众化提供了机会和条件。

在19世纪初的英国,人们支付能力的提高、度假动机的产生和交通工具的进步等因素共同促进了旅游活动的开展,出游的人数大量增加。但是,当时绝大多数人都没有旅行的经验和习惯,不了解异国他乡的情况和有关的旅行手续,语言交流、异地民俗禁忌和货币兑换方面的障碍,这些都是人们计划外出旅游时所担心的问题。那些具备旅游动机的潜在旅游者需要专业化的旅行服务。于是,一批敏锐捕捉市场信息的先行者意识到了旅行服务的重要意义和市场价值,开始创办旅行代理事业。第一位真正将组织旅行活动作为自己的正式职业的人,是英国的托马斯·库克(Thomas Cook),他至今仍被尊为“世界旅行社之父”。

(二)旅行社的产生

世界上第一位真正的、专职的旅行代理商托马斯·库克,1808年11月22日出生于英格兰德尔比郡的一个贫寒家庭,10岁时辍学从业,先后做过帮工、木匠等,17岁进入教会,教士生涯使他有机会游历许多地方。当时身为传教士的库克同时也是一位热心的禁酒演说家,他利用面对机器化大生产中人们产生的心理危机,以参加戒酒运动为号召,创造性地组织了世界上第一次团体包价旅游。1841年7月5日,他包租了一列往返列车,组织570人参加一次禁酒大会,往返车费每人1先令,包括交通费用、乐队演奏赞歌、一次野外午餐和午后茶点。这是世界上第一次团体包价旅游,同时也标志着旅游业由古代旅游阶段进入了近代旅游阶段。其重要意义主要体现在两方面:一是具备了现代旅行社组团的基本特征,体现了参与人员的规模性和广泛性。二是开创了现代旅行社的全程陪同业务。库克在此次活动中作为发起人、筹备者、组织者以及陪同者,自始至终随团陪同。这次活动目的虽然是非商业性和非观光性的,但其中的成功经验却为库克正式开展商业性旅游经营活动、创办旅行社奠定了良好的基础。此后,在多次组织类似的旅行活动中,库克逐步认识到其中蕴含着巨大的商业机会,他的思想与当时英国的铁路和海上客运的发展相配合,使有组织的旅游活动在公众中逐渐普及开来。

1845年,他正式创办了世界上第一个为公众旅游服务的旅行社,从而开创了旅游活动产业化的道路。同年,他组织了第一次消遣性的观光旅游团(从莱斯特至利物浦),参加的旅游者有350人。库克本人对这次旅游进行了周密的计划,并事先亲自考察旅游路线,确定沿途的游览点,与各地客栈老板商定游客的吃住等事宜。回来后,整理出版了《利物浦之行手册》,发给旅游者,成为早期的旅游指南。次年,他又组织了300多人到苏格兰集体旅游,并配有向导(相当于后来的导游)。旅游团所到之处,受到热烈欢迎。从此,托马斯·库克与他的旅行社的名字蜚声于英伦三岛。1851 年,他组织了 16.6 万多人参观在伦敦举行的第一次世界博览会。1855 年,世界博览会在法国巴黎举行,库克又组织了 50 多万人前往参观,使旅游业第一次打破了国家的界限,走向世界。1865 年,托马斯·库克父子公司宣告成立,全面开展旅游业务,标志着世界上第一个以营利为目的、向社会大众提供专业化旅游服务的机构正式成立。1872 年,库克组织了 9 位不同国籍的旅游者进行为期 222 天的第一次环球旅游。这次环球旅游的成功受到世人的称颂。之后,库克又在欧洲、美洲、澳大利亚和中东等地区建立了自己的旅游服务网络。到 19 世纪末期,库克父子公司已发展成为一个以旅游、银行和航运为主营业务,跨国经营、多元化经营的大型旅游公司,企业市场范围遍及世界各地。

补充阅读资料 1-1

世界旅行社之父——托马斯·库克

托马斯·库克至今仍被尊称为“世界旅行社之父”,不仅因为他开创了一种商业模式,运用了创新的营销与服务,更因为他的理念彪炳史册。

1841 年 6 月 9 日,32 岁的英国手艺人托马斯·库克来到莱斯特,他发现当时(维多利亚时期)很多的社会问题都和酗酒有关,他认为如果人们不再酗酒并且接受更好的教育,生活质量将大为改观。为了帮助人们戒酒,他成立了一个戒酒会。为了帮助会员们摆脱精神上的苦恼,库克决定让他们看看外面广大的世界,接近大自然。他把聚会安排在铁路沿线的几个重镇上,让会员们有旅行的机会,还要求铁路部门票价上打折。在托马斯提议下,1841 年 7 月 5 日,运载着 500 多名乘客的首列观光列车从莱斯特出发。游客周游了 12 英里后返回莱斯特,只花了 1 先令,包括交通费用、乐队演奏赞歌、一次野外午餐和午后茶点。库克为旅行者讲述旅途中的景物和历史渊源,而且他自小就在外面流浪奔波,对出门远行者的心情十分了解,生活起居上照顾得很周到。那次旅行组织得非常成动,由此很多人戒酒成功。

在这次成功的鼓舞下,1845 年,托马斯库克在英国的莱斯特正是成立了托马斯·库克旅行社,开始专门从事旅行代理业务,成为世界上第一位专职的旅行代理商。旅行社的出现是近代旅游业诞生的标志。

1851 年,正值伦敦水晶宫举行世界博览会,库克抓住这个机会想大做一笔生意,库克父子总共带去 15.6 万多名参观者。他儿子负责在伦敦的接待工作,替客人安排交通工具和住宿,做得有条不紊,使客人感到没有一点不方便的地方。每批客人在去博览会之前,小库克都扼要地把值得看的东西说明一遍,而且把参观路线编成小册子，游客人手一本，好让他们参观时按图索骥。另外，为每个游客准备一份廉价的午餐，因为博览会里面的饮食贵得吓人，虽然游客不一定在乎，但能省钱总是让人高兴的。这些措施对现代的旅行社来说已算不上什么特别措施，但在那个保守年代已是很创新的举措。

库克父子公司所组织的几个特殊性质的旅行团最为人们津津乐道，例如创办百慕大蜜月旅行、巴厘岛观光等。“经营旅行观光事业，不仅带别人去游山玩水，更是探求新知识、新事物的先锋队”，这是老库克的理想。

到 1864 年，经托马斯·库克组织的参加旅游的人数已累计达 100 多万，他的名字也成了旅游的代名词在欧美地区家喻户晓。“我们要把所有委托本公司代理的旅客都当作即将出远门的朋友。”这是他 82 岁临去世那年对他后人说的话。

（资料来源：http://blog.uzai.com/uzai-info/47.html。有删改）

（三）旅行社的发展

19 世纪下半叶，在托马斯·库克本人的倡导和其成功的旅游业务的鼓舞下，在欧洲相继成立了一些类似于旅行社的组织，使旅游业成为世界上一项较为广泛的经济活动。例如，1850 年，英国人托马斯·尔内特成立为旅客提供旅行日程安排、车辆、食品及相关用品的“旅游者组织”；1857 年和 1885 年，英国先后成立了登山俱乐部和帐篷俱乐部；1890 年法国和德国成立了观光俱乐部。1850 年，美国运通公司开始兼营旅游业务，并在 1891 年发售了“旅行支票”，打破了国际币制不同的障碍，因大受旅游者的欢迎而通行至今。1893 年，日本设立了专门接待外国游客的“喜宾会”，开始专门从事招徕和接待外国游客和代办旅行的各项服务，1926 年正式定名为“日本交通公社”。意大利和前苏联也分别在 1927 年和 1929 年成立了自己的旅行社。近代旅行社业在各国都开始蓬勃发展起来。到 20 世纪初，旅行社得到了更大的发展，美国的运通公司、英国的托马斯·库克公司和以比利时为主的铁路卧车公司成为当时世界旅行社业的三大巨头。

二、我国旅行社的产生与发展

（一）近代的中国旅行社

我国旅行社在近代出现，其运行方式带有明显的国情特征，是在西方外来因素的催化和中国内部经济结构变更的共同作用下产生的，是近代中国旅游需求增长的结果。

20 世纪初，英国的通济隆公司（托马斯·库克旅行社）、美国的运通公司和日本的国际观光局相继进入中国市场，在上海、天津、广州等地设立了分支机构，垄断了中国的旅游业务。20 世纪 20 年代，随着国人旅游需求的上升，国内、国际旅游市场规模迅速扩大，要求有专门机构为人们的外出旅行活动提供便利和服务。在这种有利的客观环境下，中国的旅行社应运而生。上海是民族资本较为集中的地方，作为口岸城市，与国际联系比较密切。1923 年 8 月，爱国民族资本家陈光甫先生在上海商业储蓄银行创立了旅行部，本着"发扬国光，便利旅行，阐扬名胜，提倡游览，辅助工商，服务社会"的宗旨，承接各项旅游业务。刚开始的业务仅是代售沪宁、沪杭甬两铁路线火车票，随着市场拓宽，又承揽旅游观光业务。1924 年春，旅行部组织了国内第一个观光团，由上海乘专列赴杭州旅游，日程活动事先详细制定，沿途还配备专业导游。1925 年春，又组织了赴日本旅游的"观樱团"，为期 5 周，开我国国际包价旅游的先河。1927 年春，该旅行社出版了中国第一本旅游杂志——《旅行杂志》(1954 年停刊)。随后，在铁路沿线和长江主要港口设立办事处，旅行部业务量不断攀升。在此基础上，1927 年 6 月，旅行部从银行独立出来，更名为"中国旅行社"(现为香港中国旅行社股份有限公司)。1927～1937 年，是中国旅行社业务大发展时期，在市场开拓、经营规模、经营实力、社会影响等各方面都取得了辉煌的业绩，成为一个拥有 87 个分支机构和招待所、近千名员工、业务范围和影响遍及海内外的中国民族资本连锁旅游企业，基本上构筑了近代中国体系较为完善、地区分布合理的国内外旅游服务网络。1937 年抗日战争全面爆发后，中国旅行社基本上停止了正常的旅游业务。

近代中国出现过不少类似的旅游中介机构，如中国汽车旅行社、萍踪旅行社以及几家由外国人开办的旅行服务机构，但影响、规模都远不及中国旅行社。作为近代中国旅游业的主干部分，中国旅行社所开创的事业，足以成为中国近代旅游活动的产生和旅游服务行业出现的标志。

(二)中华人民共和国的旅行社业

中华人民共和国旅行社业的形成和发展始于 1978 年，是改革开放的结果。旅行社业作为具有一定规模的经济行业，在我国出现于 20 世纪 80 年代中期。

中华人民共和国成立后的第一家旅行社是 1949 年 11 月在厦门成立的华侨服务社(现名"厦门中国旅行社")，当时是为了满足华侨和侨眷出入国探亲旅游等需要设立的。初期许多服务是免费的，不以营利为目的。后来出于对外事工作的考虑，经国务院同意，又成立了两个系统的旅行社：一是 1954 年成立的中国国际旅行社总社及其分社，由国务院及地方政府的外事办领导，负责接待外国自费旅游者；二是 1957 年以各地的华侨服务社为基础组建成的华侨旅行服务社(1974 年更名为"中国旅行社")总社及其分社，归政府侨务系统，以外籍华人、海外华侨、港澳同胞和台湾同胞为接待对象。1980 年，隶属于共青团系统的中国青年旅行社总社及其分社的成立，则象征着我国旅行社业三大组织体系的最终完成。按照国家旅游局当时的规定，全国只有国旅、中旅、青旅三家旅行社拥有旅游外联权，1980 年，这三家旅行社接待的海外旅游者占到全国有组织接待人次的 80%。国家实施旅游外联权的保护政策，使得我国旅行社经营在较长时间内形成了国旅、中旅、青旅寡头垄断的格局。

改革开放以后，海外旅游者以每年 20%的增长速度涌入我国，相对于急剧膨胀的国际旅游需求，旅游供给出现严重短缺。这种供不应求的状况，为我国旅行社大发展创造了良好的经营环境。为了更好地服务于我国不断增长的境外旅游市场，1984 年国家旅游局下放了旅游外联权，允许更多的单位经营国际旅游业务，并授予他们业务经营所必需的签证通知权。这一举措刺激了旅行社数量的增加，到 1987 年底，我国的旅行社数量已经增长到 1245 家。后来又规定旅行社应由行政事业单位改为企业单位。1985 年，国务院颁布了我国旅游行业的第一部管理法规——《旅行社管理暂行条例》。《旅行社管理暂行条例》以法律的形式再次对旅行社的企业性质作出规定："旅行社是依法设立并具有法人资格，从事招徕、接待旅游者，组织旅游活动，实行独立核算的企业。"同时，按照业务范围将我国的旅行社划分为三种类别：一类社、二类社和三类社。其中一、二类社为国际旅行社，三类社为国内旅行社。并指出，只要符合条件并经旅游行政主管部门批准，中央和地方各部门均可开办旅行社。此后，我国旅行社数量迅速扩增，作为一个独立的旅行社行业就此浮出水面。旅行社群雄逐鹿，少数几家旅行社的垄断经营风光不再。国旅、中旅、青旅三家旅行社接待旅游人数占全国有组织接待旅游人数的比例，到 1987 年由 80%下降为 39%。旅行社业由寡头垄断向竞争过渡。

随着我国国民经济的发展，20 世纪 90 年代以来，我国公民国内旅游和出境旅游的兴起成为我国旅游市场的亮点。为了使行政法规能够更好地发挥指导实践的作用，1996 年 10 月，国务院颁布了《旅行社管理条例》，对我国的旅行社业进行了重大的调整。《条例》将我国的旅行社按照业务范围划分为"国际旅行社"和"国内旅行社"两种类型。国际旅行社的经营范围包括入境旅游业务、出境旅游业务和国内旅游业务，国内旅行社的经营范围仅限于国内旅游业务。对于国际旅行社来说，经营出境旅游业务需要得到国家旅游行政管理部门的授权批准。

进入 20 世纪 90 年代，我国旅行社业运行环境风云突变，供求关系由原有的卖方市场转向供过于求的买方市场。旅行社数量的持续上升，进一步加剧了市场竞争。旅行社经营中暴露出来的问题，如非法经营、恶性削价、违规违约操作等，一度成为旅游行业关注的焦点。到 2007 年前后，我国旅行社普遍存在着企业规模小、经营分散、实力弱、效益差的状况。"小""散""弱""差"困扰着我国旅行社的健康成长。在加入世界贸易组织后,我国旅行社业也面临着行业全面开放的态势,旅行社业重组、改革势在必行。

第二节 旅行社的性质与职能

一、旅行社的性质

1996年国务院颁布的《旅行社管理条例》对我国旅行社的性质作出明确规定:“旅行社是指有营利目的,从事旅游业务的企业。”其中“旅游业务”是指“为旅游者代办出、入境和签证手续,招徕、接待旅游者旅游,为旅游者安排食宿等有偿服务的经营活动”。

旅行社作为旅游企业的一类,既有与其他旅游企业相类似的共性,也有其自身的特性。从旅行社的业务范围及其日常运作过程中,我们可以分析出旅行社的几个基本性质。

1. 服务性

服务性是旅游产业中所有旅游企业兼具的,也是旅游企业与工业企业相区别之处。作为向旅游者提供旅游产品的旅游企业,自始至终都离不开服务这一核心内容。同时,由于旅游产业不仅仅是一项独立的具有经济属性的产业,它的发展还涉及许多社会问题。旅行社作为旅游产业的重要组成部分,其经营旅游产品的出发点和归宿点正是旅游者的旅游需求及其满足,所以在旅行社的发展过程中,其服务性正是经济效益和社会效益的双重体现,是一个地区、一个国家形象的代表之一,因而我们也称之为“窗口行业”。

2. 营利性

这是旅行社作为企业而具有的共性,也是其根本性质。企业的最终目的是追求利润最大化,旅行社是一个独立核算、自负盈亏的经营性组织,因而也担负着营利的重任。

3. 中介性

作为旅游服务企业,旅行社成为旅游消费者与旅游服务供应商之间的纽带,并为促进旅游产品的销售做出了很大的努力,对于活跃旅游市场起到了非常积极的促进作用。旅行社本身的运作主要是依托各类旅游吸引物和旅游供给设施,并涉及旅游需求的全部内容来组织产品和创新产品,从而完成从资源到效益的转化。

旅行社这类企业存在和发展的根本原因在于创造了一种新的信息传递方式和资源组合方式。这两种方式的结合形成了在这一领域的富有效率的经济组织，以企业的规模性替代了个体旅游服务的零散性和游击性，以企业的整体形象降低了市场销售变化的冲击，以集团化、网络化、高新科技化创造了更新更好的信息传递机制，从而在旅游市场竞争中得以生存和发展。

二、旅行社的基本职能

作为为旅行者提供旅行服务的专门机构，旅行社一般都具有以下五种基本职能：

1. 生产职能

旅行社的生产职能也可以称为“组装职能”。在我国，旅行社大多以低于市场价格的价格向饭店、旅游交通和其他相关部门批量购买旅游者所需的各种服务项目，然后进行组合加工，并融入旅行社自身的服务内容，进而形成具有自己特色的旅游产品。就团体旅游而言，旅行社最终出售的是一件完整的旅游产品，而非组成旅游产品的零散部件。其他相关部门的服务在这一过程中只是旅行社产品的“生产原料”，而非产品本身。就这种意义而言，旅行社具有生产职能。

2. 销售职能

旅游产品的无形性和生产与消费的同一性，使得旅游产品的销售较物质产品更为复杂，同时也使得旅游产品的销售对销售渠道的依赖性变得更强。如果没有畅通的销售渠道，旅游者就要在对旅游目的地知之不多甚至一无所知的情况下，广泛搜集有关旅游信息，办理各种繁琐的旅游手续，特别是当旅游者所需要的不仅是本国或本地区个别的旅游项目，而是一种跨国度、综合性的旅游产品时，这种状况无疑会在一定程度上抑制旅游者外出旅游的需求。生产的社会化分工，决定了需要有这样一种组织，它将专门从事旅游产品的组装与加工，并广泛存储各种有效旅游信息，满足旅游者对旅游产品信息的广泛需求，承担起沟通买卖双方的任务，使旅游产品更顺利地进入消费领域。旅行社亦因此成为旅游产品重要的销售渠道，并具有销售职能。

3. 组织协调职能

旅游活动涉及行、住、食、游、购、娱等诸多方面，旅行社要保障旅游活动的顺利进行，就离不开旅游业各部门和其他相关行业的合作与支持，而旅游业各部门之间以及旅游业与其他行业之间存在的都是一种相互依存、互惠互利的合作关系，旅行社作为其中的一个组成部分，并不具备对其他部门的管辖指挥权。因此，旅行社要想确保旅游者旅游活动的顺利进行，就必须进行大量的组织与协调工作，在确保合作各方实现各自利益的前提下，协同旅游业各有关部门和其他相关行业，保障旅游者旅游活动过程中各个环节的衔接与落实。组织协调职能于是成为旅行社的又一基本职能。

4. 分配职能

旅游者在旅游活动过程中的消费是多种多样的，特别是在包价旅游的情况下，旅游者通常为其各种的旅游活动一次性预付全部或部分费用。这不仅意味着旅行社要根据旅游者的要求，在不同的旅游服务项目之间合理分配旅游者的支出，以最大限度地满足旅游者的需要，而且还要在旅游活动结束后，根据接待过程中各相关部门提供的服务的数量和质量合理分配旅游收入，这就是旅行社的分配职能。

5. 提供信息职能

一方面，旅行社作为重要的旅游产品销售渠道，始终处于旅游市场的最前沿，熟知旅游者需求变化和市场动态，这些信息若能及时提供给相关部门，会对他们的经营管理具有指导意义，而相关部门经营的改善和服务质量的提高无疑也有利于旅行社自身的发展；另一方面，旅行社作为旅游业重要的销售渠道，应及时、准确、全面地将旅游目的地各相关部门最新的发展和变化传递到旅游市场中去，以促使旅游者购买。

第三节 旅行社的基本业务与行业特点

一、旅行社的基本业务

（一）前台业务

所谓前台业务，是指旅行社的服务人员直接向旅游者提供的服务，包括信息咨询、单项预订、产品的销售与组织实施及售后服务等。在前台业务的运行过程中，旅游者将参与到服务的过程中来，并对服务质量产生影响。

旅行社的前台业务主要有：

(1)旅游信息咨询；

(2)单项旅游服务的预订；

(3)包价旅游产品的销售；

(4)旅游接待业务；

(5)售后服务。

总的来看，旅行社的前台业务可以通过几种形式得以开展，既可以由旅游者到旅行社进行咨询、预订，也可以由旅行社的人员进行上门服务。在我国，旅行社最为普遍的业务操作方式是利用传真等通信手段与顾客进行联系。近年来，“电子商务”的兴起又为旅行社开展预订业务提供了一种新的手段，国际互联网的应用为旅行社业务的开展提供便利条件。

(二)后台业务

所谓后台业务,是指在旅行社内部进行的、不需要旅游者参与的业务活动。后台业务的开展主要是为了维持旅行社的业务运营和辅助前台业务,它主要包括:

(1)产品的设计与市场营销;

(2)协作网络的建立和维持;

(3)服务质量控制;

(4)财务管理。

旅行社的后台业务是前台业务的基础与支持,两者共同构成了旅行社的基本业务。前台业务与后台业务的划分主要根据工作人员是否直接面对顾客提供服务,因而两者在运作方式上有所不同:前者要考虑顾客的现场感受,时刻注意环境质量和服务质量,而后者则更加注重工作的效率和效果。

二、旅行社的行业特点

一般说来,旅行社行业具有以下特点:

1. 智力密集

旅行社是智力密集型行业,经营上主要通过人才运作来形成企业利润。人才是旅行社最基本和最积极的要素,有经验的管理人员、招徕能力强的业务人员和训练有素的导游人员是旅行社最宝贵的财富。而且,随着旅行社企业家市场的完善,旅行社人才的竞争将愈趋激烈。

2. 进入容易

旅行社属于资产占用量少的企业,一般只要有相应的知识储备即可进入。行业壁垒低,使旅行社数量急剧扩增。1990 年,全国只有旅行社 1603 家;到 2001 年已达到 10716 家,11 年增长了 5.6 倍。2004 年底,全国共有 15339 家旅行社,直接从业人员为 24.62 万人;截止到 2005 年底统计,全国有国际旅行社 1590 家,国内旅行社 15256 家,总计 16846 家。到 2006 年 12 月 31 日,全国拥有导游 IC 卡的导游总数为 329678 人。

3. 经营依附性强

作为旅游中介机构,旅行社不可能单独进行业务活动,住宿、餐饮、交通、游览、购物等活动,须依赖饭店、餐馆、交通部门、旅游景点、商场等提供,况且,对国际旅行社来说,海外旅游者的招徕很大程度上需依靠海外旅游中间商。旅行社经营活动须依附于其他旅游部门这一特征,使其稳定性更差。

4. 产品替代性强

旅行社之间在产品上存在着较高的替代性。由于旅行社产品创新无专利保护，旅行社要形成自己的产品特色通常比较困难。旅行社的竞争更多地表现为价格竞争而非产品竞争，其结果是旅行社行业的平均利润水平逐年下降。20世纪90年代初期，我国旅行社行业的平均利润率基本保持在10％左右，1997年下降到了2.18％；2001年中国旅行社的利润率仅2.08％。2001年，中国10532家旅行社实现总营业收入589.8亿元，仅是美国运通公司的1/3。我国旅行社已成为低利润的行业。

第四节 旅行社的分类与设立

一、旅行社的分类

旅行社按照经营业务范围，分为国际旅行社和国内旅行社。

国际旅行社的经营范围包括入境旅游业务、出境旅游业务、国内旅游业务。具体是指：

(1)招待外国旅游者来中国、华侨归国与港澳台同胞回内地旅游，为其安排交通、游览、住宿、饮食、购物、娱乐及提供导游等相关服务；

(2)招徕我国旅游者在国内旅游，为其安排交通、游览、住宿、饮食、购物、娱乐及提供导游等相关服务；

(3)经国家旅游局批准，招徕、组织中华人民共和国境内居民到国外和我国香港、澳门、台湾地区旅游，为其安排领队及委托接待服务；

(4)经国家旅游局批准，招徕、组织中华人民共和国境内居民到规定的与我国接壤国家的边境地区旅游，为其安排领队及委托接待服务；

(5)经批准，接受旅游者委托，为旅游者代办入境、出境签证手续；

(6)为旅游者代购、代订国内交通客票，提供行李服务；

(7)国家旅游局规定的其他旅游业务。

国内旅行社的经营范围仅限于国内旅游业务。具体是指：

(1)招徕我国旅游者在国内旅游，为其安排交通、游览、住宿、饮食、购物、娱乐及提供导游等相关服务；

(2)为我国旅游者代购、代订国内交通客票，提供行李服务；

(3)其他国家旅游局规定的与国内旅游有关的业务。

此外，未经国家旅游局批准，任何旅行社不得经营中国境内居民出境旅游业务和边境旅游业务。遵照条例设立的外国旅行社在我国境内的常驻机构只能从事旅游咨询、联络、宣传活动，不得经营旅游业务。

二、旅行社的设立

(一)设立旅行社的基本条件

设立旅行社应当具备下列条件:

(1)有固定的场所。具体指具有相对稳定及足够的营业用房。

(2)有必要的营业设施,具体指有传真机、直拨电话、电子计算机等办公设备;设立国际旅行社的,还应包括业务用汽车等。

(3)有经培训并持有省、自治区、直辖市以上旅游行政管理部门颁发的资格证书的经营人员。具体指:持有同家旅游局颁发的《旅行社经理任职资格证书》的总经理或副总经理1名;持有国家旅游局颁发的《旅行社经理任职资格证书》的部门经理或业务主管人员,其中设立国际旅行社的,有部门经理或业务主管人员3名,设立国内旅行社的有部门经理或业务主管人员1名;设立国际旅行社的有取得会计师以上职称的专职财会人员,设立国内旅行社的有取得助理会计师以上职称的专职财会人员。

(4)有符合条例规定的注册资本和质量保证金。其中,国际旅行社注册资本不得少于150万元人民币,经营入境旅游业务,应当交纳60万元人民币质量保证金,经营出境旅游应当交纳100万元人民币质量保证金;国内旅行社注册资本不得少于30万元人民币,并交纳10万元人民币质量保证金。

(二)设立中外合资旅行社的基本条件

1. 设立资格

申请设立中外合资旅行社的中国合营者应当是国际旅行社;申请之前3年平均每年外联人数和旅游业务销售总额分别超过3万人次和5000万元;是中国旅游行业协会的正式成员。

申请设立中外合资旅行社的外国合营者应为经营国际旅游的旅行社或拥有全资经营国际旅游的旅行社的企业;其旅游业务年销售总额5000万美元以上;加入国际或本国的电脑预订网络,或者已经形成自己的电脑预订网络;是其本国旅游行业协会的正式会员。

2. 设立条件

申请设立合资旅行社的中外双方,在具备上述资格的基础上应具备以下条件:

(1)注册资本不少于500万人民币;

(2)企业形式为有限责任公司;

(3)中方出资占注册资本的比例不低于51%;

(4)法定代表人由中方委派;

(5)有符合要求的营业场所、营业设施、经营人员；

(6)合资期限不超过20年。

(三)申请开办旅行社应提交的文件

申请开办旅行社应提交下列文件：

(1)设立申请书。其内容包括申请设立旅行社的类别、中英文名称和设立地，企业形式、投资者、投资额和出资方式，申请人、受理申请部门的全称、申请报告名称和呈报申请的时间。

(2)设立旅行社可行性研究报告。其内容包括设立旅行社的市场条件、资金条件、人员条件以及受理申请的旅游行政管理部门认为需要补充说明的其他问题。

(3)旅行社章程。该章程应当符合法律、法规的规定。

(4)旅行社经理、副经理履历表和国家规定的任职资格证书。

(5)开户银行出具的资金信用证明。注册会计师及其会计师事务所或者审计师事务所出具的验资报告。

(6)经营场所证明。

(7)经营设备情况证明。

(四)申请开办旅行社的审批程序

申请设立国际旅行社，应当向所在地的省、自治区、直辖市人民政府管理旅游工作的部门提出申请。受理申请的旅游行政管理部门，在征得拟设地的县级以上旅游行政管理部门同意，并签署审查意见后，报国家旅游局审核批准。申请设立国内旅行社，应当向所在地的省、自治区、直辖市管理旅游行政工作的部门申请批准。

省、自治区、直辖市旅游行政管理部门授权地、市级旅游行政管理部门审批国内旅行社的，应当报国家旅游局备案。

1. 审核原则。受理申请的旅游行政管理部门收到申请书后，根据下列原则进行审核：(1)符合旅游业发展规划；(2)符合旅游市场需要；(3)具备条例规定的申请设立旅行社的条件。

2. 审批期限。受理申请设立国际旅行社的省、自治区、直辖市旅游行政管理部门，应当自收到符合规定的旅行社设立申请书之日起30个工作日内签署审查意见，报国家旅游局；国家旅游局应当自收到申请书之日起的30个工作日内作出批准或不予批准的决定，向申请者正式发出批准文件或不予批准的文件，并通知受理申请的省、自治区、直辖市旅游行政管理部门；受理申请设立国内旅行社的省级旅游行政管理部门或其授权的旅游行政管理部门，应当自收到符合规定的旅行社设立申请书之日起的30个工作日内作出批准或者不予批准的决定，并向申请者正式发出批准文件或不予批准的文件。

3. 颁证、领取营业执照。旅游行政管理部门应当向经审核批准的申请人颁发《旅行社业务经营许可证》，申请人应当在收到许可证的60个工作日内，持批准设立文件和许可证到工商行政管理部门领取营业执照。

申请设立中外合资、合作经营旅行社的，应当按国务院有关规定报经批准后，依照有关法律、行政法规办理手续。

第五节　旅行社行业的发展趋势

一、我国旅行社行业的发展趋势

(一)旅游方式小型化，旅游时间常年化

这是从消费的角度分析，消费是发展的基础，没有消费就无从谈发展，因此消费政策也会成为宏观经济的主要政策导向，如要研究和分析趋势，首先要从消费开始。

1. 旅游方式小型化

随着个性化、消费化时代的来临，散客旅游、家庭式旅游、自助式旅游、委托代办式旅游会越来越多，传统的团队旅游会随之减少。国际旅游中散客旅游占70%，团队占30%，这几年来已形成潮流，就我国目前旅行社经营情况看，外联人数没有减少，但团队客人越来越少，很多游客以散客形式去旅游。因此旅游方式的小型化是一个长远的趋势，而且这种趋势会越来越明显。

2. 旅游时间常年化

我们现在的状况是旅游时间相对集中，淡季、旺季比较明显。从国际旅游来说，淡季、旺季的区别已在逐步减缓。但国内旅游基本上还处在大起大伏、高峰低谷状态，这与中国现行节假日的制度有关。大体上有春节、“五一”、暑期、国庆中秋四个高峰期。高峰期时应接不暇，质量事故频出；淡季时门可罗雀。但这种现状不会长久地维持下去，今后应该会有新的政策推动常年化旅游。比如，带薪假期中国比欧洲国家短；另外现在带薪休假制度虽有规定，但落实较差，只是在部分机关和事业单位有初步落实，企业单位并没有全面落实。如果能够全面落实，则旅游时间常年化基本上可以保证，同时能够让一些高峰降低一点，减少景区饭店的超负荷运行状态，把淡季低谷期运作起来。再比如，目前有个别单位已实施奖励旅游、福利旅游，如逐步推行，亦可使我们旅游时间常年化并逐步发展。从目前来看，有些政策措施出台有难度；但从长远来看，这是趋势，因此我们应创造条件并不断努力。

旅游方式的小型化、时间的常年化，是一个长远的趋势，也是旅游业一个根本性的变化。

（二）市场竞争白热化

1. 质量和价格的竞争

总体来看，旅游服务目前是低质低价，不断发展就会从低质低价走向优质优价。比较成熟的市场应该是质价相符，这样，不同的消费层就可以选择不同的产品、不同的质量，付不同的价钱。统统实现高价优质也不可能，有些人就要求低质低价，质量差点没关系，符合自己的经济条件，也满足了出去旅游的心理。质价相符也进一步推动了市场分工，使旅行社企业在市场里的分工越来越细。这点看起来比较遥远，但因为社会的总体发展趋势是加速度发展，有时觉得遥远的事情可能几年内就实现。质价相符是市场进一步分工的结果，在分工的基础上达成的竞争秩序，是有序的。

2. 集团化竞争的态势

这种态势在 1999 年表现得非常充分，各个省都在努力组建自己的集团。这种区域性旅游集团的成立使集团化竞争更加突出，从发展的角度来看是一件好事，至少反映了事物发展由初级阶段向前迈进的方向，所以集团化竞争态势是一个可以肯定的态势。但目前的状况不是一个长远的趋势，因为这种区域性旅游集团的发展不适合旅行社行业的发展方向。

3. 市场的开放度会逐步增加

目前，形成全国统一大市场的可能性也在逐步增大。一个主要的原因就是从 1998 年开始的政企脱钩。各级旅游局与其直属企业的脱钩，使两者之间已不存在隶属关系。现在，谁能带来客源就欢迎谁，所以让市场争客源会成为各级旅游局一个普遍的态度。再加上目前各级旅游局也参与经营各地旅游资源，这就促使市场的开放度逐步提高，形成统一市场的可能性随之增加，这才符合旅行社经营活动的最基本的特点和最基本的规律。旅行社经营的产品一般都是跨区域的，因此希望有一个全程质量监督体系，以保证接待质量。在原来的政企不分的情况下所形成的市场封锁、保守，对旅行社长远的发展有很大的阻碍，虽然目前这种阻碍还存在，但至少从体制上在逐步扭转。

4. 行业发展的国际化

行业发展的国际化和市场竞争的白热化是联系在一起的。它具体体现在两个方面：

第一方面是国际竞争国内化。这几年海外旅行社在国内分段委托，已经将经营触角延伸到国内。尤其是中国加入世贸组织后，允许外国旅行社在中国设立旅游服务机构并参与竞争。随着中外合资旅行社、外资旅行社进入中国市场，国际竞争国内化的趋势将会越来越明显。

第二方面是国内市场国际化。随着外资旅行社和合资旅行社的进入，以及国内部分旅行社的发展，有相当实力的旅行社也会创造条件去海外，建立海外接待体系，尤其是中国公民出境旅游的发展，使其成为可能。随着我国出境旅游的发展，建立海外接待体系的必要性也表现出来了，这就形成了国内市场国际化这样一个趋势。所以从市场竞争的角度说，市场竞争声势白热化和行业发展国际化这两个大趋势是连在一起的。

（三）导游自由职业化

导游自由职业化也是一种趋势，我国目前还没有开始，可是已经有了这种萌芽，虽然还不太规范，有点混乱，但实际已隐含了这种趋势。比如有的旅行社，因经营场所的限制不提供办公室，需要带团时打电话。除此之外，有些旅行社，只"养"几个专职导游，业务忙时再请一些兼职导游，因而在社会上也就出现了一批兼职导游。这基本上已是一种半自由职业化的状态。导游自由职业化并不意味着自由散漫，也不意味着没有管理，而是意味着市场化发展的过程对导游的要求越来越高，越来越规范。

（四）旅游服务社会化

旅游服务社会化，是以后更需要努力加强的，大体有这几个方面：

1. 门市社区化

目前已有一些旅行社开始尝试门市的社区化，有的不是很成功，有的比较成功。但是真正要发展下去，就一定要做到最大限度地为旅游者提供方便，达到门市社区化。客人到商店买东西的同时也可以买旅游，甚至发展到在小区住宿的范围之内，才能真正达到使旅游成为人民群众的一个生活要素。

2. 商务旅行服务

商务旅行服务在我国旅行社基本还没有开展，但在国际上已成为一个大市场，这也是市场经济的发展、分工和专业化的结果。很多旅行社都抓住这个市场，包办企业的商务旅行服务。靠规模化和专业化服务会成为今后旅行社发展的一个大市场。现在这一市场基本上还没有开发，之所以如此，这和很多传统观念不无关系。现在已经有很多旅行社在做会议服务业务，这类业务是先从为外资企业服务开始的，后逐步扩展。近年来，国内的大企业、学校等也越来越多地找旅行社服务。商务旅行服务将是未来利润最高的领域，服务难度相对较大，但是市场需求非常可观。

3. 政府采购

政府采购现在刚刚起步，还在尝试之中，更没有普及，但是政府采购制度是发展的必然。随着政府采购的发展，政府采购服务产品也会发展起来，具体包括政府人员的出差、出国，政府的会议和活动安排，都希望旅行社提供服务。因为政府采购都是招标方式，哪个旅行社的规模大、实力强、信誉高，就有可能在这个市场抓住机会，站住脚。

(五)旅行社企业组织综合化

1. 经营组织、概念、方式的根本变化

在以入境旅游为主的时期，零售商和批发商都是海外的旅行社，他们是真正意义上的组团社，我们只有外联社和接待社。现在不同了，国内旅游和出国旅游的发展，使批发商、零售商和代理商的综合化的概念形成了。由此，新的经营体制和营销网络也在逐步发展中，这是一个本质上的变化，我们有自己的组团社。在此基础上也会进一步发展为零售商、批发商和代理商这样一个综合化的经营体系。

2. 旅行社、饭店、景点、航空的综合化经营

综合化经营也会成为一个种趋势。大体上是互为龙头，突出龙头的模式。很难说哪一个是龙头，如果旅行社非常大，就以旅行社为龙头，也可以航空公司自己形成旅行社网络，然后和景点、饭店等方方面面形成一个共同的营销网络。但在综合发展方面有一个问题，就是如何突出专业化的功能，如何发挥专业化的长处。

3. 品牌一体化的多元化经营网络

这种品牌一体化的多元化经营网络有可能成为今后主导性的趋势。这种主导性的趋势的产生最适应市场经济的需要，也最符合旅行社企业发展的客观规律。品牌一体化的多元化经营网络不是单一的，它是以旅行社的经营网络为基础，同时发展出其他方面的经营网络，但说到底是品牌的问题。

从企业组织的综合化角度来说，将来可能会产生多种多样的模式，在竞争发展的过程中，有一些不合适的模式就会逐步被淘汰或改造，有些好的模式就会逐步发展壮大。其中，起重要作用的不完全是资金因素，而是市场因素，即不仅仅取决于资金规模量，更取决于市场占有率和发展适应性。

(六)行业结构化

行业结构的合理化，从根本上来说还是集团化和网络化的问题。

1. 金字塔结构

中国旅行社行业形成什么样的结构比较合理？应该是金字塔结构。高居塔尖的是少数大集团，在市场占有比较大的份额，成为市场的主导力量，靠自己的资金、品牌、规模、特许权等方方面面的优势在市场上竞争。处于金字塔中间的是一批中型的专业化的旅行社，这些中型的专业化的旅行社开发专业化的产品，针对专门的市场进行竞争，市场的分工比较细，企业在里面各得其所。居于金字塔塔基的是绝大多数的小旅行社，这些小旅行社的主要出路是加入大集团的网络。大型旅行社集团化、中型旅行社专业化、小型旅行社网络化，是行业结构合理化的轮廓性的描述。如果全国有十几个大的旅行社集团，每个集团都有几百甚至上千个网络，市场就稳定了，就会真正有实力和国际大集团相抗衡。

2. 企业体制对应

不同规模、不同的企业组织应该有相应的企业体制，各自选择比较合适的企业体制。从企业体制上来看，大旅行社即集团化的旅行社，毫无疑问应该采用现代企业制度——公司制；中型旅行社不见得是资金和人员的规模是中型，而在于它的经营实力和经营规模中等，这种中型旅行社比较适用于股份合作制的企业制度形式；小型旅行社采用合伙方式或其他方式。这一点如果解决了，对旅行社自身的长远发展和对中国旅行社行业的长远发展都会起到很大的作用。

二、发达国家旅行社行业的发展趋势

自 20 世纪 90 年代以来，发达国家的旅行社业出现了很大的变化，并有加速发展的趋势，主要表现在：

1. 跨国经营将成为旅行社行业发展的重要趋势

商务代理商的全球化发展趋势是引发当前发达国家旅行社行业各种重要变化的催化剂。向商务旅游者提供 24 小时全天候的服务已成为经营商务旅游产品的旅行社必须具备的基本条件之一。为了满足视时间为生命的商务旅游者在任何时间和任何地点都能够及时得到旅行社服务的需求，商务旅行社必须在商务旅游者可能达到的世界上任何地点随时准备为他们提供及时的服务。为了确保这一点，不少的旅行社纷纷采取在旅游客源地直接建立销售网络和在旅游目的地直接经营地面接待服务。于是，他们采取收购、兼并、合资、联营等方式在不同的国家和地区直接进行旅行社业务经营，而不再像过去那样，采取间接销售渠道战略，从客源地旅行社那里获得旅游客源，再将他们交给旅游目的地的旅行社接待。由此可见，国界将不再是旅行社经营的天然边界，跨国经营将成为发展的重要趋势。

2. 旅行社行业将朝着集中化方向发展

自从旅行社问世以来，旅行社行业一直是一个典型的分散型行业，旅行社的数量很多，但是缺少能够对市场发挥重要影响的大型旅行社。然而，进入20世纪90年代以来，这种局面开始改变。一批跨国界经营的大型旅行社集团出现在欧美地区，成为旅行社行业举足轻重的大型、超大型企业集团，导致旅行社行业出现集中化的趋势，使旅行社行业由分散型行业转向集中型行业，甚至可能会在经过一段时间的兼并组合以后，成为寡头垄断行业。

3. 信息技术与互联网将给旅行社的经营方式带来一场新的革命

近年来，蓬勃发展的信息技术和互联网已经显示了其强大的生命力和经营上的巨大优势，从而引起了旅行社行业的极大重视。旅行社将会扬弃其传统的经营方式，转而大量采用信息技术，通过互联网进行产品推介、网上咨询，提供旅游服务预订、旅游线路安排等服务，以便将其销售触角延伸到每一个潜在旅游者的家庭。这将是旅行社经营方式的一场深刻革命。可以预见，在未来的几年中，大型旅行社将会在互联网设施和营销方面加大投资，并通过在线销售迅速扩大市场，击败更多的中小企业，巩固和扩大自己的市场份额，最终建立全球性的旅行社企业集团。

补充阅读资料 1-2

美国运通公司简介

美国运通公司创立于1850年，创业初期主要从事快递业务，运通的业务发展速度快，扩张能力强，早在19世纪中叶已成为美国最受尊敬的公司之一。1915年，公司成立了美国运通旅行社，该公司核心业务是信用卡业务和旅游业务。运通旅行社是运通公司下属的以办理商务旅游为主的全世界第一大旅行社。1995年，运通公司与旅游相关的业务达到104.28亿美元，占运通总收入的66%。这一年，38万运通卡客户刷卡金额为1620亿美元，旅行支票销售额260亿美元，这两项相加，将近美国国民生产总值的3%。运通卡及这两项无现金产品是美国运通利润主要来源，运通卡在高收入的旅行及娱乐市场上已远远超过其他对手，旅行支票也有60%的市场占有率。

（资料来源：http://www. pay4. cn/bbs/viewthread. php? tid=10503）

【本章小结】

本章主要介绍了世界和我国旅行社的产生与发展、旅行社的性质与职能、旅行社的基本业务和行业特点、旅行社的分类及旅行社的设立、旅行社行业的发展趋势。

旅行社是旅游需求积累到一定阶段的历史产物，也是社会专业化分工的产物。是伴随着旅游活动的发展而出现的，特别是18世纪中叶发生在英国的工业革命，使整个世界范围的产业结构和人们的生活方式发生了巨大变化，同时也极大地改变了旅游活动的方式和发展方向。

旅行社作为旅游企业的一类，既有与其他旅游企业相类似的共性，也有其自身的特性。作为为旅行者提供旅行服务的专门机构，旅行社一般都具有五种基本职能。

旅行社的基本业务有前台业务和后台业务，旅行社的后台业务是前台业务的基础与支持，两者共同构成了旅行社的基本业务。旅行社行业具有智力密集、进入容易、经营依附性强和产品替代性强四个特点。

由于政治经济制度和旅游业发展水平不同，各国各地区的旅行社有不同的分类。以欧美国家为代表的旅游发达国家是垂直分工体系，而我国则属于水平分工。尽管分类制度相异，但对于旅行社是提供旅行游览中介服务的专门机构的认识趋于一致。旅行社被国家工商总局列为特许经营行业，旅行社的设立除应遵守一般性质企业设立的基本要求外，还要按照国家有关规定报请行业管理部门——各级旅游行政管理部门审批，然后再向工商行政管理部门办理登记注册。

发达国家旅行社投资战略和经营战略出现的新趋势很有可能就是我国旅行社将来需要面对的问题，发达国家旅行社的发展也构成了我国旅行社行业的一个重要影响因素。

【关键概念】

旅行社　国际旅行社　国内旅行社　前台业务　后台业务

【复习思考题】

1. 简述近代旅行社产生的必然性。
2. 试述托马斯·库克旅行社产生的意义。
3. 简述旅行社的基本职能。

4. 旅行社的基本业务有哪些?
5. 如何正确认识旅行社的性质?
6. 旅行社的行业具有哪些特征?
7. 设立旅行社需具备哪些基本条件?设立的基本程序是什么?
8. 中国旅行社业今后发展的趋势有哪些?

【课堂讨论题】

1. 结合旅行社产生的历史背景,分析旅行社产生的条件。
2. 思考旅行社应如何应对今后的国际、国内发展趋势。

【实训题】

结合某一旅行社实例,分析它是如何开展旅行社的基本业务的。

第二章　旅行社产品开发管理

【学习目的】

- 了解旅行社产品的内涵和特征。
- 了解旅行社产品的构成。
- 认识旅行社产品设计的重要性。
- 熟悉旅行社产品的创新策略。
- 掌握旅行社线路设计的基本原则。
- 掌握旅行社产品设计的方法。
- 掌握影响旅行社产品开发的因素。

第一节　旅行社产品的概念与特征

产品是旅行社生存和发展的基础，旅游产品开发与设计是旅行社经营管理活动的重点。对旅行社的产品进行开发与管理，应当从旅行社产品的概念、构成出发，认识到旅行社产品的本质是提供给旅游者的服务。对旅行社而言，产品开发与设计是一个动态的过程，只有不断创新产品，随时根据旅游者的需求调整产品，才能使旅行社获得良好的经济效益和社会效益。

一、旅行社产品的概念与内涵

旅行社产品作为一种特殊的产品，相关的定义很多。有人将旅游产品叫做旅行社产品，也有人把旅游线路作为旅行社的产品。对于旅游产品的定义，国际上的旅游学者已基本达成一致的结论，认为旅游产品是旅游者一次旅游活动的所有经历，包括住宿、自然和其他资源、交通、餐饮、娱乐和其他吸引物。从这个角度来看，旅行社提供的包价旅游是旅游产品最简单、最典型的形式，所以旅行社产品是典型的旅游产品。在旅行社的实际经营过程中，其提供的产品既包括整体或综合的旅游服务，也包括零散或单项的旅游服务，还包括介于两者之间任意组合的旅游服务。但是，更多的情况下，旅行社提供给旅游者的是整体的旅游服务和根据旅游者需求组合的不同程度的综合旅游服务。因此,旅行社产品与旅游产品的概念往往在很大程度上重合在一起。

一方面,旅行社主要提供的是服务形态的产品,旅游者在大多数情况下都始终参与了旅行社旅游服务的全过程。即使是旅行社为旅游者提供的一张机票,也包含了旅行社由预订到销售这一系列的服务,这种服务紧密地与旅游设施、旅游资源结合在一起;另一方面,旅行社是以营利为目的的企业,这决定了旅行社提供的产品是有偿的。所以,从旅游经营者即供给者的角度来看,旅行社产品是指旅行社凭借一定的旅游资源和旅游设施,向旅游者提供的能满足旅游者在旅游活动中需求的各种有偿服务。构成旅行社产品的要素可以被分为五类:旅游目的地的资源、旅游目的地的各种设施、从旅游者住地到旅游目的地的各种交通、旅行社所提供的各种服务以及提供给旅游者的价格。

从旅游者即需求者的角度来看,旅行社产品是指旅游者花费了一定的时间、费用和精力,通过旅行社所换取的一段旅游经历。这段经历包括旅游者从离开常住地开始到旅游结束归来的全部过程中,对所接触的事物、事件和所接受的各种服务的综合感受。在旅游者眼中,他用货币换取的不是一件件具体的实物,也不仅仅是整个旅游活动中从旅行社购买的一次导游讲解或一间客房,而是一种体验,是对所有产品和服务的整体感受。

补充阅读资料 2-1

旅行社产品的概念

正如科特勒(Philip Kotler)所说的,产品是指认为可以提供给市场,让人们注意、获取、使用或消费,从而满足人们的愿望和需要的东西,包括实物、服务、人员、场地、组织和理念。对于旅游产品的实质,国际上知名旅游学者已通过研究分析达成了一致结论。例如:雷姆(Reime)和霍金斯(Hawkins)把旅游产品看作是旅游者一次旅游活动的所有经历,包括住宿、自然和其他资源、交通、餐饮、娱乐和其他旅游吸引物。泰勒(Taylor)认为真正的旅游产品是令旅游者满意的旅游经历。他认为,旅游产品难以被看到或是测量,但它是产品,旅游企业的主要目标就是向旅游者提供旅游产品。波特—鲍威(Baud-Bow)认为旅游产品是由三个部分组成的:旅游目的地的资源、设施和从家到旅游目的地的交通。按他所说的理论来看,包价旅游是旅行社提供的最主要方式,也是最简单的形式。还有学者认为,旅游产品是由物质的、服务的以及象征性的因素构成,用来带给旅游者利益和满意。从旅游者的角度看,旅游产品是旅游者从离开居住地到返回居住地的所有经历。如上所说,旅行社产品是旅游产品,它以服务为主要内容,以旅游设施为基础，旅游者消费后并不会拥有什么实物，而是通过购买和使用旅行社产品，满足其基本需求，从而获得一次经历。旅行社产品不仅包括旅游者购买的度假和观光等旅游吸引物，也包括所有构成旅游者旅游经历的因素。

（资料来源：http://shine0723. blog. hexun. com/8997735_d. html）

二、旅行社产品的构成

旅行社提供的产品由三部分构成：核心部分、有形部分和附加部分。

1. 核心部分

核心部分是产品的最基本、最主要的部分，是为特定市场的特定需求设计的、能满足旅游者需求的服务和利益。旅游者购买某种产品时，并不是为了占有或获取产品本身，而是为了获得能满足某种需要的效用或利益。而产品的核心部分为旅游者带来的利益往往会超出产品本身，所以，对于旅行社产品而言，旅游者购买的旅游产品的核心部分，是其实际得到的利益和服务。例如某旅行社推出的胶东半岛海滨度假游，其核心产品是旅游者通过度假获得的充分放松与休息。

2. 有形部分

产品的有形部分也叫实际产品，是核心产品借以实现的形式，即向市场提供的实体和服务的形象，是产品生产者围绕产品的核心利益建立的实际部分。旅行社产品属于服务产品，尽管不能像其他有形产品一样被装在容器中储存或展示，但是也需要把产品展示给潜在顾客，因为顾客需要信息帮助他们选择合适的旅行线路。例如，旅行社可以把宣传手册当作产品的容器，向旅游者展示旅行社及其品牌名称、产品的特点（旅游吸引物的特色和旅游日程安排等）以及产品价格。用这种方法不仅提供了顾客所需的信息，也通过宣传手册的设计体现出旅行社的特色与风格。有形部分一般包括质量水平、特点、设计、品牌与包装等因素，这些因素组合在一起传递出产品的核心利益。旅行社需要用有形的部分把信息与产品传递给旅游者，产品的基本效用也只有通过这些具体的形式才能得以实现。在上述胶东半岛海滨度假游的例子中，产品的有形部分就体现为此次度假的主题名称、往返的交通、提供住宿的酒店、提供餐饮的餐馆、景点的接送以及宣传手册等。所以旅行社在营销时应首先着眼于旅游者购买产品时所追求的利益，以求更完美地满足旅游者的需要，从这一点出发再去寻求利益得以实现的形式，进行产品设计。

3. 附加部分

产品的附加部分是指以上尚未提到的因素，它是围绕着核心与有形部分附加的服务与利益，包括售后服务、信誉与保证、付款方式等，是产品的延伸，可以使产品更具吸引力，进一步提高顾客的满意度。例如在上述例子中，附加部分可以是旅游前的促销、旅行社门市部的咨询服务、旅行社的电脑预订，旅游后的回访、投诉的处理等。有些是有形的，如赠送的目的地景点或娱乐场所的一张门票；有的是无形的，如服务者的态度。所有这些服务都是产品附加的价值。如今，越来越多的竞争都体现在产品的附加部分，力求更大程度地满足顾客的需求，使顾客获得超值的享受。

旅行社在开发产品时，要充分考虑产品的上述三个因素，它们构成了旅行社产品的整体效能，可以帮助旅行社在顾客的心目中建立起独特的风格与形象，使旅行社与其他竞争者明显区别开来，赢得竞争优势。更重要的是，它们构成了顾客对旅行社产品感受的一部分。

三、旅行社产品的特征

一个产品之所以被称之为旅游产品，是由其内在的本质属性决定的。对旅行社经营者来说，必须能够正确认识和准确把握旅游产品的特性，否则对旅行社进行有效的经营便无从谈起。从旅游产品的概念可以发现，旅游产品是一种以服务为主的综合产品，与一般的物质产品存在着很大差别。因此，旅游产品除具有一般服务产品的共同特性外，还有自己独具的特点。

（一）无形性

大多数产业的产品是有形的，看得见、摸得着，有时甚至可以闻到或尝出味道来。有形产品有重量，且占空间。一件衣服、一台电视等，都是有形产品。但旅游产品是无形的，它们看不见，摸不着。虽然旅游产品构成中确有一部分物质产品供应，如入住酒店、乘飞机等，但这些只是作为旅游服务生产的条件而存在，其服务性的产品供应，如导游讲解、接待服务、旅游线路安排等则占有很大比重，这些属于构成旅游产品不可缺少的软件部分。也就是说，诸如飞机上的座位、宾馆客房中的床位、餐馆里的食物等有形物体，只是用来辅助创造整个旅游体验的，绝不是旅游者所追求的目标。

（二）生产与消费的同步性

无形的旅游产品，大都是以旅游者到达目的地并进行消费为前提的，即旅游企业借助一定的旅游资源和旅游设施提供旅游服务，旅游者在消费的同时也参与了生产过程，因而旅游产品的生产和消费，具有高度的同步性。这样，大多数旅游产品所具备的特点是先推销，再同时生产和消费。正是由于旅游产品生产和消费的一致性，顾客和供应商必须相互联系，通过彼此之间的互动关系塑造出旅游体验。比如，旅游者不能将旅游景点带回家，只能离开自己的住处到景区所在地进行消费。因此，虽然旅游消费发生在景区，旅游者却并非购买了景区，只是借助景区来完成自己的旅游体验，景区的所有权依然归旅游产品供应商所有。

（三）稳定性

我国点线式的旅游方式使得旅行社产品很难有变化，即使有变化也只是在线路上进行了一点调整。比如，增加或变换线路中的旅游景点；把一条线路进行拆解，组合成天数不同的子产品；提供不同的服务标准；等等。产品的主体服务构成则很难发生质的变化。许多产品自投放市场以来，几乎没有进行过重组和深度开发，旅行社产品表现出了非常明显的稳定性。无论从《中国旅游报》近些年来刊登的全国各地旅行社的线路来看，还是从某一地区旅行社线路的发展情况来看，旅行社多年来几乎在营销同样的产品。在各地的地接旅游线路上，这种稳定性表现得尤为明显。由于景点导向的原因，旅行社地接线路产品几乎从一开始就历史地形成了，很难有大的改变，与长线线路比较，短线旅游线路表现出了更大的稳定性。

（四）易衰性

表面看来，这个提法似乎和上述特性是相互矛盾的。但是，在旅行社产品的营销中，一种产品从刚开始的高利润下滑到微利甚至无利润的时间通常很短。许多新产品的正常利润至多保持两到三年时间，之后就会成为“鸡肋”产品，有些省内的短线产品甚至一个旅游旺季下来就已经无利可图。比如，一般国内旅行社长线新产品正常的利润应保持 150 元/人至 300 元/人之间，但在一年或两年时间之内，这些新产品的利润大部分就会下降到不足 100 元/人，有些甚至不到 50 元/人。从这个意义上说，旅行社产品具有普遍的易衰性。易衰性的形成与残酷的价格竞争密切相关，因此，不断地推陈出新对于旅行社非常重要。

（五）低附加性

国内大多数旅行社产品由食、住、行、游、购、娱和导游服务等部分组成，其中只有导游服务项是旅行社专有的。在具体操作中，导游服务的价值却在很大程度上被淡化了。按照国内旅行社行业的惯例，豪华团的导游服务费是每人每天 16 元，标准团的导游服务费是每人每天 12 元，经济团的服务费是每人每天 8 元。但旅行社为在业务往来中“拴住”客户，标准团的导游服务费经常降到每人每天 8 元，有时甚至不收取导游服务费。导游服务在产品构成中的比例本来就很小，这样一来，变得更加微不足道了，旅行社要想在产品中附加自身的特色也就成了空中楼阁。当然，几乎所有的旅行社在产品附加上也有举措，比如赠旅行包、接送站、上门服务、开通免费电话等，但这些附加的服务不是旅行社产品的主体部分，因此，难以改善旅行社产品的低附加性。

（六）季节性

旅游产品的季节性主要是指旅游需求在一年内不同时段呈现的波动状态。

这就是业内通常说的淡季和旺季。就旅行社一年中的经营情况看，一般把4～11月这7个月时间称为“旺季”，剩下的5个月称为“淡季”。当然随着新型旅游项目的不断开发，旅行社的淡旺季将越来越不明显。同样，不同的旅游线路，因为受气候等自然条件影响，也有自己比较明显的淡旺季。比如海南游，每年的秋、冬季节是海南游最火爆的时间。这是因为这个季节，北方的气温下降，人们为了躲避寒冷的天气，会选择到阳光明媚、气候温暖的地方旅游。游客量增加，对宾馆、旅游车等配套设施的需求增加，从而带动了当地经济的发展。而到了夏季，由于天气炎热，人们则会选择到气候较为凉爽的北方海滨城市避暑，选择到海南旅游的游客很少，配套设施也闲置下来，旅游从业者们也忙着进行休整，准备秋天的到来。

旅行社产品的特性绝不仅仅受到产品自身因素的影响，它更受到产品的环境因素——市场因素和资源因素的影响。旅行社产品的特性表现出了旅行社产品长期存在的问题，也表现出了旅行社产品未来的发展方向。我们完全可以在这种喜忧参半的现状中正确认识旅行社产品的特性，在产品开发方面作出革命性的变革，促使旅行社的经营管理水平真正提高。

补充阅读资料2-2

旅行社产品同质化表现为档次不高

中国旅行社产品普遍存在质量低下这一问题。从目前的旅游业来看，旅行社产品除在住宿饭店和使用交通工具上有所区别外，其他服务项目基本一样。通过调查分析，受人们的生活水平和消费观念的主导，目前旅行社产品集中在中下层次，价格主要集中在1000～3000元每人次，而住宿饭店方面也主要集中在三星级左右的饭店，安排经济型和豪华型饭店的旅行社产品较少。旅行社产品档次不高，也就意味着旅行社产品质量方面表现出低水平的同质化。质量低下主要有两个方面原因：一方面是旅行社产品组合简单、不合理；另一方面是旅游服务较差，旅行社对旅游消费者存在欺骗行为。旅行社往往以极其优惠的条件吸引旅游者购买产品，而在消费过程中这种旅行社的“优惠”难以实现。这也引起了旅游者的不满，甚至产生投诉。

（资料来源：http://shine0723.blog.hexun.com/8997735_d.html）

四、旅行社产品的类型

为满足旅游者的不同需求，旅行社要开发不同的产品。从不同的角度，根据不同的标准，可以对旅行社经营的产品进行不同的分类：按照旅游者的组织形式，可分为团体旅游和散客旅游；按照产品包含的内容，可分为全包价旅游、部分包价旅游和单项旅游服务；按照产品的档次，可分为豪华等旅游、标准等旅游、经济等旅游；按照旅游的目的，可以分为公务旅游、休闲旅游（含观光和度假）、探亲访友旅游和专项旅游（奖励、会议、修学、文化、考察、生态、宗教、购物、探险、体育等）。下面我们以包价内容的分类为例，对旅行社的产品形态进行分析。

（一）全包价旅游

全包价旅游是我国旅行社产品的主要形式，指旅游者将食、宿、行等各种相关的旅游服务全部委托给一家旅行社办理，一次性预付所有的旅游费用。全包价中包括的主要费用有综合服务费、房费、餐费、城市间交通费、门票费和专项附加费等。全包价旅游中一种常见的形式是团体包价旅游，团体包价旅游包括两层含义：其一是团体，即一般由 10 人以上的旅游者组成一个旅游团；其二是包价，即参加旅游团的旅游者采取一次性预付旅费的方式，将各种相关旅游服务全部委托一家旅行社办理。

就旅游者而言，参加包价旅游可以获得较优惠的价格，预知旅游费用，并可在旅游团内保持熟悉的氛围，而且旅行社提供全部旅游安排和全陪服务，使旅游者具有安全感。这些是包价旅游的优势。但是，包价旅游同时意味着不同背景的旅游者不得不放弃自己的个性而去适应团体的共性，旅游团内的旅游者需要在同一时间乘坐同一航班、入住同一饭店、共进相同的餐食、游览相同的景点、观看相同的节目。缺乏个性是包价旅游的劣势。

就旅行社而言，团体包价旅游预订周期长，相对容易操作，而且批量操作可以提高工作效率，降低经营成本。但是，团体包价旅游在预订和实际旅游期间经常会发生各种变化，而且容易在旅游旺季遇到旅游服务采购方面的困难。

（二）半包价旅游

半包价旅游是与全包价旅游相比较而存在的一种产品形态，它是指在全包价旅游的基础上，扣除中、晚餐费用的一种包价形式。半包价旅游是为了适应不同旅游者在用餐方面的不同需求而产生的，游客在旅游目的地可自由选择中、晚餐，费用现付。同时半包价旅游也降低了旅行社产品的直观价格，其他服务与全包价相同。

（三）小包价旅游

小包价旅游也叫“可选择性旅游”，即旅游者可按本人意愿选择所需的旅游项目，由可选择部分和非选择部分组成。可选择部分包括导游服务、风味餐、参观游览和节目欣赏等，旅游者可根据时间、兴趣和经济情况自由选择，费用可预付也可现付；非选择部分包括住房、早餐、接送、城市间交通服务，旅游费用要提前支付，其中还包括旅行社的手续费。小包价旅游每批旅游者一般在 10 人以下。对旅游者而言,小包价旅游具有多方面的优点,主要表现在明码标价、经济实惠、手续简便和机动灵活四个方面,是海外旅游者特别是散客所喜爱的一种旅游方式。

(四)零包价旅游

零包价旅游是一种独特的产品形态,多见于旅游发达国家。参加这种旅游的旅游者必须随团前往和离开旅游目的地,但在旅游目的地的活动是完全自由的,形同散客,不受旅游团的束缚。参加零包价旅游的旅游者可以获得团体机票价格的优惠,并可由旅行社统一代办旅游签证。

(五)单项委托服务

单项委托服务是旅行社根据旅游者的具体要求,主要为散客提供的各种按单项计价的可供选择的服务。旅游者需求的多样性决定了旅行社单项服务的广泛性,主要的服务项目包括:导游服务,交通集散地接送服务,代办签证和旅游保险,代订饭店客房,代购交通票据,代客联系参观游览项目,代办行李托运等。旅游者可以通过旅行社购买一种或几种旅游服务。近年来散客旅游的迅猛发展,为旅行社单项服务提供了广阔的前景。

从以上旅行社五种基本产品形态的介绍中我们可以发现,从团体包价旅游到单项旅游服务,旅行社产品的构成要素逐步减少,服务要素的构成方式也各不相同。旅行社的产品形态也不仅仅是以上五种,只要有利于满足旅游者需求和提高旅行社竞争力,旅行社的产品形态可以是多种多样的。

第二节　旅行社产品的设计

产品设计是旅行社经营与管理的主要职能。旅行社的一切经营与管理都必须围绕着如何使产品更好地满足市场需求这个中心。只有拥有市场,产品的价值才能实现。产品的设计、开发是一件很复杂的过程,它受到诸多因素的制约。

旅游产品的设计也称“旅游产品的组合”,即旅行社将要向旅游者提供的产品进行安排和调整。在旅游产品的组合中,每一个具体的具有使用价值的单个产品被称为“产品项目”。那些能够满足同类需求的,在规格、款式、档次上有所差别的产品项目的集合叫作“产品线”。产品项目是构成产品组合的基本单位,产品线则是由具有大致相同的产品项目所构成。比如,就某个自然景区而言,一个能满足人们对自然风光追求的自然景点就是一条产品线,而其他一些满足人们另外某些需要的人工景点就构成了另一条产品线。产品项目和产品线就构成了旅游产品设计的点和面,旅游产品的设计就是围绕点面的关系而展开的。

一、旅行社产品设计的基本原则

(一)市场原则

旅游者对旅游线路选择的基本出发点是:时间最省,路径最短,价格最低,景点内容最丰富、最有价值。

由于旅游者来自不同的国家和地区,具有不同的身份以及不同的旅游目的,因而不同的游客群有不同的需求。若作一个大致的分类,可分为观光度假型、娱乐消遣型、文化知识型、商务会议型、探亲访友型、主题旅游型、修学旅游型、医疗保健型。如不少外商到广州洽谈生意,他们的旅行多是出于商务方面的动机。商旅的特点是消费较高,住高级套房,因为业务交往需要经常在餐厅宴请宾客。他们来去匆匆,说走就走。

国内旅游者多数是为了游览名山大川、名胜古迹,轻松、娱乐、增长见识是他们的主要需求。现在越来越多的年轻人喜欢富于冒险、刺激的旅游活动,一种国外很流行的健身方式被引入国内,这就是包括野外露营、攀岩、漂流、蹦极、沙漠探险等为一体的户外运动。由于这项运动既充满挑战性,又满足了人们的猎奇心理,很快得到年轻人的喜爱,成为流行时尚。所以旅游线路设计者应该根据不同的游客需求设计出各具特色的线路,不能千篇一律,缺少生机。市场需求原则要求旅行社在设计线路前,应对旅游市场的需求有一个全面的了解,进行市场细分,根据不同的客源设计不同的旅游线路。

补充阅读资料 2-3

游客为何替旅行社设计线路

南京某公司的小刘打算“五一”前组织同事出游,然而他找了许多旅行社,发现各家旅游线路都差不多,无非是昆明、张家界、海南、千岛湖、北京等“老面孔”。无奈之下他只好自己动手,针对同事是女性偏多、喜欢购物的特点,设计出一条旅游新线——将义乌与景德镇连起来,组成“小玩意儿购物之旅”。对此,业内人士感慨,游人自己设计线路,在一定程度上是给产品陈旧的旅游市场敲响了警钟:随着生活水平的提高以及旅游观念的转变,顺应市场、推陈出新成为旅行社的新课题。

一位旅游专家认为,目前国内旅行社间的竞争主要是打价格战,可另一方面,由于缺乏市场细分,相当一部分人找不到适合自己的旅游产品。他说,不同年龄、不同职业的游客,对旅游都有着不同的要求,价格、节奏、质量、时间,各人的承受能力都不一样。而眼下旅行社提供的旅游产品却很单一,一条线路问世,常常三五年都一成不变；各家线路基本上大同小异，所谓“豪华团”“经济团”的区别，至多是住宿的宾馆星级有所变化，交通工具有飞机和火车之分而已。

游客“订制”旅游方案对旅行社的实力也提出了更高的要求，因为此类的“个性化旅游产品”，除了一般意义上的订票、订房、安排交通等服务项目外，旅行社还需提供咨询和帮助策划之类的服务。因此，旅行社必须增加自身实力，为消费者提供更丰富的旅游产品，才能赢得市场的认可。

（资料来源：http://www.ourtour.com.cn/）

（二）经济原则

所谓经济，是指以同等数量的消耗获得相对较高的效益，或以相对低的消耗获得同等的效益。旅行社产品同其他产品一样，也有各种成本支出，如交通费、住宿费和餐饮费等。这就要求旅行社在产品设计过程中，加强成本控制，降低各种消耗。例如，通过充分发挥协作网络的作用，降低采购价格，这样既可以降低旅行社产品的直观价格，便于产品销售，又能保证旅行社的最大利润。

旅行社产品开发的经济原则，还表现为旅行社产品的总体结构应尽可能保证旅行社的接待能力与实际接待量之间的均衡，减少因接待能力闲置而造成的经济损失。我们可以通过产品的优化组合和必要的辅助手段，如价格调节，使旅游需求尽可能与旅行社的接待能力趋于平衡。

（三）特色原则

所谓“特色”，是指产品具有独特性，即有“新”“奇”的特点。旅游者无论是观光旅游，还是度假和业务旅游，无论是为了“逃避现实”，还是为了开阔眼界，旅游就是为了寻找“新奇”，享受一次不同于日常生活的“经历”。通常也被说成是观赏新鲜的东西，聆听新鲜的故事，购买新鲜的玩意儿，品尝新鲜的未曾尝过的风味。“新鲜”能给旅游者带来更多的“刺激”。由此可见，旅行社产品越是有特色，就越能给旅游者更多满足。例如，美国人去英国，大多数是为了怀旧，欣赏那里的文化、史迹和古堡；不少人为了品尝法国菜而蜂拥去巴黎。我国旅行社在设计和开发旅游产品时，应该认真注意利用各地优势，把每一个城市、每一个旅游点、每一项设施，设计成独具特色和市场竞争能力强的旅游产品；注重产品特色，力求下大功夫，设计出面向消费、吸引消费、满足消费、指导消费的优质产品。例如，黑龙江省哈尔滨市举办的冰雪节就属于按照特色原则设计开发向市场推出的产品。

（四）动静结合原则

旅游者外出旅游时对于吃、住、行、游、购、娱等六大要素的基本需求非常关注，如何在设计旅游产品时充分考虑吃、住、行、游、购、娱的时间和内容呢？旅行社必须运用动静结合的原则合理布局，巧妙安排，使得游者进得去、出得来、散得开，同时获得方便、舒适、快捷的享受。因此，旅行社应依据旅游者的心理和体力及精力状况，安排游览线路的结构顺序与节奏，一条旅游线路如同一幅艺术作品，也应当具有序幕——发展——高潮——尾声。例如到北京旅游，旅游者到达北京后，旅行社一般首先安排参观天安门广场和故宫。原因是旅游者旅途劳顿，并且环境生疏，故先在市内著名旅游点游览，可以达到减少体力消耗，熟悉环境的效果。接着安排去举世闻名的八达岭长城和明十三陵，形成旅游高潮。最后安排参观天坛，以到王府井购物作为尾声。购物时间正是旅游者自由活动的时间，一方面可以探亲访友，同时能放松紧张的游览情绪，调整体力和精力，为前往下一旅游地做准备。

（五）主题鲜明原则

旅行社设计和开发的产品要有鲜明的主题，只有这样才能获得较大的旅游吸引力。使主题的形成主要依靠将性质或形式有内在联系的旅游点串联起来，并依据旅游交通、食宿、服务、娱乐、购物等方面的特点，选择与之适应的形式。例如，“丝绸之路旅游线”将西安、敦煌、吐鲁番乃至中东、欧洲的与古代丝绸贸易有关的旅游点串联起来，组织旅游者参观文物古迹、民族风情，观赏仿唐乐舞《丝路花雨》等仿古歌舞，品尝历史名菜佳肴和民族特色小吃，下榻具有浓郁地方和民族特色的饭店；在交通安排上，汽车、火车、飞机交叉使用，甚至有的地段骑骆驼或坐毛驴车；购物中有古碑刻拓片、唐三彩、夜光杯等，使游人充分体验古丝绸之旅的情调。

（六）推陈出新原则

旅游市场在日新月异地发展，游客的需求与品味也在不断地变化、提高。为了满足游客追求新奇的心理，旅行社应及时把握旅游市场动态，注重新产品、新线路的开发与研究，并根据市场情况及时推出。一条好的新线路的推出，有时往往能为旅行社带来惊人的收入与效益。即使一些原有的线路，也可能因为与当前时尚结合而一炮走红。如广东“国旅假期”借电影《卧虎藏龙》问鼎奥斯卡最佳外语片和最佳摄影等四个奖的东风，在全国率先推出一条“卧虎藏龙”徽州古民居旅游线路，让更多的游客步入“中国画里的乡村”，观赏被称为“徽州三绝”的牌坊、古祠、民居。皖南徽州古村落的民居群，虽时有所闻，但与黄山的盛名相比，所知者却不多。但联合国专家大河直躬博士，建筑大师贝聿铭，台湾作家琼瑶，导演张艺谋、李安等有识之士不远千里到黄山脚下寻找“中国画里的乡村”。对他们而言，徽州古民居是世界文化的遗产、建筑的立体史书、梦中的世外桃源、《菊豆》的拍摄地、《卧虎藏龙》的梦工厂。也正因如此，这条旅游线路一经推出便成为旅游热线，为当地旅行社创造了不菲的经济效益。

(七)布局合理原则

旅行社在设计旅游线路时,应慎重选择构成旅游线路的各个旅游点,并对之进行科学的优化组合。具体地讲,在旅游线路设计的过程中应注意以下几点:

1. 尽量避免重复经过同一旅游点。在条件许可的情况下,一条旅游线路应竭力避免重复经过同一旅游点,根据满足效应递减的规律,重复会影响游客的满意程度。

2. 点间距离适中。各个旅游点之间的距离要适中,不能太远,过度疲惫会影响游客的兴致。

【案例 2-1】

闽、粤、琼接待游客人数情况

(单位:万人次)

年份		1992	1993	1994	1995	1996	1998
福建	国内游客	1040	1120	1300	1350	1500	2100
	海外游客	81.60	88	84.45	90.64	104.57	121.78
广东	国内游客	2226	2615.70	2541.34	2847.80	5252.31	5873.20
	海外游客	3156	3279.20	3426.78	3615	4002	5157
海南	国内游客	230.38	255.44	264.87	297.15	451.9	816.55
	海外游客	27.0	23.97	24.73	28.71	33.9	39.42

根据上表所述,闽、粤、琼三地旅游业是以广东为主体,携带福建、海南共同发展。很明显,广东的旅游业无论从游客接待数量上还是旅游收入上,无论是接待国内游客还是国外游客,最终都远远超过了福建和海南。对于区内旅游业出现的差异我们主要从线路来分析:福建省旅游资源开发呈块状分布,闽北游览区主要集中在武夷山风景区,闽东南游览区主要集中在福州市、厦漳泉金三角,各游览区间联系不是很紧密,呈独立分布状态,尚未形成一个完善的旅游线路。广东省旅游资源开发强度大,景点几乎遍及全省区,又多数依托城市,凭借便利的公路、铁路、水路交通,在省内形成一个方便快捷的旅游网络,同时与香港、澳门共同构建了"粤港澳大三角旅游区",三地优势互补形成整体,增强广东旅游吸引力。海南省的旅游景点沿海沿公路呈环形分布,景点较分散。

(资料来源:李娟文、游长江主编《中国旅游地理》,东北财经大学出版社1999 年版)

（八）群体分项与产品对位原则

分属不同阶层的人的社会行为、消费习惯都会有所区别。消费阶层对象的差异，需要旅行社提供的产品也要有所差异。旅游市场是一个巨大的市场，任何一家旅行社都不能把整个市场吞下，不同阶层的人将会选择不同的旅行社。因差异化的市场形成差异化的旅行社，向市场提供差异化的产品，应当是一种正常发展的市场形态。所以，旅行社的产品将不是卖给所有的人，而是那些购买行为相似的人。旅行社在产品设计时应考虑到这一因素。

（九）合理安排交通原则

交通工具的选择应以最迅速、舒适、安全、方便为基本标准。如在具体安排上，长途一般应乘飞机。交通工具的选择，还应与旅程的主题相结合，同时要保证交通安排的衔接，减少候车（机、船）的时间。

【案例 2-2】

旅行社推出的"丝绸之路精华"九日游

第一天：赴西安，接至酒店，入住。

第二天：乘车赴临潼，参观"世界八大奇迹"之一的秦始皇兵马俑，观千古之谜秦陵地宫，游唐明皇李隆基与杨贵妃爱情罗曼史的发生地"华清池"，后返回西安。

第三天：早参观西安独特标志——大雁塔，欣赏亚洲第一大音乐喷泉，登世界历史上保存最完好的古代军事城堡建筑——明城墙，游览仿古一条街、钟鼓楼广场，结束乘火车赴嘉峪关。

第四天：观嘉峪关市容，游览西部小八达岭——悬臂长城。

第五天：游览有"天下第一雄关"之称的嘉峪关城楼，后乘汽车赴敦煌。

第六天：参观世界文化遗产、艺术宝库——敦煌莫高窟，后游览沙漠奇观——鸣沙山、月牙泉，可自费滑沙、骑骆驼。晚乘火车赴吐鲁番。

第七天：游览吐鲁番一线——葡萄沟，观西游记里的火焰山、高昌故城、有"吐鲁番命脉之泉"之称的坎儿井、万佛宫，后乘车赴乌鲁木齐，途中参观巨型风力发电厂。

第八天：游览世界著名的高山湖泊——天山天池、南山牧场，后乘车返回。

第九天：抵达温馨家园。

（十）旅游线路的知识产权保护

旅游产品的品牌，对于旅行社来说，犹如握着一把双刃剑：一方面，创建开发一个符合市场求新和消费心理的旅游产品，容易制造卖点，招揽游客。另一方面，将大量人力、智力、财力投入旅游产品的开发，若不成功就会血本无归；一旦成功，则其他旅行社就会跟风，克隆分享你的“劳动成果”，造成了“一户栽树，万家乘凉”的不公平局面，也严重影响了旅行社企业创新产品的积极性。因此，为了避免这种现象，旅行社还要增强产品品牌保护意识。

【案例 2-3】

精彩夏令营

旅行社推出了“畅游北京　放飞梦想”——2007 年首都夏令营，让全国各地的小朋友们感受首都北京的风姿。

接团后第一站就是在全国第一高等学府——清华大学举行开营仪式，聆听学子们讲述自己考上清华的学习和思想成长历程，激发同学们的学习兴趣，增强学习信心，提高学习动力，交流学习方法与技巧以便提高学习效率，真正体会清华“自强不息，厚德载物”的校训和行胜于言的校风；观国家级大型科普教育机构——中国科技馆，探索科技奥秘，遨游科技太空，感受和体验高科技的神奇魅力和巨大震撼；领同学们漫步于世界上最大的城市中心广场——天安门广场，观毛主席纪念堂外景，环视雄伟的人民大会堂、国家博物馆等著名建筑，体会作为中国人的自豪感，参观世界上最大的帝王宫殿——故宫，感受中华文化的博大精深，参观国家级旅游示范点北京珐琅厂，了解民族文化瑰宝——景泰蓝工艺制作全过程，参观 Sony 数码科技和美国科技融为一体的科学空间——Sony 探梦；随着黎明的曙光和雄伟的国歌观看庄严的升旗仪式，赴八大奇迹之一的万里长城，感受长城的壮丽雄姿，感受中华民族的悠久历史和灿烂文化；参观航空博物馆，看飞机、高射炮、雷达实物，车览亚运村，环游奥运村中央规划区，眺望宏伟的国家主体育场——“鸟巢”和现代的国家游泳中心——“水立方”；游览小动物的殿堂——动物园，亲眼目睹动物世界的神奇色彩，了解各种珍稀动物及习性，与各种友好的动物亲密接触，体会人与自然的和谐相处，去太平洋海底世界参观被称为“南极绅士”的秘鲁企鹅，带同学们走进大海深处，看凶猛的鲨鱼从同学们身边悄悄地经过，神秘而又刺激；最后在象征着 21 世纪伟大祖国的中华世纪坛外景举行闭营仪式，结束愉快的夏令营活动。

二、旅行社产品设计方法

(一)围绕主题设计

主题是产品的灵魂和核心。旅行社产品设计应深入挖掘主题，创造独特主题，突出主题多元化。围绕主题设计就是要深入挖掘主题，主要是挖掘民族文化，努力让旅行社产品突出民族特色，形式上特点鲜明，内容上兼容民族文化与地域文化、异质文化与同质文化。例如,美国夏威夷波西尼西亚文化旅游中心,以夏威夷土著民族文化为主题,进一步深化内涵,并把内涵形成一种大众文化,让所有到夏威夷的旅游者都能听到“阿洛哈”的热情招呼,以衣着草裙舞为乐趣。

主题要周密策划,寓教于乐,生动自然。例如,1992 年为了增强中国旅游业在国际市场上的竞争能力,吸引更多的海外朋友来中国旅游,国家旅游局和中国民航局共同主办了“92 中国友好观光年”活动,首批推出 14 条专题旅游线,它们是:长城之旅、黄河之旅、丝绸之路游、长江三峡游、奇山异水游、西南少数民族风情、冰雪风光游、寻根朝觐游、青少年修学游、新婚蜜月旅行、保健旅行、烹饪王国游、江南水乡游、佛教四大名山朝圣游,共涉及 294 处旅游景点。此外,还推出探险旅游、考古旅游、文物古迹旅游、三国旅游、末代皇帝旅游、美食旅游等线路。

围绕主题设计时,首先应注重市场可行性研究,切忌头脑过热,只是凭空想象。例如,前几年,上海某旅行社组织“穿越罗布泊”游,后来以失败而告终。其次,要特别注重文化底蕴和精品意识,开发出有特色和能经得住历史、市场和文化检验的产品来。

(二)围绕热点设计

“热点”是旅游者向往的旅游地,能满足旅游者从众的心理需求。旅行社产品设计时必须精心研究“热点”,开辟“热点”、规划“热点”,使“冷点”能转化为“热点”,使“热点”长盛不衰。比如我们的七大古都,因其古今特殊地位,以及保留的丰富历史古迹所构成的知名度,长期以来一直是旅游热点。再比如青藏铁路的开通,使数以万计的游客奔向神秘的雪域高原,使“冷点”转化为“热点”。

(三)求同设计

求同设计方法就是要求旅行社产品设计者将客源目标市场进行细分,充分研究每一目标市场的共同特征,然后根据目标市场的特征进行开发和设计旅行社产品去迎合同一目标市场的旅游者。同时,旅行社还可以将资源类型相近、性质相同、知名度大的景点组合起来,开发出特色相同、各具内涵的产品来。例如,“长江三峡”为瞿塘峡、西陵峡、巫峡的总称,全长 193 公里,构成地球上罕见的“山水画廊”。“小三峡”位于长江支流大宁河上,全长 50 余公里,由龙门峡、巴雾峡、滴翠峡构成,其特色主要有山高峡深、山清水碧、文物古迹多、岩溶地貌发育好等。“小小三峡”位于大宁河支流马渡河上,由三撑峡、秦王峡、长滩峡构成,那里峡窄水浅流急,是漂流的理想之地。因此,许多旅行社将大、小、小小三峡组合起来捆绑式推出,受到极大欢迎。

(四)求异设计

旅行社的产品设计必须不断创新,追求新异性,才能开发出独特性、吸引力强的精神产品来。例如,北京胡同游是经旅游部门努力并精心组织和培训,利用北京司空见惯的小三轮，推出坐三轮逛北京胡同产品。这一新异产品很快便受到中外游客的喜爱，形成了“胡同游”热。

在现代社会中，人们喜欢亲身体验不同于自己乡土的事物、风光、习俗和文化，以满足其追新求异的心理。由此可见，求异设计就要求旅行社产品设计者特别要注重在产品设计过程中的新异性是否能够满足旅游者的需求，好奇心人皆有之，顺着人的好奇心去设计旅行社产品，成功的希望就会很大。例如，多年来，人们对“水怪”、不明飞行物等怀有极大的好奇心，英国便开发出最有新异性的“尼斯湖水怪之旅”。他们建公路、修宾馆，大量生产旅游纪念品等满足游客好奇心，每年有50万游客去尼斯湖看“水怪”。据新华社1999年2月8日电，英国人在尼斯湖设置四部自动摄像机，全天候监视，并传上网络，这就更能吸引众多人关注“水怪”，这些关注者也就成为前往参观的巨大潜在客源。如今传闻在我国的新疆喀纳斯湖里也有“水怪”，大多人都奔“水怪”而去。

求新就是要追求新异，追求一种“人无我有，人有我廉，人廉我优，人优我专”的精神境界，指导旅游线路开发工作，形成良性的开发循环，永远走在同行业的前面，尽量降低或避免开发旅游线路的风险，提高成功率，使旅行社企业持续不断地发展壮大。例如，深圳原来只是一个小渔村，旅游资源相当缺乏，而华侨城将中华民族的民俗文化作为切入点建成“锦绣中华”，便是求异设计的最好例证。“锦绣中华”是一座反映中国历史、文化、艺术、古代建筑和民族风情最丰富、最生动、最全面的实景微缩景区之一，它以优美的园林为载体，以微缩景观的静态形式结合中国古代建筑及山水名胜、民居、民俗，仿建了全国重点文物保护单位242处，展示了中华五千年文化和祖国的锦绣山河。

三、旅游产品设计步骤

（一）调查分析阶段

旅游线路设计与旅程设计是一个技术性与经验性非常强的工作，它需要做周密的市场调查。调查的内容主要涉及：旅游产品的目标市场及其变化趋势；竞争对手同类产品的特点；与接待地区经济发展水平、国际旅游发展水平、服务管理水平等相联系的旅游供给一体化程度，即地区旅游产业内外关联和协调能力；旅游者在接待地区消费旅游产品时其行为的自主程度，或者说，接待地区政府和旅行机构操纵和引导旅游客流的作用和程度。

（二）开发设计阶段

在旅游线路设计过程中需要考虑四类因素：旅游资源（旅游价值）、与旅游可达性密切相关的基础设施、旅游专用设施和旅游成本因素（费用、时间或距离等）。

旅游线路设计大致分为四个步骤：

1. 确定目标市场的成本因素，它在总体上决定了旅游线路的性质和类型。

2. 根据游客的类型和期望确定组成线路内容的旅游资源的基本空间格局，旅游资源的对应旅游价值必须用量化的指标表示出来。

3. 结合前两个步骤的背景材料对相关的旅游基础设施和专用设施（住宿）进行分析，设计出若干可以选择的线路方案。

4. 选择最优的旅游线路方案（可以是多条）。

（三）试行完善阶段

旅游线路设计完成后，应在小范围市场内进行试点运行，根据市场反应及时纠正偏差，合理调整内容，使之更适合市场需求。

四、旅游线路组合要素

一条完整的旅游线路应该具备下列要素：主题、日期、行程、游览或活动项目、交通、住宿、服务标准、价格和备注等，可见下表。

【案例 2-4】

福州、武夷山、青龙大瀑布、龙川大峡谷、厦门双飞五日游

日　期	行　程　安　排	用　餐	住　宿
D1	济南乘 SC4951(16:25—19:20)航班赴福州。		福　州
D2	早餐后乘 K666(07:40—13:23)赴武夷山，乘竹筏漂流，沿途远观玉女峰、大王峰，游武夷宫、仿宋古街，看茶艺表演。	含早晚餐	武夷山
D3	早餐后游览青龙大瀑布、天然氧吧、龙川大峡谷，观音瀑、欢乐瀑、千层瀑等瀑布群，猪八戒照镜子，鸳鸯池、仙女池，思原瀑、象迎桥，观赏古民居、曹墩民族文化村、栋家祠后武夷山或邵武乘火车赴厦门。	含早中餐	火车上
D4	早餐后游海上花园——鼓浪屿、万国建筑、海边浴场、中国唯一的钢琴博物馆、菽庄花园，海上看金门（自费），游白鹿洞、虎溪岩、白鹭洲、白鹭女神广场。	含三餐	厦　门
D5	游览闽南千年古刹——南普陀寺，观著名学府厦大外景，车游金色环岛路。乘 SC4988(10:20—12:20)航班返济南。	含早餐	

续表

费用说明	1. 住宿:二星或同级酒店双人标间。 2. 餐标:4 早餐 4 正餐。 3. 车费:空调旅游车。 4. 门票:所列景点大门票。 5. 交通:含往返机票(含机建、燃油)、福州—武夷山硬座、武夷山—厦门硬卧。 6. 导服:当地优秀导游服务。

备注:

1. 在不减少旅游景点的前提下,我社保留对景点顺序调整的权利。

2. 1.1 米以下儿童不占床位和车位时免费,1.1～1.4 米的儿童收取 50％的综合服务费,1.4 米以上按成人收取费用。

3. 请旅行团全体成员携带有效证件(身份证、教师证、军官证、老年证、学生证等)。

4. 如遇自然原因及不可抗拒的因素影响,造成行程延误,费用由客人自理;因散客拼团而造成单男单女者,我社有权安排插住或客人补齐房间差价。

五、旅行社产品创新

不断开发旅游新产品是旅行社生存与发展的关键,也是提高旅行社竞争能力的关键。它能帮助旅行社从恶性价格竞争中摆脱出来,另辟新途径。所谓的旅游新产品,是泛指旅游产品综合体中任何一部分的改革与创新。也就是说,新产品包括两类:一类是完全的新产品;另一类是革新的产品,即产品已经存在,但经过了新的变动与改革。另外,还有一类称为"市场新产品",是指旅游产品本身已经存在,只是销售领域有所改变,对新市场来说,它是一种新产品。一般而言,当一种产品投放到市场后,旅行社就应未雨绸缪,着手新产品的设计。

(一)旅行社新产品的类型

产品创新是提供与以往不同的消费满足,开创新的目标市场的一种创造性活动。对旅游消费者而言,只要在实际感受值上与原来产品有差别,就是新产品。旅游新产品按其性质可分为以下几种类型:

1. 全新型产品

这是指为了满足旅游者新的需求而创新的旅游产品。如新开辟一条旅游线路,新开发一个旅游景点,新推出一项独具特色的旅游产品。比如说这两年热推的丝路之旅、长征之旅、茶马古道之旅、圣藏之旅等。

2. 改进型产品

旅行社产品投放市场后,根据市场的销售状况,对原有产品作适当改进,也就是说,对现有旅游产品不进行重大革新,只对它进行局部的改进而产生的旅游产品。如改进旅游设施、调整旅游景点等,给游客一种全新的旅游体验。改进型产品有两层含义:一是扩展产品的深度。例如,把原先杭州、千岛湖浙江线延伸到安徽的黄山,通过黄金水道,把陆上运行改为水上漫游。二是提高产品档次。例如,在不改变原有游览内容的前提下,提高食、宿、行设施的等级,如经济等改为标准等、豪华等;或者降低等级标准,如"双飞华东五市豪华游"改为"双卧旅游"后,市场反映良好。又如,将全包价旅游产品改为半包价旅游产品,以满足旅游者自主安排活动的要求,也是一项不错的改进型新产品。

3. 升级型新产品

在原有产品的基础上,添加新的资源要素,开发新的旅游产品功能,实现旅行社产品升级。例如,深圳的"世界之窗"以原有的世界微缩景观为基础,通过融入绚丽多彩的世界歌舞,推出了以狂欢节为核心的节庆旅游产品,使原有的观光型产品升级为参与性产品。升级型产品新功能的渗透,使原有的产品局部发生质变。

4. 创新型新产品

创新型新产品是指能够开创新的旅游模式的产品。例如,宇宙飞船载游客升空,这是利用了新资源、新技术打造的一项全新的旅游产品,这必将在旅游消费市场上掀起一场新的革命浪潮。又如,旅行社通过理念创新,把神圣的婚礼同蔚蓝的大海组合起来,在婚庆旅游市场上推出诱人的乘热气球环游婚礼旅游,这也不失为一种产品的创新。

5. 仿制型新产品

仿制型新产品是指旅行社对旅游市场上已经存在的畅销旅游产品进行模仿后经营的旅游产品。仿制是一种重要的竞争策略。旅行社在进行仿制时,一方面要抓住时机,另一方面对现有旅游产品缺陷要进行必要的改进或创新,这样才能取得良好的效果。如旅行社可以仿照"乡村旅游""森林旅游",推出"草原旅游"等产品。

6. 换代型新产品

换代型新产品是指对现有旅游产品进行较大革新后产生的旅游产品。例如,旅行社在现有观光旅游产品的基础上,推出观光兼度假的旅游产品,就是一项换代产品。再如,"长江之旅"从字面意思上讲仅仅是自然风光旅游,但是事实上它最主要的价值在于追寻古人遗迹,综合了自然旅游资源和人文旅游资源的双重价值。

(二)旅行社产品创新策略

旅行社产品的创新、创意是关键。根据产品创意的来源,产品创意策略主要有市场推动型、资源推动型和头脑风暴型三种。

1. 市场推动型策略

市场推动型策略的基础是发现市场机会。发现市场机会主要有两种途径：一是通过对特定旅游者的需求了解来发现创新机会。创新灵感不太可能在一般旅游者的简单调查中获得，只有在那些面临需求问题，且需要旅行社给予解决的旅客中才有可能出现。他们不仅是创新思路的来源，还是创新产品的最终市场。二是在解决问题的过程中发现市场新的机会。旅行社在帮游客解决需求问题的过程中，往往会发现原有产品的局限性，如在20世纪80年代，无锡古运河旅游产品的热销，就是在满足旅游者旅游兴趣的过程中被开发出来的。

2. 资源推动型策略

旅游资源是旅行社产品组合的基础。广义的旅游资源，除直接作用于旅游者的吸引物这类核心资源外，还包括一切为旅游活动的正常运行提供满足需要的各种条件与因素。旅游吸引物资源被新发现、新开发，旅游设施资源的改进和更新，都是推动旅行社产品创新的契机。旅行社在某个时间范围内买断了某个旅游景点，则可利用这一特殊地位实现产品新鲜出炉。旅行社在对把新的旅游资源抢先开发为新的产品时，应使创新活动符合市场需求和旅行社企业利益的要求。

3. 头脑风暴型策略

这也是一种被视为行之有效的产品创新方法之一。创新就是打破原有的格局，创造一种新的格局。让参加者对现有的规则挑战，对现有产品进行毫不留情的挑刺，不允许提出集体看法和权威看法，也不允许对别人的意见进行肯定或否定，思路越宽越好，哪怕只是只言片语，对任何创意有不同意见都必须在将来提出，以创造一个自由奔放的会议气氛。有时候，听取非专业人士的建议，往往会有意想不到的构思。

【案例 2-5】

“’99 世纪庆典”

1999年是具有纪念意义的一年，“9”在中国象征着“长久”，因此，许多年轻人选择这一年作为结婚的最佳年份。随着生活水平的提高以及旅游观念的转变，北京国旅、北京青旅等11家旅行社顺应市场推出了“’99世纪庆典”活动，为在1999年结婚的朋友提供了一次绝佳的婚礼盛典。这次活动由11家旅行社共同组织的999对新婚夫妇到韩国举行大型的婚庆仪式。1999年9月9日9时9分9秒，999对新人在汉城奥林匹克体育中心举行了盛大婚礼，韩国政府要员及各大企业集团要员亲临主持庆典，并赠送纪念品。婚礼之后，999对新人游览韩国各地，一边欣赏异域风情，一边享受蜜月的温馨。

（资料来源：1999年9月2日《北京晚报》）

第三节　旅行社产品的开发管理

一、旅行社产品的划分

（一）以资源结构划分

1. 自然风光旅游产品

自然风光旅游产品是旅行社开发最早、最主要的旅游产品，游览自然风光可以使旅游者陶冶情操，开阔眼界，增长知识，体验自然之美，使生活更加多姿多彩。旅行社以自然资源为主导设计的自然风光旅游产品，主要包括名山大川、峡谷湖泊、流泉飞瀑、森林草原、海滨海岛、湿地戈壁等。

2. 人文景观旅游产品

人文景观旅游产品在相当程度上体现着精神文化的内涵。精神文化可以以一定物质实体为载体，如古建筑、古寺观、壁画、民居、服饰风物特产、陵墓、园林等；也可以是纯粹的精神文化的东西，如历史事件、传说典故、文学人物、诗词书画、民族风情等。这些有形的载体和无形的精神文化内涵相互映衬、相互渗透，共同形成独具吸引力的人文景观旅游产品。例如，井冈山风景名胜区，不仅仅是如画如诗的绿色景致吸引人，更重要的在于它是红色的革命摇篮，因为它是中国革命的第一个农村革命根据地，留下了众多革命斗争故事和革命家的斗争遗迹。重温昔日先烈们所经历的艰苦岁月，加强人们对现代社会生活来之不易的珍惜之情。

(1)名胜古迹

一般具有一定的科学、文化和艺术价值。世界性的名胜古迹是全世界的财富，旅游者特别向往。因为名胜古迹不仅给游人一种极强的艺术享受，同时能增长知识，增强荣誉感，如美国纽约的自由女神像，法国的凡尔赛宫、凯旋门，英国白金汉宫，埃及金字塔，以及我国的长城、故宫等。

(2)古城镇

中国历史古城镇有2000多个，遍及全国各地，大部分都有两三千年的历史。在世界遗产中，古城是很重要的一部分，古城中的建筑是最能承载物质与非物质文化的载体。例如，我国七大古都北京、西安、洛阳、南京、开封、杭州、安阳一直以来都是旅游热点城市，众多中外游客被其古都风貌和历史遗迹所深深吸引。另外，还有像乌镇、丽江古城、安徽西递古村落等这些名镇，也无不吸引着游客的眼球。

(3)人造景观

人造景观起源于现代西方发达国家。第二次世界大战后，荷兰的马杜拉丹“小人国”是人造景观的开端，美国的迪斯尼是成功的典范。现代人造景观旅游产品主要有微缩景观、"外国城""仿古村"等。随着当代旅游业的迅速发展,人造景观已成为现代旅行社开辟的重要旅游产品之一。

(4)民俗风情

民俗风情的异域性可以满足不同文化层次旅游者的求异、求奇的需要,旅游者可以通过对具体民俗形象获得感性认识,并从与自身同类文化形象的对比中得到某些异域文化的享受。同时,旅游者在观赏民俗风情时,能把自己与客观场景融为一体,参与其中获得更具体、更生动、更强烈的情感体验。旅行社推向旅游市场的民俗风情旅游产品,主要有民俗村、民俗节庆活动和家庭访问游等。

(5)文化艺术

文化是人类价值观念在社会实践过程中经由符号这一介质在传播中实现过程的对象化,它既包括文化产品的创造,也包括人身、心、智的塑造。因此,文化是人类本质的形成体现。世界上许多国家已经开始重视文化旅游产品的开发和保护,并结合本地区本国家的民族文化特点,建立不同类型的旅游区或旅游文化中心。例如,1993 年 5 月,墨西哥、危地马拉、洪都拉斯、萨尔瓦多和伯利兹王国政府发起建立"玛雅文化旅游区"。艺术是无国界的,世界著名的艺术之乡都是旅游者向往聚集之地。艺术有利于提高旅游者文化修养,给旅游者留下美好的回忆。例如,"音乐之邦"奥地利,海顿、莫扎特、施特劳斯等一些著名大师都出生在这里。也正是由于这些音乐大师所创作的悠扬动听的音乐,吸引了成千上万的旅游者涌向奥地利。每年 5 月 20 日至 6 月 18 日的维也纳音乐节,上演 80 多个节目,演出 400 多场次,30 天的时间里引来世界上几十多万游客。

现在,世界各国都在努力挖掘本国的文化艺术资源并将其设计推向世界,促进旅游业的发展。越是民族的东西越是世界的,对旅游者越有吸引力,如我国文化四绝——京剧、烹调、园林、山水画,都可以开发成极具魅力的文化艺术旅游产品。

(二)以旅游目的划分

旅行社产品以旅游目的可分为生态旅游产品,民族文化旅游产品,观光旅游产品,休闲、康体、度假旅游产品,会展旅游产品,历史文化旅游产品,宗教文化旅游产品,节庆旅游产品,购物旅游产品等。

1. 生态旅游产品

作为对传统观光旅游的反思和矫正,生态旅游的概念在 20 世纪 80 年代首先由环境保护主义者提出,随即得到了国际旅游业界的广泛关注,以至于在许多国家和地区日益形成一种独特的旅游产品,并在名目繁多的旅游形式中逐渐发展和壮大,成为当今世界旅游发展潮流。

生态旅游是一种以在观赏生态环境、领略自然风光的同时普及生态和维护生态平衡为目的的新型旅游。真正意义的生态旅游是一种认识自然、享受自然、保护自然的高层次旅游活动，它把生态保护作为既定前提，把环境教育和知识普及作为核心内容，并提供相应的设施及环境教育，以使旅游者在不损害生态系统或地域文化的情况下访问、了解、鉴赏、享受自然及文化风情。

在现代旅游业发展过程中，到海滨休闲度假曾一度风靡许多国家，因为那里有特有的阳光(sun)、舒适的沙滩(sand)、碧蓝的大海(sea)，使旅游者能够在紧张的工作之余有一个适当的停顿，获得身心的全面放松。但这也造成海滨的严重污染，美丽的环境遭到了破坏。许多国家由此兴起了到大自然(nature)中、缅怀人类曾经与自然和谐相处的怀旧情结(nostalgia)、融入自然天堂(nirvana)的旅游热，形成了现代旅游的“3N”旅游。从“3S”到“3N”标明人类从以身体享乐为主的旅游追求转变为以精神为主的现代生态旅游追求。

2. 休闲度假旅游产品

发展度假旅游已成为世界的旅游资源，目前度假旅游市场占国际旅游市场的20%，而中老年是度假旅游的主体。度假旅游的兴起是旅游业走向成熟的重要标志。

作为著名的度假旅游胜地，它必须具备如下条件：

(1)优美的自然风光。度假旅游相对于观光旅游在目的地的逗留时间较长，因此，旅游者对度假的环境要求非常高。当今世界的度假地带都是布局在空气清新、环境幽雅、风光秀丽的山区森林地带。

(2)良好的休息环境。度假者要在度假区作短期的居住，度假地休憩环境的好坏对游客的吸引有很大影响。

(3)独特的文化景观。对异质文化的追求是旅游者的普遍心理，由于各民族所处的地理环境和历史进程的差异，形成了不同的文化景观，度假村在选址上通常物色最能反映本国、本民族特色的地点，以向度假者展示本国特有的名胜古迹和风土人情。度假者置身其中，在精神上获得极大的美的享受。如我国的承德避暑山庄，结合自然风光和古老的历史文化，吸引着众多的中外游客。

(4)丰富的健身娱乐旅游资源。度假旅游者既要有安静的环境供他们休息，又要开展体育和娱乐活动。顺应这一潮流，世界各地的度假村都力图将休憩、游娱、医疗保健、体育运动功能合为一体，将度假村办成新型的多功能的综合体。

3. 文化旅游产品

旅游给予旅游者的最美好的东西，是对异地文化的身临其境的感受和体验。多姿多彩的民族文化的发展必将吸引更多的旅游者。文化旅游包括民俗风情旅游、修学旅游、宗教文化旅游等。

4. 商务旅游产品

商务旅游产品涉及的是那些因为工作关系而旅行的人们，是最古老的旅游类型之一。人类从早期就开始了商务目的的旅行。本书所指的商务旅游是指商务客户以经商为目的,把商务活动与度假、旅行和观光游览结合起来的旅游形式。商务旅游产品则是指旅行社为满足商务客户的需求,为其量身定做的服务和项目,它主要包括商务考察、差旅管理、奖励旅游、会展旅游等产品。这里着重介绍会展旅游和奖励旅游。

5. 康体旅游产品

2001 年,中国旅游主题被定为“体育健身游”。这一年举办的与体育有关的各类节庆日有 100 多个,既有历史悠久、特色浓郁、参与性强的民间传统体育旅游活动,又有举办多年、极富吸引力的体育旅游活动,还有动人心魄的专业体育赛事。同时,还推出了 11 个体育旅游专项产品,如攀岩、漂流、滑雪、沙漠探险、登山、徒步旅游、自行车旅游、驾车自助游、海滨健身游、武术探秘游、高尔夫体验游等。

6. 专题旅游产品

近年来,旅行社工业旅游、油轮旅游和乡村旅游等主题鲜明的旅游产品层出不穷,标志着中国旅游正在向专题化方向发展。而专题化趋势下的特色和差异,是构成旅游产品吸引力和竞争力的根本要素。

补充阅读资料 2-4

山东省专项旅游项目

1. 游船旅游

山东省接待国际游船始于 20 世纪 70 年代后期,主要集中在青岛、烟台等沿海城市开展。到目前为止,已接待过“探险家号”、日本“乌托邦”号、“北欧珠宝”号、“世界开发”号、日本“新樱丸”号、“海洋公主”号、澳大利亚“美丽星”号等大型国际游船。除此以外,枣庄、东营等市也发挥当地湖、河优势,开展游船旅游,接待了不少中外游客。

2. 书法旅游

山东省内众多的碑刻遗存为开展书法旅游提供了良好的条件。云峰山摩崖石刻是著名石刻之一,是北魏光州刺史郑昭道所书,是研究中国汉字书法的珍贵资料,被称为“书法艺术的瑰宝”,在国际书法界都有着十分重要的影响。1981 年 3 月 26 日,日本以种谷扇舟为团长的 20 人书道教育访华团首先参观了云峰山、大基山魏碑石刻,开创了山东省与日本文化交流书法专项旅游的先例。此后,平均每年接待日本书道方面的客人 400 人次左右,日本成为参加书法专项旅游的最主要客源国。另外,泰山和曲阜的“三孔”中保存着大量的历代碑碣石刻,也吸引了不少参加书法旅游的旅游者。

3. 民俗旅游

山东省有着古老的传统文化和丰富多彩的民间风俗，人民热情好客，民风淳朴，很多农村和渔村都适宜开展民俗旅游。经过旅游部门的努力，开发了许多有浓郁特色的民俗旅游项目。如潍坊安丘石家庄民俗旅游，烟台龙口治基村和芝罘樗岚村、威海远遥村、泰安大汶口河畔的埠阳庄村等民俗旅游项目都各具特色。通过邀请海外客人深入到农家庭院，与农民同吃、同住，体验农家生活和劳动，参与农家娱乐活动等多种方式，使海外游客真正了解农家生活和习俗，深受海外游客的欢迎。

4. 修学旅游

山东省修学旅游始于 1987 年。1988 年 3 月首次接待来自美国加州的孔子家乡修学旅游团一行 13 人，在曲阜修学旅游 7 天。每期十余人到几十人不等，修学期限一般为 3～7 天。开学时，学员身穿中国古代学士服，头戴古代学士帽，到孔子当年讲学的杏坛前举行开学典礼。学习方式是讲课与参观、实践相结合。学习的主要内容有孔子生平及哲学思想、中国历史、书法、绘画、音乐、武术、民俗、中医、孔府烹饪等。一般半天安排学习，半天参观、实践。参观孔府、孔庙、六艺城、尼山等文物古迹，练习书法、绘画、太极拳，学做中国饭菜，并参观幼儿园、农舍、医院，与中国朋友联欢，观赏古乐舞等。结业时，在孔子墓前颁发纪念证书。

5. 齐文化旅游

临淄为齐国故都，是齐文化的发祥地。近几年，临淄政府投资建设了姜太公旅游中心、临淄中国古车博物馆、齐国历史博物馆，并进一步开发齐文化城、田齐王陵、大武汉墓博物馆、殉马坑、兵家城等，高品位、高文化含量的齐文化旅游，吸引了大量的中外游客。

6. 爱国主义旅游

爱国主义旅游是枣庄新开发的旅游项目之一，主要旅游是台儿庄大战纪念馆——台儿庄大战遗址——铁道游击队纪念碑——微山岛。台儿庄大战纪念馆被团中央命名为“全国青少年爱国主义教育基地”，台儿庄大战是中国军队第一次正面抗击日本侵略军取得辉煌胜利的一场大战役。铁道游击队的事迹更是家喻户晓。本项目推出后，受到青少年、老干部及我国港台地区游客的青睐。

另外，山东省还有考古旅游、新婚旅游、烹饪旅游、垂钓旅游、度假旅游、“水浒”旅游、长岛的观鸟旅游、烟台的康复旅游、枣庄和寿光的绿色农业旅游、生态旅游、寻根拜谒旅游、孔子故里除夕游等旅游专项。

（资料来源：山东省旅游局编《山东省导游资格考试 · 导游基础知识》，山东科技出版社 2006 年版）

(三)以组成形式划分

1. 整体旅游产品

整体旅游产品又称综合性旅游产品,它是旅行社根据市场需求为游客编排组合的内容、项目各异的旅游线路。其具体方式表现为各种形式的包价旅游。

2. 单项旅游产品

单项旅游产品是旅游服务的供方向游客提供的单一服务项目,如导游服务、饭店客房、航班座位、机场接待、代办各种票据服务等。

(四)以空间距离划分

旅游距离的远近,取决于客人的经济支付能力高低和闲暇时间长短。按空间距离分类,旅行社所开发的旅游产品有洲际旅游线路、边境旅游线路、国内旅游线路、区内旅游线路,其服务对象各有差别。例如,第二次世界大战后,国际旅游客源主要方向是发自美国的三股客流,近距离两股分别向北向南到邻国加拿大和墨西哥及拉美各国,远距离旅游的主流为向东到西欧,少数向西到日本。

二、影响旅行社产品开发的因素

(一)外部因素

所谓外部因素,是指旅行社无法直接控制的因素,但这些因素共同作用的结果却会直接影响一个国家或地区旅游业的发展水平,并由此对旅行社产品的开发产生直接或间接的影响。

1. 资源禀赋

资源禀赋是指一个国家或地区拥有旅游资源的状况。与旅行社产品开发相关的资源因素主要包括自然资源、人文资源、社会资源、人力资源和资本资源。

(1)自然资源。自然资源对旅行社产品开发的作用取决于它们的特点和可进入性。人类无法接近的自然资源是一种潜在资源,只有经过开发并可以进入的资源才能成为经济资源。但是,对自然资源的开发不应破坏其自身价值,这是自然资源成为经济资源的条件。

(2)人文资源。人文资源的富裕程度决定一个国家旅游开发的潜力,拥有独一无二的人文资源的国家或地区便处于垄断或近似垄断的地位,旅行社也可因此开发出竞争对手所没有的产品。

(3)社会资源。社会资源是指与人类社会生活有紧密联系的事物和活动,包括传统文化、民族风情、节庆、表演、保健等,是对旅游资源的深层开发。与此同时,当地居民对旅游者的态度(容忍程度)主要取决于主客的文化差异、旅游地拥挤程度、旅游者的行为是否有损于当地居民的价值观以及旅游者与当地居民的接触程度。旅行社在开发产品时必须充分考虑旅游目的地居民的容忍程度,有针对性地开发产品。

(4)人力资源。人力资源是旅游业开发与经营的基本要素，它在一定程度上也决定着旅行社产品的开发。人力资源包括人口数量、人口特点和人员素质。

(5)资本资源。资源的开发、保护和利用无一不需要资本的投入，这就使得资本资源成为影响旅行社产品开发的一个极其关键的因素。

2. 设施配置

设施配置是指与旅游者旅游生活密切相关的服务设施和服务网络的配置状况，主要包括住宿、交通、餐饮和娱乐等，它们是旅游者实现其旅游目的的中间媒介，而且本身也会增添旅游乐趣，构成旅游者旅游生活的重要组成部分。一个国家或地区无论旅游资源多么丰富，如果不具备起码的基础设施和旅游服务设施，就难以形成吸引旅游者的产品。

3. 旅游需求

旅游需求是指具有一定支付能力和闲暇时间的消费者在一定时间内愿意以一定价格购买的旅游产品的数量。旅游需求不仅与人们的消费水平有直接关系，而且也反映出旅游者的旅游兴趣。因此，从某种意义上讲，旅游需求决定着旅行社产品开发的方向。

(二)内部因素

内部因素包括旅行社的发展战略、市场定位、人力资源状况、财力状况、市场拓展能力、协助网络的广度与稳定程度、接待能力和商誉等，即旅行社的综合竞争能力。

三、旅行社产品的开发管理

根据旅游业发展的新趋势，不断开发符合新时期游客追求的旅游产品，已经成为国际潮流。长期以来，我国旅行社产品开发设计观念的落后，导致旅游产品设计粗糙和开发粗放，产品缺乏个性，严重制约了旅行社的发展。

目前，我国旅行社在产品开发设计时，由于自身经济实力有限及技术开发能力不足等原因，往往是在对市场缺乏完全研究的情况下研发新产品，甚至推出未经研究的旅游产品，仅仅研究顾客本身，而不去研究顾客旅游所要解决的问题；不注重对竞争者的认识，而是从自己主观认识去开发产品，从而导致向游客提供的旅游产品很难实现旅游产品群体化的个性化、规模化、多样化和层级化的细分。因此，开发设计出的旅游产品与旅游者的需求吻合程度低。

(一)我国旅行社产品开发设计的现状

1. 低层次设计。我国旅游产品现阶段还处在初级开发水平，无论传统的观光旅游产品，还是度假旅游产品、商务旅游产品及其他旅游产品的开发水平都较低。旅游产品本应突出游客的体验性、娱乐性、知识性和享受性，但这几方面在我国旅游产品开发中没有充分得到体现，旅游产品科技含量低，容易被抄袭。

2. 旅游产品单一。旅游者的需求越来越个性化，旅游者希望通过参加具有鲜明特色的旅游活动来体现自己的个性。而目前我国旅行社在产品开发中跟风盛行，盲目模仿，导致我国旅行社的旅游产品中有特色的旅游产品少，大多表现为无差别、无特色，众多旅行社经营千篇一律的产品，降低了旅游者出游的积极性，严重制约了旅行社的经营。

3. 开发组织缺乏严格管理。新产品开发是一项系统工程，要精心组织、严格控制，才能提高成功率。我国目前旅行社在开发设计新产品时表现得很随意，既没有专业的部门来负责，也缺少专业的研发人员。在开发过程中，各部门之间不能通力合作，这样很难高效开发，会导致开发成本上升，延误了开发时机。

(二)旅行社产品设计开发的新思路

1. 旅行社产品开发设计的基本出发点

认识市场是旅行社产品开发的基本依据，但我国旅行社在产品开发过程中轻视市场的认识，即使进行市场调研，也是运用一些落后的方法去了解顾客，这些落后的方法很难帮助旅行社真正认识顾客。正确的做法是：了解游客需要解决的问题是什么，而非单纯对游客本身的了解，只有这样才能达到真正认识市场的目的。

在顾客的眼里，市场的结构十分简单，正如莱维特所说："顾客不过希望自己手上的事情做好。"顾客若发现自己需要完成某项工作，他们基本会借助某些产品实现这一目的。因此开发人员应着重把注意力放在了解消费者需要解决什么问题上。研发人员若能了解这些问题，并据此开发能解决这些问题的产品及相关的购买和使用体验，并在产品宣传中强化产品的特定用途，那么顾客一旦发现需要解决某些问题，他就会去购买。除了极少数情况之外，游客需要或希望解决的每个问题都会涉及社会、功能和情感等方面的因素。开发人员若能把握其中各种因素，便可设计出对解决游客面临问题大有帮助的产品。换句话说，开发人员如果希望开发出受游客欢迎的旅游产品，就应该把游客想解决的问题而不是顾客本身作为分析的基本单位。

2. 提高旅行社产品质量的基础工作

对旅行社来说，产品质量是企业的生命所在。一直以来，多数旅行社把提高产品质量的注意力放在服务质量的提高上，忽视产品设计开发过程的质量管理。其实，产品设计开发过程是产品质量形成过程的第一关口，是形成旅行社产品质量的决定性环节之一。国外有的质量管理专家认为，产品的质量问题有20%～40%是在设计过程中造成的。如果设计开发过程的质量管理没搞好，就会给产品质量留下许多问题。也就是说,开发设计质量不高,将来不管企业如何努力都是没有意义的。旅行社产品开发设计过程的质量管理应抓好几项工作:制定好产品质量目标,加强开发设计中的试验研究工作,严格遵守旅行社产品开发的基本原则和程序,进行产品质量的经济分析。

3. 提高旅行社产品竞争力的有效途径

我国 2005 年年末采用入户调查的方式,对北京、上海、广州、武汉、成都、沈阳、西安七个城市 18～60 岁的共 1888 名常住城市居民进行了调查,并根据调查结果推出了《中国公众旅游服务传播指数 2005 年度报告》。报告表明,尽管个性化、专业化的旅游产品开发在各地已经演绎得如火如荼,消费者对于目前的旅游产品却并不满意,对于目前旅游产品的创新性、产品与消费者需求的吻合性、产品设计的合理性、产品的个性化等方面,消费者所给的分值均不足 70 分,特别是产品的个性化特征,仅获得了 66.9 分。

产品差异化可分为垂直差异和水平差异,垂直差异是指比竞争对手更好的产品,水平差异是与竞争对手不同的产品。目前我国旅行社开发能力有限,走水平差异化道路不现实,要实现旅行社产品的差异化,走垂直差异的道路比较合适。垂直差异化可从产品功能设计上下工夫。产品功能对消费者来说,一般有两种:一是"锦上添花"型的功能,有更好,没有也无所谓;二是"雪中送炭"型功能,渴望度很高,解决消费者生活中遇到的难题。旅行社产品往往对"雪中送炭"型功能考虑得比较多,而对"锦上添花"型功能则考虑较少。因此在开发设计产品时,适当考虑"锦上添花"功能,同时借鉴汲取国际上旅游发达国家旅游产品的设计理念、时尚的艺术手段和科技方法,突出本社产品与其他社的不同,努力营造出差异化。

4. 提高旅行社产品价值的基本手段

价值工程是一种企业管理方法,它服从于经济第一的价值观。也就是说,决定某事做与不做、应该怎样做,主要依据是有无经济效益。

价值与功能成正比,与费用成反比,为评价产品的价值提供了科学的标准,也为衡量功能和费用配合是否适当,以求发现问题、解决问题,做到用最低的费用实现必要功能提供了依据。旅行社在产品开发设计过程中,应通过推行价值工程来分析产品,找出产品在功能上和成本上存在的问题,提出切实可行的方案解决这些问题,通过对问题的解决以提高产品的价值。

5. 提高旅行社经济效益的关键点

旅游产品开发设计时,应考虑的产品成本主要有两个方面:一是旅游市场所考虑到的成本因子问题,即时间、距离和花费。这个方面是用来衡量旅游过程可达性因素和旅游消费经济性问题的一个重要指标,因为旅游者在旅游过程中主要考虑到成本因子(即时间、距离和花费这样的可达性)和非成本因子(即消费的最大满意度)。二是旅游线路在设计、生产和流通过程中所花费的人力、物力和财力,它是构成线路价值的主要组成部分。旅游线路设计要在同类旅游线路中确立自身竞争优势,就需要合理控制成本,以达到自身成本的最小化,特别是要让顾客成本达到最低。这样才有利于实现企业的效益最大化,提高产品竞争力。

6. 增强旅游产品吸引力的方法

派恩与吉尔摩合著的《体验经济》一书中,将"体验"定义为"企业以服务为舞台,以商品为道具,以消费者为中心,创造能够使消费者参与,值得消费者回忆的活动"。最难忘的体验是处于四者交汇的"甜美的亮点",旅游业因此而天然成为"体验产业"。

体验设计是将游客的参与融入设计中,是企业把服务作为"舞台",产品作为"道具",环境作为"布景",使消费者在商业活动过程中感受到美好的体验过程。作为"道具"的旅游产品应凸显以下特征:

(1)游戏化、娱乐性。德国思想家席勒在《审美教育书简》中有个著名论断:"只有当人是完全意义上的人,他才游戏,只有当人游戏时,他才完全是人。"在体验经济时代,产品的娱乐性、游戏化正是人们本性回归的体现,是人们日益追求一种休闲的、愉悦的生活方式。娱乐不仅是一种最古老的体验之一,而且在当今是一种更高级的、最普遍的体验。总之,在体验经济时代,娱乐性、游戏化是产品的普遍特征。

(2)人性化、互动参与性。体验经济本身是一种开放式、互动性的经济,体验设计的终极目标之一便是人的自主性。产品作为道具,应该给予消费者更互动、更独特的体验,以获取充分的人性化的体验价值。

(3)情感化、纯精神性。一种体验越是充满感觉就越是值得回忆,为使产品更具有体验价值,最直接的办法就是增加某些感官要素,增强顾客与产品相互交流的感觉。因此,设计者必须从视觉、触觉、味觉、听觉和嗅觉等方面进行细致的分析,突出产品的感官特征,使其容易被感知,创造良好的情感体验。

7. 提高旅行社产品开发成功率的关键

我国大多数旅行社实力和规模都比较小,致使开发新旅游产品的平均成本都较高,同时新产品成功率较低,风险极大。面对这种不利的状况,提高产品开发成功率应从几方面着手:认真策划新产品开发计划,严格遵循产品开发的科学程序,引入团队导向的"同时型产品开发"组织体制。

【本章小结】

旅行社产品是一种把旅游六大要素(吃、住、行、游、购、娱)进行加工形成有附加值的产品。也就是将原本分散的旅游吸引物(人文和自然以及人工的景点等)、旅游设施和旅游服务,经过旅行社的开发、组合,提高了其原有的价值。旅行社产品开发集中表现为旅游线路设计。根据旅游业的新趋势,不断开发符合新时期游客追求的旅游产品,已经成为国际潮流。长期以来,我国旅行社产品开发设计观念的落后,导致旅游产品设计粗糙和开发粗放,产品缺乏个性,严重制约了旅行社的发展。

本章从旅行社产品的内涵和特征讲起,以产品设计的基本原则为主题,层层展开,引出旅行社产品的设计方法,提出旅行社产品创新这一热门话题。继而讲到影响旅行社产品开发的因素和旅行社产品的创新策略,最后引出旅行社产品的开发管理内容。从整体上了解和掌握旅行社产品的内涵和特征。

【关键概念】

旅行社产品　产品特点　产品设计　市场　创新　主题　产品开发　资源结构　生态旅游　产品形态　开发设计

【复习思考题】

1. 旅行社产品的内涵和特征是什么?
2. 简述旅行社产品设计的重要性。
3. 旅行社线路设计的基本原则有哪些?
4. 旅行社产品设计的方法有哪些?
5. 旅行社产品创新应该注意哪些问题?
6. 旅行社产品的构成有哪几类?
7. 旅行社产品以旅游目的划分可分为哪些?
8. 旅行社产品以产品形态划分可分为哪些?
9. 影响旅行社产品开发的内部因素有哪些?
10. 影响旅行社产品开发的外部因素有哪些?

【课堂讨论题】

1. 怎样做好旅行社产品创新?
2. 根据所学内容,讨论山东旅游中都有哪些有齐鲁特色的旅游产品?

【案例分析】

旅游产品开发应打个性牌

据媒体报道，中国旅游业近年成为国民经济发展中的亮点，但与发达国家相比，还是一个有待开发与规范的不成熟产业。主要体现在旅游观念陈旧，旅游产品开发不足，规划与管理不到位，国内消费者的旅游意识有待培育，等等。从某种意义上说，差距就是潜力和发展空间，中国巨大的旅游市场与丰富的旅游资源对旅游产品的开发大有作为。旅游产品如同商品一样，必须要有自己的品牌，而品牌的识别标志就是"个性"，如何使旅游产品具有个性，就是一个旅游产品如何细分定位的问题，以满足旅游者消费多样化以及消费者的个性化需求。近年来，不少地方已重视对旅游产品的细分，进行个性塑造。如福建打出的旅游口号是"福天福地福建游"，浙江则为"山水浙江"，而香港则是"动感之都，购物天堂"，这些形象的广告语勾勒出一个地方独特的旅游特色。

在国内，富有个性的体验式旅游模式的较早实践者杭州的"宋城"，几年前还是一片田野，但开发者抓住了"个性、体验"做文章，按照《清明上河图》仿造了南宋时期的古建筑，并在风景区安排了各种宋代民间的生活场景，如皇帝出巡、战争、市面叫卖声、卖艺者、抛绣球等，游客到人造的景观去旅游，并不是单纯的观光，而是身临其境，可以亲自参与到这些重现的生活场景中去。每一个到宋城旅游的人都可以实现"给我一天，还你千年"的体验。宋城由此成为江浙地区的旅游市场"大鳄"。可见，富有个性的旅游产品开发往往会留住游客的脚步。旅游市场的个性化开发不仅能适应消费者的需求，而且能扩大供给，创造新的需求，旅游企业还可以通过市场细分与产品开发来为消费者提供更多的旅游服务项目。

另外一个典型就是北京的胡同游。北京的文化、历史、建筑、科技、军事等方面都蔚为大观。如果以数日游进行"一锅煮"，那就毫无个性可言，而且无法满足消费者的多种需要。北京近年来打出了胡同游的招牌，引来一片叫好声。这说明了市场细分和个性塑造对引导消费者的旅游意愿与发展旅游业的作用十分重要。

随着中国旅游市场的发展，消费者对于富有个性化的旅游市场的企盼也日趋强烈，进行市场细分，塑造旅游产品个性是大势所趋。现在，一些旅游企业纷纷关注市场细分进行旅游产品个性化塑造的问题。如出现了购物旅游、探险旅游、运动旅游、学习旅游、会展旅游、假日旅游、美食旅游、风情旅游、高山旅游、海洋旅游、草原旅游、沙漠旅游、冰雪旅游等。在形式上又出现了豪华游、经济游、组团游、自助游等。随着社会、经济与文化的发展和人们物质条件、生活方式与兴趣爱好的变化，进行个性化旅游产品的开发，应是今后旅游业的一个发展方向。

［点评］

众所周知，中国地大物博，旅游资源也十分丰富，但潜在的旅游资源并不等于现实的旅游消费市场。这如同矿产一样，需要进行开发利用，重新赋予其新的内涵。但长期以来，我国旅游市场的开发常常忽视市场细分和个性塑造，在许多游客眼里，"旅游"常常是一个空间的或者说是地域性概念。北京、上海、杭州与桂林等城市的名称成为旅游的代名词，旅行社进行旅游产品开发与组织旅游团队时，也都以地域或城市作为对象与目标。著名的美国未来学家托夫勒曾说，未来的经济是体验经济。同样，对于旅游业，也不仅仅只是观光，而应是一种体验式的旅游，以切合游客们在年龄、性别、生活经历、经济条件与兴趣爱好等多方面的差异，如果旅游产品开发观念还是依然局限于地域性观光，对于未来的旅游业无异于故步自封。

（资料来源：1999 年 7 月 7 日《市场报》第 3 版）

［思考］

1. 如何理解旅游产品应打个性牌？
2. 如何突出旅游产品的个性？

【实训题】

1. 根据所学内容，制定一条以山东齐鲁文化为主题的旅游线路。
2. 请举一个你所接触过的旅行社推出的特色旅游线路的例子。

第三章　旅行社市场营销管理

【学习目的】

- 熟悉旅行社市场细分的原则与标准。
- 掌握旅行社的目标市场选择及定位。
- 掌握确定产品价格、选择产品销售渠道的基本策略和技巧。
- 掌握开展产品促销活动的基本方法。
- 掌握产品销售的基本技能。

第一节　旅行社目标市场管理

旅行社目标市场管理包括旅行社市场细分(segmentation)、目标市场的选择(targeting)与市场定位(positioning),简称"STP"。其中的核心是市场定位。

一、旅行社市场细分

(一)旅行社市场细分的概念

旅行社市场细分是指旅行社根据旅游者的需要、购买行为和购买习惯等方面的差异,把整体旅游市场划分为若干个不同类型的旅游消费者群的过程。每个旅游消费者群就是一个细分市场,同一细分市场中的旅游者具有某些共同的特征,需求之间的差别较小。而不同的细分市场之间,旅游者的需求则存在较大的差别。

旅游者的旅游需求是千差万别、千变万化的,任何一家旅行社都不可能满足所有旅游者的全部需求。旅行社最大的失误之一就是把整体旅游市场看成一个同质的市场,而企图用一种产品和服务去满足所有旅游者的需求。

市场细分是旅行社目标市场选择的前提条件。旅行社进行科学合理的市场细分,不仅有利于其发现市场机会,制定最佳的营销策略,更好地满足旅游者的需要,而且有助于旅行社拓展新市场,扩大旅游市场占有率,更有助于小型旅行社在某一细分市场确立自己的地位。

【案例 3-1】

广东传统大社为保品牌分割市场

进入新世纪后，广东旅游市场出现了一种新的变化。广东一些大型旅行社将旅游市场自觉分割，并用不同的品牌冠名。如广之旅的"高品保"是针对高端市场，"新联假期"是针对廉价市场；广东中旅的"明媚假期"是针对自由行（散客）市场；而广东铁青的"南方快车"是针对豪华游市场等。

随着市场的进一步细分，近年来豪华团又派生了多个品种，如广东铁青超豪华旅游产品——"南方快车"就按接待标准分为贵宾团和嘉宾团，两者价格相差高达上万元。其中的"南方快车"的贵宾团不仅全程入住当地最高星级的酒店，而且从领队、导游到火车乘务人员、餐车工作人员都能做到训练有素。特别是安排保安人员和医务人员随同"护驾"，火车上由名厨为游客烹制地道的粤菜，为软卧包厢客人提供单独的卫生间，提供热水泡脚，组织军乐队、腰鼓队到车站迎送客人等，与一般的标准团待遇有天壤之别。而广之旅推出"高品保"系列产品，将客源目标瞄准白领、金领、VIP 小团体等收入较高、讲求生活品质、对旅游产品要求较高的人士，提供"私家"旅行社、"私家"计调、"私家"司机、"私家"导游的个性化服务，为他们量身定做豪华舒适的旅游产品。高档次享受、自主化选择、私家式服务，代表了目前旅游产品市场上的一个顶级、个性化的档次。

（资料来源：陈锋仪《旅行社管理》，南开大学出版社 2006 年版）

（二）旅行社市场细分的原则

市场细分对旅行社营销活动具有重要意义，但必须遵循一定的原则来细分才具有实用价值。旅行社市场细分应遵循的原则是：

1. 可衡量性

可衡量性是指细分后的各市场须具有明显的差异性，对每一细分市场的规模、购买力等均可以作出明确的估计，从而为制定营销决策提供依据。

2. 可接近性

可接近性是指旅行社有足够的营销能力在该细分市场上进行必要的营销活动。如果旅行社无力通过自己的营销活动去影响旅游消费者，那么就不应该选择这样的细分市场。

3. 可盈利性

可盈利性是指该细分市场应具有一定的潜力，即旅行社不仅在短期内可以从中盈利，而且通过努力市场可进一步扩大，使之长期保持持久效益。

4. 稳定性

稳定性是指细分市场的特征在一定时期内能够保持相对不变。因为细分市场变化过快将不利于旅行社制定和实现长远营销战略方案。

(三)旅行社市场细分的标准

常用的市场细分标准主要有以下四种:

1. 按地理特征细分

地理特征包括国家、地区、距离、地形、气候等。不同地理区域的地理位置、自然环境、经济环境与人文环境的综合差异,深刻地影响着其旅游消费者需求的综合差异。因此,按地理特征细分市场是市场细分中最常见的形式。例如,根据国家不同,旅游市场可分为日本市场、美国市场、韩国市场、新加坡市场、德国市场等;根据地区不同,世界旅游组织(UNWTO)将旅游市场细分为六大市场,即欧洲市场、美洲市场、东亚及太平洋市场、南亚市场、中东市场和非洲市场;根据距离不同,旅游市场可分为远程旅游市场、中程旅游市场和近程旅游市场;等等。

2. 按人口统计特征细分

人口统计特征包括旅游者的性别、年龄、家庭结构、家庭生命周期、收入、职业、受教育程度、宗教、种族、民族、国籍、社会阶层等。由于它相对其他变数较为稳定,且比较容易衡量,因此人口统计特征往往是旅行社市场细分的重要依据。例如,根据性别,旅游市场可分为男性旅游市场和妇女旅游市场;根据年龄,旅游市场可划分为老年旅游市场、中年旅游市场和青年旅游市场;等等。

3. 按心理特征细分

所谓心理特征,通常包括旅游者的生活方式、性格、气质、社会阶层、价值观念等。旅游者内在的心理需求对其具体消费行为有直接定向驱动的作用,但内在心理需求难以客观衡量,不易确定。因此,旅行社若要根据心理特征细分市场,首先,必须作深入调查以获取第一手资料,切实掌握旅游者不同的心理特征及其变化趋势。其次,要与人口统计因素和地理因素相配合,以测定其细分市场的规模和需求。

4. 按购买行为特征细分

这是指按旅游者的购买动机、利益追求、购买时机、购买频率、购买形式、营销因素敏感度、待购状态、产品使用状态、品牌忠诚度、对产品态度等行为变数来细分市场。购买行为特征是旅行社细分市场时最常用的细分标准。例如,根据购买动机,旅游市场可分为观光旅游市场、度假旅游市场、商务旅游市场、探亲访友旅游市场等;根据购买形式,旅游市场可分为团体旅游市场和散客旅游市场;根据忠诚程度,旅游市场可分为专一忠诚者、动摇的忠诚者、转移的忠诚者和犹豫不定者;等等。

(四)旅行社市场细分的程序

一般来说,旅行社市场细分大致按以下程序进行:

1. 市场调研

通过调研,收集信息,详尽了解旅游消费者产生旅游需求的特点及影响其购买行为的因素。

2. 确定细分标准

通过信息的分析处理,去掉旅游需求者所有共性的因素,如旅游的愉悦感等,找出各类旅游者典型的需求特征,以此作为市场细分的标准。

3. 确定细分市场的名称

即按所选择的标准分割市场之后,根据各个细分市场的旅游需求的典型特征,利用形象化的语言为各个可能存在的细分市场确定名称。

4. 选择目标市场

旅行社确定各个细分市场的主要特征之后,还要评价市场细分是否有效,以便了解在众多的细分市场中哪个细分市场更具有经营机会。若有效,进而酌情选择和确定本企业的目标市场。若无效,则需另行选择标准重新分割市场,直至达到目的。

二、旅行社目标市场选择

(一)旅行社目标市场的含义和选择原则

旅行社目标市场,是指旅行社在市场细分的基础上,根据自己的优势条件选择的相应的细分市场。目标市场是旅行社确定发展战略和市场营销组合策略的关键。

对于旅行社细分市场的选择,最终是要考虑细分市场对旅行社是否具有相对理想的长期盈利潜力。因此,旅行社所选定的旅游目标市场必须符合以下三个要求:

1. 目标市场必须具有足够大的市场潜量。市场潜量是指在一定的时空条件和一定的营销水平下,旅行社产品获得的最大销售量。它是具有购买能力和购买意愿的旅游者的集合。当细分市场的规模确定时,旅游者的购买意愿是最大的变量,该变量在一定范围内随旅行社营销力度的增大而增大。

2. 目标市场未被竞争对手完全垄断。从竞争者构成看,旅行社应要求目标市场未饱和或未被完全控制。如果该细分市场尚未被竞争对手所垄断,旅行社进入市场后就能通过充分发挥自己的优势在市场中赢得一席之地。如果竞争者几乎已经控制了该细分市场,那么除非旅行社竞争实力雄厚,否则必将以失败而告终。

3. 目标市场与旅行社经营能力相适应。旅行社选择目标市场,既要考虑细分市场的客观条件,更要分析自身对细分市场的适应能力,知己知彼,百战不殆。只有当细分市场与旅行社的人力、财力、物力相适应时,旅行社进入该市场才有竞争优势。

(二)旅行社目标市场策略

旅行社采用的目标市场策略主要有以下三种:

1. 无差异性目标市场策略

无差异性目标市场策略,是指旅行社把整个市场看作一个整体,即一个大的目标市场,只推出一种旅游产品,采用一种营销组合,满足尽可能多的旅游者需求所采取的市场策略。这种策略的主要优点是能降低成本,有利于形成规模经济。但由于忽视了需求的差异性,不利于旅行社在激烈竞争的旅游市场取得持久优势。

旅行社无差异目标市场策略适用于以下几种情况:(1)整个客源市场的需求虽有差别,但需求的相似程度较大;(2)客源市场的需求虽有实质上的差别,但各个需求差别群体的经济规模较小,不足以使旅行社通过某细分市场的经营取得效益;(3)旅行社业内竞争程度较低,客源市场的需求强度较高。

2. 差异性目标市场策略

差异性目标市场策略,是指旅行社把整体旅游市场划分为若干细分市场,并针对不同细分市场的需求特征,分别提供不同的产品和运用不同的营销组合,以满足不同细分市场上旅游者的需求所采用的市场策略。例如,旅行社针对青年旅游市场、中年旅游市场、老年旅游市场,分别推出不同的产品,实行不同的价格等。差异性目标市场策略实质上是一种市场多元化策略,其最大优点是:市场覆盖面宽,能更好地满足不同细分市场的需求;有利于建立旅行社及其品牌的知名度和美誉度,塑造良好的企业形象,培养品牌忠诚度。同时,还有利于旅行社抓住更多的市场机会,分散市场风险。但由于目标市场过多,旅行社的市场调研、管理、促销费用也会相应上升。

旅行社差异性目标市场营销策略适用于以下几种情况:(1)客源市场的需求存在着明显的差异;(2)按细分标准划分的各类客源市场都具有一定的经营价值;(3)旅行社规模较大,有足够的实力占领更多的细分市场。

3. 密集性目标市场策略

密集性目标市场策略,是指在市场细分基础上,旅行社选择其中一个或少数几个细分市场作为目标市场,集中满足一个或少数几个细分市场上消费者需求所采取的市场策略。例如,某旅行社专门经营老年旅游产品。密集性市场营销策略适用于资源有限但有特色优势的中小旅行社,有利于旅行社在某一个或少数几个细分市场确立自己稳固的地位,形成竞争优势,并能降低产品经营成本。但采用此策略的旅行社一般要承担较大的市场风险。此外,一旦已在某一目标市场树立了自己的形象,要改变形象去吸引其他的细分市场就非常困难。

(三)旅行社目标市场策略的选择

以上三种目标市场策略各有利弊,旅行社在具体的市场营销活动中究竟采用哪种目标市场策略,必须在考虑多种因素的基础上相机抉择。一般来说,旅行社选择目标市场策略至少应考虑下列因素:

1. 旅行社实力

如果旅行社规模较大,实力雄厚,有能力占领更大的市场,可采用差异性营销策略;反之,如果旅行社资源有限,实力不强,无力兼顾整体市场或更多的细分市场,可采用密集性营销策略。

2. 市场同质性

市场同质性是指旅游消费者需求或偏好所具有的类似性。当旅游消费者的需求比较接近,兴趣爱好大致相同或对营销刺激有相似的反应时,则应采取无差异性策略;反之,如果旅游消费者需求差别很大,就应采用差异性策略或密集性策略。

3. 产品生命周期

当旅行社推出新产品时,常采用无差异性策略来发展旅游消费者的基本需求;当旅游产品进入生命周期的成长和成熟阶段时,投入市场的产品品种增加,市场竞争加剧,旅行社为了在角逐中战胜对手,常采用差异性策略;而当旅游产品进入衰退期,旅行社为了维持一定的市场份额,常采用密集性策略。

4. 市场竞争情况

考察市场竞争情况,应从两方面着手:一是竞争者的数量和市场竞争的激烈程度,二是竞争者的目标市场策略。当竞争者数量众多时,为了在不同的消费者群体中树立旅行社的形象,增强旅游产品的竞争力,宜采用差异性或密集性策略;反之,竞争者数量不多时,则无须采用差异性策略。同样,当竞争者积极进行市场细分活动时,若旅行社仍采用无差异性策略,则势必处于弱势;反之,当竞争者采用无差异性策略时,旅行社若采用差异性或密集性策略,则有可能大获全胜。

补充阅读资料 3-1

现代营销理论的新趋势——一对一营销

一对一营销,又称"关系营销"或"客户关系管理",特指商家愿意并能根据客户的特殊需求来相应调整自己的经营行为。现代的一对一营销理论诞生于20

世纪 70 年代的美国，其主要目的是：运用整合营销传播手段，针对每个消费者个体，开展面对面的营销。创始人是美国管理大师唐·佩珀斯和马莎·罗杰斯。

一对一营销与传统营销的根本区别在于，大众营销是将某种单一产品销售给尽可能多的顾客，而一对一营销则是向某个单一的顾客销售尽可能多的产品。

一对一营销的四个关键步骤——IDIC：

(1)识别你的客户(identify)；

(2)对客户进行差异分析(differentiate)；

(3)与客户保持积极接触(interact)；

(4)调整产品或服务以满足每个客户的需要(customize)。

网络营销就是一种典型的人性化的一对一营销，能满足消费者定制旅游产品的要求。

(资料来源：陈锋仪《旅行社管理》，南开大学出版社 2006 年版)

选定目标市场后，摆在旅行社面前的课题就是如何打入目标市场。这就是目标市场定位所要解决的问题。

三、旅行社市场定位

(一)旅行社市场定位的概念和作用

旅行社市场定位，是旅行社根据目标市场上的旅游者偏好、竞争状况和自身优势，确定自身产品在目标市场上所处的竞争位置。其实质就是要专门针对目标市场旅游者对该产品某种特征或属性的重视程度，强有力地塑造出本社产品与众不同的、深受欢迎的鲜明个性或形象，并把这种形象生动地传递给旅游者，以形成本旅行社产品的竞争优势。

"定位"这个词是在美国两名广告经理——艾尔·里斯、杰克·屈劳特于 1972 年在《广告时代》上发表了名为《定位时代》的系列文章之后而流行的。目前，"定位"概念也被世界上许多著名的旅行社成功运用。

我国的旅游市场已由卖方市场转变为买方市场，旅行社之间的竞争异常激烈。为了能在竞争中崭露头角，旅行社可以通过正确定位将自己的产品或服务与竞争对手区分开来，以便确立独一无二的形象。同时，科学的市场定位，也有助于让旅游消费者更清楚地认识旅行社的产品，可以增强旅行社广告信息传递效果。

为了实现恰当的市场定位，企业应注意三个方面的事项：第一，目标市场上的顾客到底需要什么样的产品；第二，竞争对手所提供的是什么产品，有什么优势，采取的是什么样的营销策略；第三，本企业究竟应该提供何种特色的产品、树立什么样的形象方能赢得顾客，最大限度地发挥自身的竞争优势。

（二）旅行社市场定位的步骤

一般来讲，市场定位需要通过三个步骤完成：

1. 明确潜在优势

通过分析顾客的需求、竞争者的特点或优势以及本企业的优势和弱点，并在彼此之间进行比较，由此可以发现本企业具有哪些相对优势，特别是具有哪些重要的优势。

2. 选择竞争优势

企业可能具有许多优势，有些优势是重要的，有些优势相对不重要。企业应当扬长避短，选择那些相对重要的优势并使之充分地得到发挥，进而使自己与竞争对手区别开来，在市场上树立鲜明的形象。

3. 显示竞争优势

企业拥有竞争优势与这种竞争优势能否在市场上正确地显示出来并为顾客所正确理解和接受并不是一回事。企业的竞争优势不会自动在市场上显示出来，企业应当采取一定的实际行动，去传播、维护、扩大自己的竞争优势，使自己的良好形象得到顾客的认同、理解、熟悉和偏爱。

（三）旅行社市场定位的基本模式

市场定位既源于市场竞争的需要，又服务于市场竞争。因此，尽管各个旅行社的市场定位千差万别，但是从市场竞争的角度分析，市场定位的基本模式主要有三种类型：

1. 对抗市场定位

对抗市场定位即紧逼主要竞争对手的市场定位。届时，旅行社的产品及市场策略等与竞争者极其相似。如果你做观光旅游，我也做观光旅游，而且大家的旅游路线设计、定价等均极其雷同，那么，这种定位势必会导致彼此间爆发激烈的正面竞争，一些势力单薄者或创新力差者极易被淘汰出局。因此，往往是一些实力雄厚的大中型旅行社或者是在某领域确有专长的中小旅行社才实施这种市场定位。

2. 侧翼市场定位

侧翼市场定位又称差异化市场定位，即避实击虚，与主要竞争对手适当拉开距离的定位。届时，旅行社的目标市场、产品及市场策略富有自身特色因而与竞争者有显著的差异。例如，你专长于观光旅游，我专长于度假旅游，他专长于特种旅游；或者虽然大家都搞度假旅游，但是各具特色因而有不同的消费者群体。这就避免了与竞争者之间的恶性竞争，使旅行社赢得更大的生存与发展空间及宝贵的时间。因此，这是众多旅行社，特别是中小型旅行社乐意选择的一种市场定位。

3. 补缺市场定位

补缺市场定位是指市场有潜在需求,但竞争者没有干或不愿意干或干不了,而本企业却有能力和专长干好,可定位于这样的市场"空白"地带,迅速占领该细分市场。例如,日本某旅行社专门组织残疾人来华旅游等。成功实施这种市场定位的关键,一是该空白市场要有足够大的市场容量和发展空间,进入这样的细分市场要有利可图;二是企业进入后应迅速建立品牌知名度和美誉度,牢牢占领市场。因为若进入该细分市场的门槛不太高而又利润丰厚的话,很可能招徕竞争者蜂拥而至与企业争夺市场。通常,那些对市场变化反应灵敏且富有创新精神和开发能力的企业,常采用这种见缝插针式的定位,以开拓市场。

(四)CI 策划在旅行社市场定位中的应用

随着市场经济走向成熟,旅游区和旅游企业间的竞争已不仅仅是单一生产经营层面上的竞争,而是在理念与价值取向、目标与企业精神、决策与经营哲学、人才与员工教育等多方面的全方位整体性竞争。CI 战略作为一种全新的经营战略,对于旅行社的旅游市场定位具有较强的借鉴作用。

CI(corporate identity)是企业形象识别的简称。它最早发源于 20 世纪 50 年代美国的车辆文化,20 世纪 70 年代引入日本及我国台湾地区,20 世纪 90 年代传入我国内地。CIS 即企业形象识别系统,它由三个子系统构成:理念识别(mind identity,MI)、行为识别(behavior identity,BI)以及视觉识别(visual identity,VI)。其构成如图 3-1 所示。

CI 策划,就是运用 CI 方法对旅行社进行整体策划,帮助其创造富有个性和感染力的全新形象。CI 策划作为完整的统一的形象塑造方法,它的导入往往使旅行社由显层标志到深层理念都发生积极的转变。

利用 CI 策划具有四大特点:一是系统化。即 CI 组合理念识别、行为识别、视觉识别这三部分把企业的生产、经营、管理有机地联系起来,形成完整的企业形象系统。它既是企业文化的形象化整体再现,也是企业全面参与并赢得市场竞争的战略性系统工程。二是形象化。即 CI 通过专门设计的识别系统,将企业生产、经营、管理的特征集中在企业象征图案等标志上,以便于接受、识别和记忆,对于社会公众具有很强的感染力和冲击力。三是个性化。CI 策划的基本出发点是依据企业性质、特点进行个性化的塑造。这不仅体现在企业产品的设计、经营宗旨、企业风格上,而且表现在企业的商标、广告、色彩、招牌上。个性化的形象识别系统具有更强烈的表现力,使人过目不忘,在感官和心理上引起长久的记忆、联想和共鸣。四是传播性。CI 的目的在于让更多的人了解企业,它借助各种媒体如广播、电视、报纸、刊物等进行信息传播,使企业在消费者中引起反响并得到社会公众的认同。

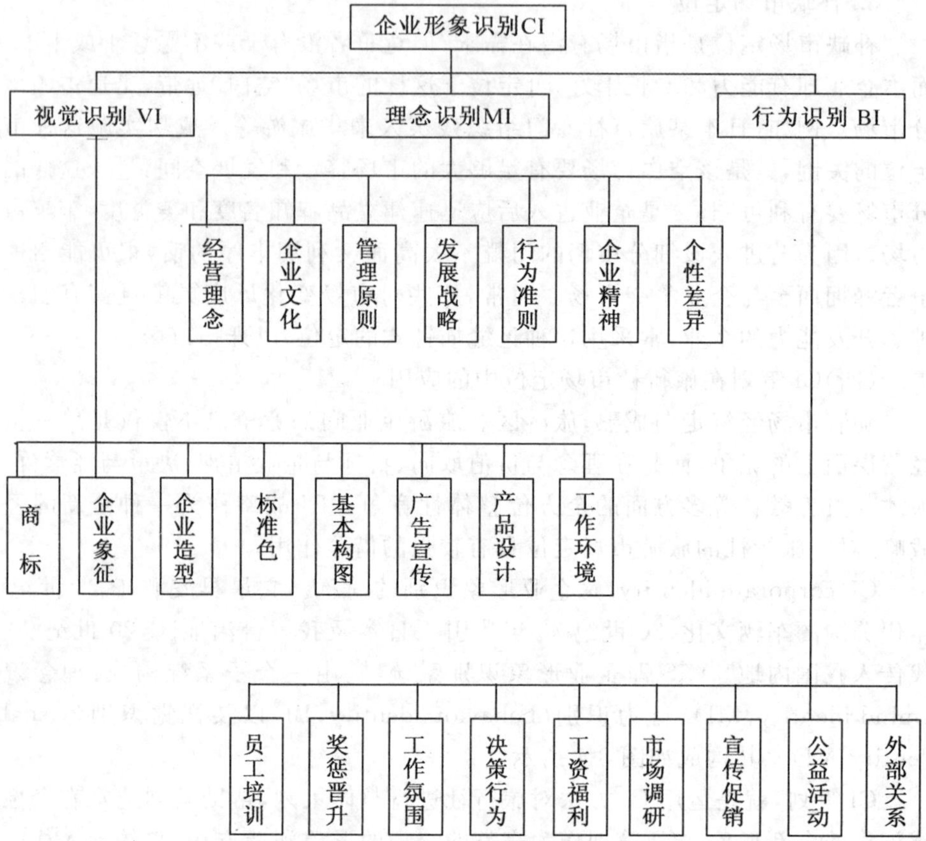

图 3-1 旅游企业 CIS 构成

CI 策划在旅行社市场定位中的运用,主要表现为以下三方面:

1. 对旅行社进行形象定位

对旅行社进行形象定位,也即对其进行形象创意,就是将旅行社用富有个性的、准确的、鲜明生动的语言表达出来,并以此作为塑造形象的依据。

2. 建立旅行社的识别系统

在旅行社管理中导入 CI 策划,即从表层视觉系统直到深层经营理念都进行系统规划,建立从经营宗旨、发展战略、组织体系、市场策略、公共关系、广告宣传到人员素质全方位的综合治理的系统工程。其中,理念识别是识别系统的灵魂和原动力,是塑造完美形象的关键;行为识别是理念识别的执行系统;视觉识别是反映理念识别和行为识别的标志系统。

3. 开展旅行社形象的传播、反馈与评价工作

旅行社通过各种媒体，如电视、广播、报纸、期刊、大型社会活动、各类宣传促销会展的形式将企业的形象与识别标志向旅游者与公众进行传播，同时通过反馈系统将各种不同信息汇集起来，加以归类分析，并通过企业形象再塑造，将旅行社的形象建设推向一个新的发展阶段。

【案例 3-2】

广之旅 CI 简介

广之旅国际旅行社股份有限公司(原广州市旅游公司)始建于 1980 年，是广州地区最具规模、创办时间最早的综合性大型旅游企业之一，是国家旅游局批准的首批中国公民自费出国旅游组团社。广之旅经过二十多年的悉心经营，现已跻身全国顶尖旅行社之列，连续多年被国家旅游局评为全国百强旅游企业。

广之旅在发展中紧紧把握行业发展脉搏，早在 1994 年 5 月，广之旅就在全行业中率先导入 CI，建立整套企业形象识别系统。

1. 广之旅设计了寓意为“灿烂阳光，怒放红棉，无边绿野”的企业徽标，新鲜、活泼、亮丽。洒脱酣畅的笔触、亮丽鲜明的色彩勾勒出天地间一个无限风光的旅游世界。这就是广之旅的过去、今天和未来不断拓展与创新的事业空间。

2. 以朗朗上口而又丰富含义的“广之旅”为简称。“广之旅”的含义如下：

● “广东、广州人之旅”，广东、广州人的旅行社，专为其外出旅游提供最佳服务，创造更多的机会；

● “广东、广州之旅”，接待前来广东、广州旅游的八方游客，为广东省、广州市的旅游事业发展做贡献；

● 广阔的旅游空间，广泛的旅游资源；

● “之”在古汉语中也作“去”解。“广之旅”也可理解为“畅游天下”。

3. 采用了让人怦然心动的广告词：“广之旅，无限风光带给您。”

新品牌“广之旅”很快便风靡整个旅游界，当年广之旅利润较上年飙升 41%，被媒介称为“广之旅效应”。这种 CI 策略两年后纷纷被同行仿效。CI 的导入使得广之旅在品牌化的道路上迈出决定性的一步，使之成为著名的地方性旅行大社。

(资料来源：“广之旅”网站 http://www.gzl.com.cn)

第二节　旅行社定价与销售渠道管理

一、旅游市场营销组合的概念

所谓旅游市场营销组合，是指旅游企业根据目标市场的需求特点将各种可能的营销策略和手段有机地结合起来，以系统的整体策略优化，形成企业的经营特色，达到企业的营销目标。其组合特征具有明显的服务特点。

美国著名营销专家麦卡锡提出的“4P”市场营销组合理论是最早的市场营销组合方法，“4P”即产品（product）、价格（price）、销售渠道（place）、销售促进（promotion）。但是，布姆斯与比特纳两位营销学家认为，传统的“4P”营销组合直接应用在服务业中，并不能完全体现以旅游业为代表的服务业的营销特征，应再加入参与人员（participant）、有形证据或有形展示（physical evidence）、过程（process）等三项元素构成“7P”营销组合，这样更能展示服务营销的特征。

下面就新“3P”（参与人员、有形展示、过程）作一下解释。

（一）参与人员

在服务营销组合里，企业员工扮演着传递服务与展示企业形象的角色。由于服务的特色之一是服务的产生与顾客消费可以同时进行，因此，企业员工的作用极为关键，他们可以完全影响顾客对服务质量的认知与喜好。所以，服务企业必须特别注意服务人员素质的培养与训练，时时追踪他们的表现。

（二）有形展示

有形展示一般包括实体环境（如外观、装潢、摆设、配置等）、信息沟通和价格三方面。充分利用有形展示，能给顾客一个评判标准，以形成一种合理的预期，同时也能吸引和诱惑顾客购物。

（三）过程

指服务传递的过程。在服务传递的过程中，由于人的主观因素的增多，很容易导致服务的“变异”，因此，要加强服务在传递过程中的管理，如导游方式的得体与高雅、酒店服务人员的微笑等。

二、旅行社产品销售价格的管理

旅行社产品价格是旅游者参加由旅行社组织的旅游活动或委托旅行社为其提供某项服务所需付出费用的总和，反映了旅行社对其产品在旅游市场上需求状况的理解。旅行社产品的定价是否恰当，往往直接影响着旅游者的购买行为和旅行社的销售收入及经营利润。

(一)影响旅行社产品价格的主要因素

依据经济学的基本原理可以得知,在政府不干预的前提下,旅行社产品的价格水平一般由四个因素确定:产品成本变动、供求关系变化、竞争对手价格、服务特色。

1. 产品成本变动

产品成本是影响旅游价格的最直接的因素。在一般情况下,产品成本是旅行社定价的起点,成本越低,旅行社定价的弹性余地越大。但在旅行社的产品中,大量的成本并非由旅行社来决定,因而给成本的控制带来了难度。

旅行社营业收入中的大笔收入为代收费,即为旅游者代收代付各项费用,包括交通、饭店、餐馆、景点等。如果协作企业根据自身经营情况进行了价格调整,旅行社产品的成本就会发生相应的变化,这就必然会影响到旅行社产品的价格。如处于垄断地位的航空、铁路、水运等交通部门在旅游旺季时往往要提高票价,这是旅行社无法左右的。

按照国际惯例,旅行社产品的价格在本年度内原则上不能涨价,如果涨价是由目的地政府决定和公布的,则应给经营相关产品的旅行社一定的推迟执行期限,以实现旅行社和目的地的互惠互利。旅行社在每年的对外报价时,也应充分考虑可能的成本变动因素,以免使自己陷入被动局面。

补充阅读资料 3-2

旅行社产品成本构成

旅行社产品成本可分为固定成本和变动成本。

固定成本是指在一定范围内和一定时间内总额不随经营业务量的增减而变动的产品成本,包括旅行社的房屋租金或房屋折旧、其他固定资产折旧、宣传促销费用、销售费用(电话、传真、往来信函的邮寄费用)、员工工资等。固定成本应分摊到旅行社所销售的全部产品中。固定成本分摊到单个产品里的份额同旅行社的总销售量成反比例关系,产品的销售量越大,分摊到每个产品中的固定成本份额就越小。

变动成本是随着旅行社产品销售量的变化而变化的各种成本,与产品的销售总量成正比例关系。旅行社产品销售得越多,变动成本就越大。变动成本通常包括旅游者的导游讲解、景点门票、旅游保险、旅游团队陪同人员的交通和住宿等项成本费用及旅行社交纳的营业税金等。变动成本是旅行社产品的主要成分,是决定产品价格的主要因素。

(资料来源:梁智主编《旅行社运行与管理》,东北财经大学出版社 2001 年版)

2. 供求关系变化

市场供给量和市场需求量之间的数量对比关系，在很大程度上影响着旅行社产品价格的变动。

在某一时期内，某一旅游市场在旅行社产品的供给规模既定的前提下，对某一旅行社产品的需求量的增加会导致该产品供给的短缺，旅行社为了赚取更多的利润，会提高该产品的价格，形成卖方市场；反之，需求量的减少会导致旅行社产品供给的剩余，旅行社为出售产品而压价，使产品价格下降，形成买方市场。

在某一时期内，某一旅游市场在旅行社产品的需求规模既定的前提下，对某一旅行社产品的供给量的增加会导致该产品供给的剩余，旅行社为出售产品而压价，导致产品价格的下跌；反之，供给量的减少将导致旅行社产品的短缺，旅游者若争相购买，则会使旅行社产品的价格上涨。

3. 竞争对手价格

总体而言，竞争使价格趋于合理，有利于旅游者。在旅行社产品市场上，绝大多数旅行社生产和销售同类产品，产品差异不大，各旅行社之间竞争激烈。在这种竞争环境里，众多旅行社都希望通过价格方面的竞争来吸引更多的旅游者，于是，削价竞争成了旅行社产品市场上的主流竞争，但长期削价竞争容易导致恶性竞争，这对规模和实力较弱的旅行社来说经营变得更加困难。

4. 服务特色

服务特色是无形的，但只要它是独特的、有吸引力的，能激发客人精神上和心理上的满足，就都是价格附加的基础。特色越明显、越具有垄断性，其价格就可定得越高。旅行社产品市场要改变恶性削价竞争，就必须以产品差异竞争代替价格竞争，而产品差异竞争在很多情况下是以服务特色竞争的形式出现的。

除了上述四个主要因素外，政府干预、季节（淡旺季）、货币价值、汇率等因素，在一定程度上或一定时期内，也对旅行社产品的价格产生影响。

（二）旅行社产品的定价策略

定价策略是旅行社制定价格的指导思想和行动方针，旅行社应根据不同的产品和市场情况，采取适当的定价策略，以实现其产品定价目标。旅行社产品定价策略一般分为新产品定价策略、心理定价策略和折扣定价策略。

1. 新产品定价策略

(1)撇脂定价策略

这是一种高价进入市场的策略。在新产品上市之初，以高价格打入市场，使旅行社在短期内获取高额利润。这就像从鲜奶上层撇取乳酪一样，故称“撇脂定价”。在新产品投放市场初期，竞争对手尚未推出与之竞争的同类产品，开发新产品的旅行社在市场上暂时处于一种产品的垄断地位。这一策略的优点是可使旅行社在短期内获取较高收益，较快收回产品开发成本，也为今后降价留有较大的余地。但是，新产品定价过高，特别是尚未在消费者中建立起显著声誉之前，很难获得消费者的支持，不利于开拓市场；同时，如果高价投放销路仍然很好，则会迅速招致竞争者，致使竞争白热化，旅行社的高额利润自然也就会随着竞争的加剧而趋低，市场占有率也将很快下降。因此，撇脂策略一般只适用于某种新、特产品投放市场的初期，旅行社若想长期采取这一策略，必须不断进行产品创新。

(2)渗透定价策略

与撇脂定价相反，这是一种低价进入市场的策略，即在新产品进入市场初期，把价格定得很低，借以打开产品销路，扩大市场占有率。这就好像是倒入泥土中的水，很快从缝隙中渗透进去，故此得名。实际上，这是一种颇具竞争力的薄利多销的策略，往往有滴水穿石的功效，有利于占领市场，阻止竞争对手进入市场。这一策略的优点是产品占领市场速度快，市场占有率高，并且产品容易被消费者接受。不利之处是风险比较大，产品的投资回收期较长，若旅行社产品销售量长期达不到一定的水平，会发生持续亏损甚至倒闭。

撇脂定价策略和渗透定价策略都是旅行社在新产品定价时经常采用的策略。这两种定价策略各有特点，适合在不同情况下使用，如表 3-1 所示。

表 3-1　　旅行社新产品定价策略的选择标准

选择标准	撇脂定价策略	渗透定价策略
市场需求	高	低
与竞争产品的差异性	大	不大
价格需求弹性	小	大
生产能力扩大的可能性	小	大
旅游者购买力水平	高	低
仿制难易程度	比较难	易
市场潜力	不大	大
投资回收方式	迅速	逐渐

2. 心理定价策略

心理定价策略主要包括尾数定价策略、整数定价策略、声望定价策略、组合定价策略。

(1)尾数定价策略

尾数定价策略是利用消费者喜欢廉价产品的心理,把产品价格定为尾数,使消费者获得一种享受优惠的印象。如售价为 999 元和 1000 元的同种产品给消费者的心理感觉不相同,前者产品销量要大于后者,尽管两者只差1元。尾数定价策略另一体现为吉祥定价,如产品价格尾数带 8、6、7,购买此产品给人以吉祥的感觉,故产品好销。尾数定价策略多用于散客旅游产品和单项旅游产品的定价。

(2)整数定价策略

整数定价策略适用于价格较高的旅行社产品,如豪华旅游、团体全包价旅游等。整数定价策略容易使购买这类产品的旅游者产生“货真价实”“一分钱一分货”的感觉,有利于提高产品的形象。

(3)声望定价策略

声望定价策略是针对消费者“名牌效应”的心理来对产品制定高价,让消费者觉得价高质必优。一些品牌知名度高的旅行社可采用这种定价法,使旅行社名利双收。

(4)组合定价策略

组合定价策略是降低综合性产品中一种或几种产品的价格,在吸引消费者购买廉价品的同时,也购买其他产品,从而扩大产品的销售量。旅行社可有意识地降低购买人数多的产品价格,使之趋于微利,让消费者认为其他产品价格也便宜,从而带动其他购买人数少、利润高的产品的销售。

3. 折扣定价策略

折扣定价策略主要包括数量折扣、现金折扣、季节折扣和同业折扣。

(1)数量折扣

数量折扣是根据顾客购买产品数量的多少而相应地降低产品销售价格,用以鼓励购买者多购买,从而扩大产品销量和收益的一种方法。一般购买数量越大,折扣也越大,如旅游团团队人数越多,线路产品的价格折扣也越大,旅游者享受的价格优惠也越多。数量折扣又可分为累计数量折扣和非累计数量折扣。

(2)现金折扣

现金折扣又称“付款期限折扣”,是指旅行社对现金交易或按期付款的产品购买者给予的价格折扣。在国外,旅行社对分期付款的旅游者不给予价格折扣,而对一次性付款的旅游者给予价格折扣。目的是为了加快旅行社的资金周转率,减少因赊欠造成的利息损失和坏账损失。

(3)季节折扣

季节折扣是指旅行社对客户购买淡季产品或冷点旅游线路时的一种折扣方

式，又称为“季节差价”。旺季价格高，淡季价格低；热点价格高，冷点价格低。例如，在举行大型节庆或其他活动（如奥运会、世界博览会等）时，客流量集中，也可临时提高旅游价格等。可以根据情况灵活运用。

(4)同业折扣

同业折扣是旅行社对同一集团网络或战略联盟内部接收的客源给予价格折扣。

（三）旅行社产品定价方法

旅行社在进行旅游产品定价时，一般遵循的原则是：成本是价格的最下限，竞争对手与替代产品是定价的出发点，顾客对旅游产品特有的评价是价格的上限，因此就形成了成本导向、需求导向、竞争导向三种最基本的定价方法。

1. 成本导向定价法

以成本为导向的定价方法是指在旅行社产品成本的基础上加上一定比例的利润来确定该产品价格的方法。这种定价方法不考虑市场需求方面的因素，简单易行，是许多企业目前最基本、最常用的一种定价方法。该定价方法主要包括成本加成定价法、边际贡献定价法和目标收益定价法。

(1)成本加成定价法

这种方法以旅行社产品的单位成本为基础，再加上一定百分比的预期利润来定价，也就是说，计算产品的变动成本，合理分摊相应的固定成本（销售代理商佣金、营销费用、行政管理费、税金、各种费用和固定资产折旧等），再按一定比例的目标利润来决定价格。

在实际定价过程中，旅行社往往根据当年估算的总成本和公司预计接待旅游者的总数来确定人均分担的固定成本。或者直接简单地以变动成本加上一定比例的费用用于支付固定成本和利润，作为产品的销售价。

成本加成定价法的关键是确定一个合理的成本利润率，而成本利润率的确定，必须考虑市场环境、行业性质等多种因素。绝大多数旅行社采用的都是行业平均的利润率。

【案例 3-3】

武汉春秋国旅旅游线路采取“透明价”

打开武汉春秋国际旅行社的网站，可以看到 78 条线路的报价和行程安排。与其他旅行社不同的是，该社采取的是所谓“透明价”。从交通、餐饮、住宿、门票到导游，每项服务都单独标出了实价，然后加上一个毛利率，最终成为这条线路的报价。毛利率一般在 2%～10%之间，价格高的长线产品毛利率低，价格低的短线产品毛利率高。这种做法很受客人欢迎，旅行社的效益也有增加。客人称该社的“旅游行程及价格表”为“明明白白卡”。“透明价”在 2002 年 8 月初推行，9 月初系统建立起来，“十一”期间武汉春秋国旅的效益就比上年同期增加了 50%。

（资料来源：陈锋仪等《旅行社经营与管理案例分析》，南开大学出版社 2004 年版）

(2)边际贡献定价法

这种定价法只计算变动成本，而不计算固定成本，以预期的边际贡献补偿固定成本并获得盈利。边际贡献是产品销售收入和变动成本的差额。若边际贡献大于固定成本，企业就有盈利；反之，则亏本；若边际贡献等于固定成本，则企业保本。

例如，某旅行社在旅游淡季推出一日游团体包价旅游产品，每人市内交通费 40 元，正餐费 30 元，导游费 15 元，门票费 26 元，共计 111 元。由于市场竞争激烈，又时值旅游淡季，客源较少。因此，旅行社难以用 111 元的价格招徕大量的旅游者。在这种情况下，旅行社采用边际贡献法，将价格降为 104 元，即减少导游收入 7 元。这样，该项旅行社产品的单位售价高于变动成本(96 元)，仍可获得边际贡献 8 元。

这种定价法能给旅行社提供衡量销售价格的客观标准，便于旅行社掌握降价幅度，开展价格竞争。

(3)目标收益定价法

这种定价法是根据旅行社的总成本或投资总额、预期销量和目标收益额来确定价格。其基本公式为：

$$\text{单位产品价格}=\frac{\text{总成本}+\text{目标收益额}}{\text{预期销售量}}$$

在理论上，这种定价方法可以保证目标利润的实现，但由于此方法是以预计销售量来推算单价，而忽略了价格对销售量的直接影响，只有经营垄断性产品或具有很高市场占有率的旅行社才有可能依靠其垄断力量按此方法进行定价。

2. 需求导向定价法

这是以市场需求为中心，以顾客对旅游产品价值的认识为依据的定价方法。具体可分为理解价值定价法和需求差别定价法。

(1)理解价值定价法

这种方法认为，价格的决定因素是旅游者对旅游产品价值的认识水平，而不是卖方成本。只有产品和服务的价格符合旅游者的理解时，他们才有可能接受这一价格。旅行社可以运用各种宣传促销活动来影响旅游者对产品的认识，特别是对旅行社企业品牌的认知，使之形成对旅行社有利的理解价格，以获取超额利润。

(2)需求差别定价法

这种方法是指旅行社根据不同购买力、不同数量、不同种类、不同地点、不同时间等因素对同一产品采取不同价格。该方法并不是基于成本的变化,而是基于不同的旅游者收入水平的不同、偏好的不同和掌握市场信息充分程度的不同,因而对同一旅游产品有不同的认知价值。在国际旅游市场上,旅行社相同的线路产品对不同客源国的报价是有差别的,这就是利用不同客源国对相同线路的认知存在差别,采用差别定价法的定价结果。此外,还有儿童价与成人价的差别、国内游客和国外游客价格的差别、学生价与一般游客价的差别、淡季价与旺季价的差别等。

3. 竞争导向定价法

这是为应付市场竞争而采取的特殊定价方法。这种定价方法充分考虑到了市场竞争和旅游者的反应因素,所制定出的产品价格容易为旅游者接受,并能够使旅行社产品在较短的时间内在市场竞争中取得优势。竞争导向定价法主要有率先定价法和随行就市定价法、密封投标定价法。

(1)率先定价法

一些实力雄厚的旅行社或产品独具特色的旅行社可以采取这种主动竞争的定价方法。自行制定价格后,在对外报价时先于同行报出,可以在同行中取得"价格领袖"的地位,获取较高的利润。

(2)随行就市定价法

这是指旅行社参照行业中主要竞争对手的价格,或跟随市场上的平均价格来确定自己产品的价格。这种方法既易于应付竞争,又可以保证旅行社获得平均利润,是一种较为稳妥的定价方法。

(3)密封投标定价法

这种定价法主要用于投标交易方式。一般情况下,在同类旅行社产品之间,价格相对低的产品更具有竞争力。在旅游市场营销活动中,投标竞争是一种很普遍的方式,投标竞争的过程往往就是价格竞争的过程,竞争的结果产生实际的成交价格。

总而言之,旅行社在进行产品定价时,首先选择的是成本导向定价法,然后采用需求导向定价法并结合竞争导向定价法,对已经确定的产品基本价格进行必要的修订,以便适应市场发展的需要。

三、旅行社产品销售渠道的管理

销售渠道决策是旅行社面临的最复杂和最富挑战性的决策之一,不同的渠道系统决定不同的销售成本和收益水平。

(一)旅行社产品的销售渠道类型

旅行社产品的销售渠道是指旅行社将其产品提供给最终消费者的途径,又称"销售分配系统"。旅行社产品的销售渠道主要包括两大类,即直接销售渠道和间接销售渠道。

1. 直接销售渠道

直接销售渠道是指旅行社直接将产品销售给最终消费者,中间没有介入任何中间环节,又称为"零层次"或"零环节销售渠道"。

直接销售渠道一般有两种形式:(1)采用直接销售渠道进行产品销售的旅行社通常在其所在地直接向当地的潜在旅游者销售其产品,如当地居民到本地旅行社的门市部报名参加由该旅行社组织的市郊一日游;(2)旅行社在主要客源地区建立分支机构或销售点,通过这些机构或销售点向当地居民销售该旅行社的旅游产品(如图 3-2)。

直接销售渠道是一种产销结合的销售方式,其优点在于:(1)简便灵活,附加值高。旅行社直接向旅游者销售其产品,手续简便,易于操作。旅行社在销售过程中还可以随时根据旅游者的要求对产品进行适当的修改和补充。旅行社在销售某项产品时也可以随机向旅游者推荐旅行社的其他产品(如回程机票、车票,品尝地方风味等),增加产品的附加值。(2)抢先占领市场,利润大。旅行社通过直接向旅游者销售产品,可以及时将旅行社开发的最新产品尽快送到旅游者面前,有利于旅行社抢先于其竞争对手占领该产品市场。此外,直接销售渠道避开了横亘在旅行社和旅游者之间的中间环节,节省了旅游中间商的手续费等销售费用,增加了旅行社的利润。

直接销售渠道的主要不足之处是覆盖面比较窄,影响力相对差。旅行社受其财力、人力等因素的限制,难以在所有客源地区均设立分支机构或销售点,从而使旅行社在招徕客源方面受到不利影响。

2. 间接销售渠道

间接销售渠道是指旅行社通过组团旅游中间商将旅行社产品销售给旅游者的途径。常见的间接销售渠道包括单环节销售渠道、双环节销售渠道和多环节销售渠道(如图 3-2)。

(1)单环节销售渠道

单环节销售渠道,是指在生产旅游产品的旅行社和购买该产品的最终消费者即旅游者之间,存在着一个中间环节。由于各种旅游业务的差异,旅游中间商的角色由不同的旅行社充当。在国内旅游业务方面,充当这个中间环节的主要是旅游客源地的组团旅行社;在入境旅游业务方面,往往由境外的旅游批发商、旅游经营商或旅游代理商担任中间商的角色;在出境旅游业务方面,旅游客源地区的组团旅行社则成为旅游中间商。

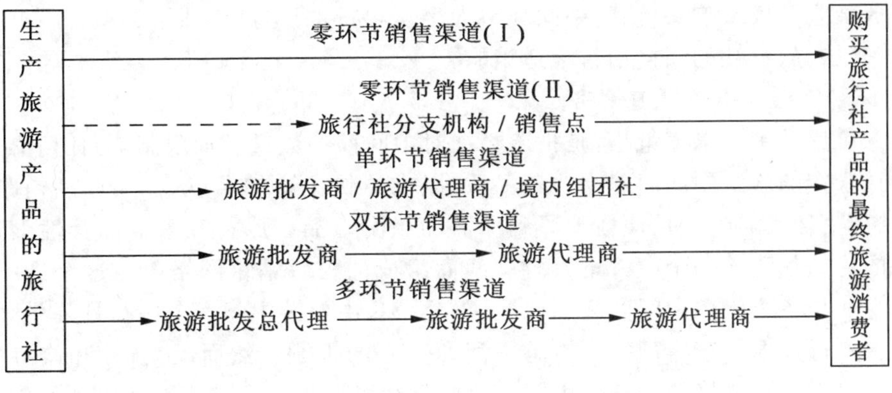

图 3-2 旅行社产品销售渠道类型

(2)双环节销售渠道

双环节销售渠道指在生产旅游产品的旅行社和购买该产品的旅游者之间存在着两个中间环节。这种销售渠道多用于入境旅游产品的销售。在双环节销售渠道中,生产产品的旅行社先将产品提供给境外的旅游批发商或旅游经营商,然后再由他们出售给各个客源地的旅游代理商,并由他们最终出售给旅游者。

(3)多环节销售渠道

多环节销售渠道包括三个或更多个中间环节,主要用于销售量大、差异性小的某些入境旅游产品,如某个旅游线路的系列团体包价旅游产品。多环节销售渠道的操作程序是生产产品的旅行社将产品售给境外的一家旅游批发商或旅游经营商。这个旅游批发商或旅游经营商充当该旅行社在某个国家或地区的产品销售总代理,然后这个总代理把产品分别批发给该国或该地区内不同客源地区的旅游批发商或旅游经营商,再由他们将产品提供给散落各地的旅游代理商,最后由旅游代理商把产品出售给旅游者。

间接销售渠道具有许多明显的优点:首先,这种销售渠道具有比较广泛的影响面,旅游中间商往往在客源地区拥有销售网络或同当地的其他旅游机构保持着广泛的联系,能够对广大的潜在旅游者施加影响;其次,这种销售渠道在产品销售过程中具有较强的针对性,旅游中间商对所在地区旅游者的特点及其需求比较了解,能够有针对性地推销最适合旅游者需要的产品;最后,间接销售渠道的销售量一般比较大。旅游中间商是以营利为目的,专门经营旅游业务的企业,具有较强的招徕能力,能够成批量地购买和销售旅行社的产品。

间接销售渠道的主要缺点是销售成本高。由于间接销售渠道中存在着一个或多个中间环节，导致旅行社产品的最终价格提高，容易对旅行社产品的销售量造成某些消极影响。再者，中间环节太多，容易造成信息沟通不畅。

(二)旅行社的间接销售渠道策略

1. 广泛性销售渠道策略

广泛性销售渠道策略，是指旅行社对中间商的数量不加限制，与任何愿意与本社合作的旅游中间商建立业务关系，以求尽快提高知名度，扩大产品销路，使旅游消费者能够及时、便捷地买到所需的旅游产品。旅行社采取广泛性渠道策略的目的是建立一个由大量旅游中间商组成的松散销售网络。在这个网络里，旅行社与各个旅游中间商之间彼此达成默契，由旅游中间商向旅行社提供客源，并由旅行社根据销售额给予旅游中间商一定的报酬。然而，旅行社和旅游中间商之间不存在严格的相互约束关系。旅行社可以接待由销售网络以外的旅游中间商所招徕的旅游者，网络内的旅游中间商也可以向旅行社的竞争对手提供客源。

广泛性渠道策略的优点是销售范围广。旅行社采用广泛性渠道策略，通过较多的旅游中间商推销其产品，方便旅游者的购买，有利于扩大产品的销售范围。

广泛性渠道策略的缺点，一是销售成本高。旅行社必须同大量旅游中间商联系，要花费大量的通信联络费用和其他销售费用，提高了产品的销售成本。二是合作关系不稳定。广泛性渠道策略对旅行社和旅游中间商均无严格的约束，双方只是根据各自获利的情况来决定是否继续合作，难以保持稳定的合作关系，并导致旅行社产品的销售量不稳定。

广泛性渠道策略一般适用于旅行社开辟新市场时期。

2. 专营性销售渠道策略

专营性渠道策略是指旅行社在某一个客源市场只同当地一家旅游中间商建立合作关系，双方互为对方在当地的独家代理或总代理。也就是说，旅行社只向该旅游中间商提供本旅行社的产品，该中间商则只向本旅行社提供客源，双方均不得在当地同对方的竞争对手进行业务往来。

专营性渠道策略的优点：一是销售成本低。由于旅行社在一个地区或国家只同一家旅游中间商发生业务往来，与中间商的联系单一，交易费用减少，可以降低销售成本。二是合作关系稳定。专营性渠道对旅行社和旅游中间商都具有较强的约束力，同时双方的经济利益比较一致，能更好地相互支持与合作，使合作关系比较稳定。

专营性渠道策略的缺点，首先是市场覆盖面窄。专营性渠道策略要求旅行社在一个市场只能同一家旅游中间商建立合作关系，是一种排他性的销售方式。

这样,旅行社就无法接触该地区的其他旅游中间商。旅行社产品的销售量受到合作伙伴经营能力的严格限制,不利于旅行社扩大产品的销售范围。再者,风险大。采用专营性渠道策略的旅行社完全依赖其合作伙伴在客源市场上进行产品销售,如果合作伙伴经营失误,旅行社就可能蒙受一定的经济损失。一旦旅行社选择中间商不当,则可能完全失去该市场。

专营性渠道策略适用于旅行社开辟新市场的初期阶段及推销某些客源层比较集中的特殊旅游产品。

3. 选择性销售渠道策略

选择性销售渠道策略,是指旅行社根据自己的销售实力和目标市场的分布格局,在一定市场上从众多的旅游中间商之中挑选少数几个来销售本社的产品。它介于广泛性销售渠道策略与专营性销售渠道策略之间。采用这种策略的旅行社,往往是在最初投放产品时采用广泛性销售渠道策略,当销路稳定、利润增长时,便改用此策略。经过评估中间商在市场营销中的作用、组团能力以及销售量变化等情况之后,逐步淘汰一些不称职的中间商,选择其中几家信誉较好、推销能力较强、经营范围对口、有利于产品销售的旅游中间商,建立起较为稳定的合作关系。

选择性渠道策略实行难度较大。旅行社产品在旅游市场上经常处于买方市场,旅行社寻找理想的合作伙伴难度较大。一般情况是,客户拥有主动权,挑选旅行社,而不是旅行社主动挑选客户。因此,实际操作起来有一定困难。

(三)旅游中间商的选择与管理

如果旅行社采用间接销售渠道策略,这就必然涉及旅游中间商的选择与管理问题。事实说明,对于中间商的选择与管理直接决定旅行社间接销售渠道策略的成败。

1. 旅游中间商的选择

在选择旅游中间商之前,旅行社应首先进行综合分析,明确自己的目标市场,建立销售网的目标,产品的种类、数量和质量,旅游市场需求状况和销售渠道策略,在此基础上才能有针对性地选择适合自己需要的旅游中间商。旅行社可以通过有关专业出版物、参加国际旅游博览会、派遣出访团、向潜在的中间商寄发信件资料或通过接团等方式发现合适的旅游中间商,并主动与中间商进行接触和联系。但旅行社无论采用哪种方式选择中间商,都必须首先对旅游中间商的情况进行详细的调查与分析,待时机成熟时,再向旅游中间商明确表示合作愿望。旅行社对旅游中间商的考察应从以下几个方面进行:

(1)中间商可能带来的经济效益

旅行社选择中间商的目的在于扩大销售、增加收益。因此,旅行社应选择成本相对较低、利润相对较高的销售网和中间商。对经济效益的追求要求注重风险与利润的对称，一般来说，在利润相同的情况下，风险最小的销售渠道便是最理想的销售渠道。但是，风险小利润往往也小，风险大利润往往也大。所以，旅行社应根据自己的经营实力，在利润大小和风险高低之间进行平衡与选择。

(2)中间商目标群体与旅行社目标市场的一致性

中间商的目标群体必须与旅行社的目标市场相吻合，而且在地理位置上应接近旅行社的客源较为集中的地区，这样便于旅行社充分利用中间商的优势进行产品推销。例如，美国是我国国际旅行社的主要目标市场之一，而美国只是一个大的地理概念，美国出国旅游市场并非均匀分布，而是相对集中地分布在有限的区域。据美国旅行与旅游局的统计，美国出国旅游者的50%集中在加利福尼亚、纽约、新泽西、佛罗里达、得克萨斯和伊利诺伊六个州。在德国，北威州的杜塞尔多夫、多特蒙德等城市，巴伐利亚州的慕尼黑和斯图加特，以及北部的汉诺威、不来梅等都是出国旅游较集中的地带。英国出国旅游者的52%来自英格兰。因此，旅行社选择的旅游中间商在地理位置上应接近这些客源相对集中的地区，并在此基础上考虑旅游中间商的目标群体与旅行社的目标市场是否一致。

(3)中间商的商誉与能力

旅游中间商应当有良好的信誉和较高的声誉，并具有较强的推销能力和偿付能力。讲究信誉是旅行社利益不受侵害的保证；中间商的声誉将决定旅游者对其信任的程度，从而直接影响中间商的推销能力；而中间商的偿付能力是双方合作的经济保障。

(4)中间商对旅行社的业务依赖性及合作意向

中间商的业务范围各不相同，对旅行社的依赖程度也存在差异。有的国外中间商专营中国旅游业务，对我国旅行社具有相当大的依赖性。而有的中间商则同时经营许多国家、许多旅行社的产品，对某个具体旅行社依赖性较小，甚至不存在任何依赖性。在可能的情况下，旅行社应对此加以考虑，因为这直接关系到中间商的努力程度。旅行社应通过不同的渠道，了解中间商是否有意与旅行社合作，因为在旅行社选择中间商的同时，中间商也在选择旅行社，这是一个相互选择的过程。

(5)中间商的规模与数量

旅行社在同一地区应选择适当数量、适当规模的中间商。中间商过多，会造成促销方面不必要的重复与浪费，中间商本身也会因僧多粥少而影响推销积极性；而中间商过少有可能形成垄断性销售或销售不力的局面。中间商规模大，则实力雄厚，组团能力强，但往往机构庞大，层次较多，而且也会形成垄断性销售的局面，使旅行社受制于人；而中间商规模太小，往往组团能力差，不利于旅行社的产品推销。中间商的规模与数量的选择取决于旅行社的经营实力和销售渠道策略。

旅行社在选定中间商后，便可以经过协商签订合同，开展业务合作。

2. 旅游中间商的管理

科学地选择旅游中间商只是工作的一个方面，而有效的管理是不可缺少的另一方面。旅行社对旅游中间商的管理主要可通过以下四个途径进行：

(1)建立中间商档案

建立中间商档案可以使旅行社随时了解中间商的历史与现状，通过综合分析与比较研究，探索进一步合作与扩大合作的可能性，并对不同的中间商采取不同的对策。例如，对销售得力的中间商应有特殊的条件和优惠；而对一些小的中间商，如认为有发展前途，就应该重点扶植培养。此外，还可以根据中间商的组团能力等指标对中间商进行分类排队等。

经过一段时间的合作，旅行社对中间商的经营实力及信誉等都有了进一步的了解，此时中间商档案应增加新的内容，如组团能力、经济效益、偿还能力、推销速度等，从而不断充实中间商档案，为扩大合作或终止合作提供决策依据。

需要特别指出的是，人际关系特别是个人交往是与中间商友好合作的一个重要因素，中间商档案中应对中间商的个人资料有尽可能详细的记载，而且旅行社应充分运用这些资料发展与中间商的友好关系。

(2)及时沟通信息

向中间商及时、准确、完整地提供产品信息，是保证中间商有效推销的重要条件；而从中间商处获得有效信息，则是旅行社产品改造和产品开发的重要依据。

(3)有针对性地实行优惠与奖励

有针对性地优惠和奖励中间商可以调动中间商的推销积极性。旅行社常用的优惠和奖励形式包括：减收或免收预订金，组织奖励旅游，组织中间商考察旅行，实行领队优惠，联合推销和联合进行促销等。

(4)适时调整中间商队伍

在管理旅游中间商的过程中，旅行社应根据旅游市场情况、自身发展情况和中间商发展情况，适时调整中间商队伍。旅行社在下述情况下应调整中间商：原有中间商质量发生变化，旅行社产品种类和档次发生变化，旅行社需扩大销售，旅行社要开辟新的市场，旅行社客源结构发生变化，市场竞争加剧，等等。

第三节　旅行社促销管理

旅行社产品的促销是指旅行社通过各种方式和渠道向旅游者和旅游中间商介绍本旅行社的产品信息，影响和说服他们购买或推销这些产品的策略和方法。

旅行社在市场经营过程中，经常面对着广阔的旅游市场和众多的潜在旅游者，为了增加其产品的销售量，旅行社必须将它的各种产品信息用多种有效的传播手段最大限度地告诉公众，通过反复提示和诱导，以引起更多人对这些产品的注意和兴趣，进而产生购买的欲望，以至最后下决心购买。由此可见，促销是旅行社的一项重要经营业务。

一、旅行社产品的促销目标

旅行社产品的促销目标是指旅行社在一定时期内，通过对各种促销要素的有机组合而要达到的总体目标。在旅行社的经营实践中，旅行社产品的总体促销目标是确定旅行社产品各促销要素目标的依据，同时旅行社产品促销的总体目标也是通过各促销要素目标的实现而实现的。

旅行社产品在一定时期内的总体促销目标是旅行社产品促销策略的基础和核心。因为：(1)目标决定预算；(2)目标决定促销要素的组合策略；(3)目标是评价促销效果的依据。因此，旅行社产品的促销目标不仅成为旅行社产品促销策略成败的关键，而且会直接影响旅行社产品的市场营销策略。

旅行社产品的促销目标一般应符合以下要求：(1)目标必须具体、准确；(2)目标必须量化、可测定；(3)目标必须现实可行；(4)各促销要素目标必须协调一致。

一般来说，旅行社产品的促销目标可以划分为直接目标和间接目标。

(一)直接目标

直接目标是指寻求受众明显行为反应的目标。如提高15%的销售额，增加10%的市场份额等。

(二)间接目标

间接目标是不直接导致旅游者行为的目标。如提高产品知名度，改善产品形象，传播知识，改变旅游者态度等。间接目标对旅游者行为可以起到积极的影响和促进作用。

(三)主要目标的表现

在旅行社采用直接销售渠道的情况下，产品促销目标的确定和表达一般较为直观。在旅行社采用间接销售渠道的情况下，旅行社促销活动的对象并不是最终消费者，而是旅游中间商，所以旅行社产品促销活动的主要目标表现在以下方面：

1. 向旅游中间商提供信息。旅行社应该经常通过不同途径向中间商提供最新的产品信息，使中间商能够及时掌握产品的变化情况。

2. 旅行社产品纳入中间商编印的产品目录。旅游中间商一般都编印自己的产品目录，以备旅游者索取。国外旅游经营商编印产品目录后广泛发送给旅游批发商和旅行代理商。旅游经营商的产品目录一般印制精美，图文并茂，并附有价目表，以备旅游者选择。由于这一促销方式影响大、效果好，所以能够在主要客源产生地的旅游中间商所印制的产品目录中占有一席之地，也就成为旅行社产品促销活动的基本目标之一。

3. 签订合同。旅行社与中间商签订合同的目的在于以法律的形式明确双方的合作关系，并且确保各自利益的实现，它是双方合作的基础和依据。合同的具体内容由当事人协商确定。

二、旅行社产品的促销预算

旅行社确定促销预算通常应考虑促销目标的大小、市场竞争情况，以及旅行社可利用的资金情况。促销预算的基本方法有如下几种：

1. 销售额百分比法

这种方法是以企业一定时期的销售额为基础，促销费占销售额一定的比例来确定。具体有：计划销售额百分比法、上年销售额百分比法、平均销售额百分比法和计划销售额增加百分比法。

如某旅行社2006年营业额为2000万元，促销费用为50万元；2007年营业额计划增长10%，为2200万元，则促销费确定方法有：

计划销售额百分比法：2200×2.5%=55(万元)

上年销售额百分比法：2000×3%=60(万元)

计划销售额增加百分比法：50×(1+10%)=55(万元)

2. 利润额百分比法

该法与销售额百分比法相同，用经营利润额代替销售额进行计算。如上年利润为100万元，促销费用为利润额的10%，则促销费为100×10%=10万元。

3. 目标达成法

该法按照促销目标来确定预算大小。企业应首先确定某一时期明确的促销目标，然后确定为实现这一目标所应进行的促销活动，并具体测算每项促销活动所需要的经费，在此基础上确定旅行社在特定时期的总体促销预算。

4. 竞争对抗法

该法也叫“竞争对等法”，是指旅行社根据主要竞争对手的促销预算来确定本旅行社预算的方法。这种方法主要针对本企业最直接的竞争者，或者说是在某一个直接竞争的市场上开展的促销活动，可以根据对方的促销活动投入来确定本企业的促销投入。采取这种方法的大都是实力雄厚的大旅行社。

5. 支出可能法

旅行社按照自身财力情况，灵活地进行促销投入，确保促销目标的实现。

在实践中，旅行社通常综合采取几种不同的方法确定促销预算。

三、旅行社产品的促销方法

旅行社产品常用的促销方法有广告、直接营销、营销公关和营业推广等。旅行社将几种不同的促销方法结合起来加以综合运用，以达到特定的促销目标，称为促销组合。

(一)广告

广告是旅行社通过付费的形式，利用各种传播媒体将特定的信息传递给大众，以促使其产生购买行为，扩大旅行社产品销售量的促销活动。旅行社常用的广告媒体分为自办媒体广告、大众传播媒体广告两种类型。

1. 自办媒体广告

自办媒体广告是旅行社开展广告促销活动的重要工具。旅行社的自办媒体广告主要有户外广告牌、广告传单和载有旅行社信息的纪念品。

(1)户外广告牌

户外广告牌是一种形式灵活、成本低、影响力较大的自办广告媒体。大多将其设置在火车站、飞机场、长途汽车站、水运码头等过往行人多的公共场所、公路旁、建筑物顶部，一般配有夜间灯光照明，不论白天和夜晚很容易被过往人群注意到。广告牌上广告标语简洁、生动，并适当配有相关彩色图片。旅行社应加强对广告牌的维护与维修，保证它完好、清晰，否则会影响广告效果。

(2)广告传单

广告传单采用图、文形式设计制作为单页传单、多页传单、折叠式传单等形式。由旅行社传递给中间商散发及直接雇人在人流较多的公共场所散发，或在公共广告栏张贴。

(3)载有旅行社信息的纪念品

旅行社利用载有旅行社信息的物品进行广告促销宣传。旅行社向旅游者赠送印有本旅行社名称、社徽、联系地址和电话号码的旅行包、伞、太阳帽、T恤衫、圆珠笔、打火机、记事本、钥匙链等纪念品。旅游者在旅游过程中和日常生活中使用这些纪念品时便在无意中为旅行社做了免费广告宣传。

2. 大众传播媒体广告

大众传播媒体广告主要有报纸、杂志、广播和电视。旅行社可根据产品目标市场的特点，选择他们喜爱的报纸、杂志、广播电台节目及电视频道，开展广告促销。

(1)报纸

报纸是一种影响面广、费用较低和重复率高的广告媒体。报纸分为全国性报纸(如《人民日报》)、地方性报纸(如《济南时报》)和专业性报纸(如《中国旅游报》)三种类型。全国性报纸具有信誉度高、覆盖面广的优势，地方性报纸具有对当地市场覆盖率高的优势，专业性报纸具有对相应行业覆盖率高、针对性强的优势。旅行社应根据产品的目标市场选择不同类型的报纸刊登广告。但报纸有时效短、印刷精美程度较差的缺点。

(2)杂志

杂志大多是一种以某一阶层读者为宣传对象的广告媒体，具有针对性强、印刷精美、保存时间长和读者层稳定的优点。特别是旅游专业性杂志，顾客往往对其介绍的信息较信赖，是旅行社开展广告促销的理想杂志。但其缺点是出版周期长及传播范围有一定限制。

(3)广播电台

广播电台主要是以地方广播电台居多，所以广播电台是一种以地方性市场为主要宣传目标的广告媒体。广播广告具有价格低、重复率高、信息传播及时等优点，特别适用于以农村和偏远地区为目标市场的旅行社产品的促销。但广播电台广告的缺点是仅有音响效果，瞬间即逝，难以使信息在听众头脑中长时间保留。

(4)电视

电视广告具有视、听紧密结合，形象生动活泼，信息传送及时，传播范围较广，重复率高等优点，是一种影响力极强的广告媒体。但电视广告播出时间短，观众难以迅速理解广告信息，需多次播放。另外，电视广告费用价格昂贵，许多中小型旅行社难以单独承担。

(5)互联网

互联网广告是近年来广告业中出现的一种新兴的广告媒体形式。其优点首先是针对性强。网络广告可以根据顾客群对不同网站、网页的喜好将他们进行分类，分别传递不同的广告信息。其次是互动性强。利用网络进行双向沟通，有利于顾客的活动参与。第三是形式新颖。网络广告利用多媒体手段设计出身临其境的广告效果，会给顾客带来全新的体验。网络广告的缺点是覆盖范围窄。

由于计算机普及程度的限制，网络广告的范围还比较狭窄。

3. 联合广告

联合广告是许多中小型旅行社或由某种旅行社产品所涉及的旅游企业，为了达到共同促销的目的而采取的一种广告合作形式。联合广告分为旅行社间的联合广告和产品导向联合广告两种形式。

(1)旅行社间的联合广告

许多中小型旅行社由于资金有限，往往难以单独在产品促销上进行大量的广告投资。但是由于旅行社产品市场竞争激烈，旅行社须设法利用大众传播媒体开展促销活动，以便提高旅行社及其产品的知名度，扩大产品销售量，增加经济收益。面对这种困难局面，许多中小型旅行社采取联合形式做广告。即由联合的各家旅行社共同出资在大众媒体上做广告，为他们的产品做宣传促销。

(2)产品导向联合广告

产品导向联合广告是旅行社为了促销某一产品，联合这种产品相关的其他旅游企业(如一条旅游线路中相关的旅游景点、饭店、餐馆等企业)共同出资在大众传播媒体上做广告，对该线路进行宣传促销。这种广告形式可以使每一参加促销的企业节省部分广告费用，又可让顾客了解到该产品的信息。

4. 广告促销方案

广告促销方案一般包括五个主要步骤，可以简称为“五 M”：

(1)广告目标是什么(mission)

广告目标是企业通过广告活动要达到的目的，其实质就是要在特定的时间对特定的受众(包括听众、观众和读者)完成特定内容的信息沟通任务。可以根据广告目标特点的不同，把广告目标分为告知、劝说和提示三大类。

(2)广告费用是多少(money)

即确定广告预算，与促销预算的方法大体相同。主要有四种：支出可能法、销售额比例法、竞争对抗法、目标任务法。

(3)传递什么广告信息(message)

信息是整个广告活动成败的关键因素之一。一个好的广告信息应是内容和形式两方面的有机结合，并具有特色和吸引力，能迅速得到公众的注意和接受。一项有创造性的广告活动包括广告信息的产生、广告信息的评价和选择，以及广告的制作。

(4)利用什么广告媒体(media)

选择能将广告信息传递给目标市场最有效的媒体。

(5)怎样评价广告效果(measurement)

广告效果评价主要从两方面进行：一方面是销售效果，反映在旅行社产品的销售量上;另一方面是沟通效果,反映旅游者知晓、了解、偏好等心理因素变化评价。

（二）直接营销

直接营销是指旅行社通过直接接触旅游者或客户来推动产品销售的一种促销方法。所谓客户是指所有可以为作为推销主体的旅行社提供客源的机构和组织。

1. 直接营销的形式

直接营销包括三种主要形式:

(1)人员推销。人员推销是指旅行社委派销售人员直接上门向旅游者或客户推销产品。人员推销是成本最高的推销工具,必须有限度地使用。旅行社人员推销的方法包括人员接触、会议促销和讲座促销。人员接触即以推销人员个人或小组的形式与顾客接触,进行产品推销。会议促销是指旅行社推销人员邀请顾客代表在某一约定地点开会,由推销人员在会上介绍旅行社的产品并进行促销活动。讲座促销则是由旅行社推销人员在顾客所在地为顾客作关于旅行社新产品教学式讲座的促销方式。

(2)直接邮寄。这是近年来普及的一种新的直接营销方式。旅行社针对目标顾客将旅行社的产品宣传册、产品目录、产品广告传单等促销材料直接邮递给顾客进行促销。旅行社在邮寄材料时应将印有本旅行社的邮政编码、地址、电话号码以及贴好邮票的信封附上,以方便和鼓励对方回信。邮寄名单是旅行社慎重挑选的,因而直接邮递具备高度的目标市场可选择性和很强的针对性、灵活性,同时也便于估测结果。

【案例 3-4】

直接邮寄针对性强

上海某家旅行社,针对清明前后上海许多家庭要去苏州扫墓这一信息,事先去苏州公墓管理部门查访,抄录逝世者家属姓名、单位、住址,再从中挑选出具有出游能力的目标顾客,并向其发函,介绍本旅行社能在他们苏州之行中提供行、住、游等一系列服务,且价格公道。由于目标性很强,又确实解决了这些家庭外出的实际困难,故信函回复率极高。

(资料来源:王健民《旅行社产品理论与操作实务》,中国旅游出版社 2004 年版)

(3)电话营销。电话营销是指通过电话直接和旅游者或客户联系的推销方式。电话营销有两种形式:一种是通过 800 等免费电话系统,吸引旅游者或客户使用电话查询或预订产品,但不直接回答对方提出的问题;另一种是由旅行社销售人员在电话里向旅游者介绍旅行社的产品，同时还回答对方提出的问题，引导对方选购旅行社的某些产品。

2. 直接营销的步骤

(1)寻找潜在顾客

直接营销首先是寻找潜在顾客的线索。根据目标市场涉及的单位或个人群体寻找各种相关的资料(如顾客姓名、单位名称等)，用信函、电话向顾客介绍本社的产品，发现追踪相关旅游线索。

(2)沟通信息

根据寻找到的顾客通过亲自拜访、电话访问、写信等方式与其接触，介绍本社的产品信息并了解对方对本社产品的意见和建议，与顾客进行信息沟通。

(3)推销产品

推销人员借助本社产品宣传册、产品音像资料，举办产品介绍会议、新产品教学式讲座等方式进行产品推销。

(4)提供服务

与顾客达成交易后，为确保顾客满意，销售人员要根据顾客签订的交易合同与旅行社其他部门一起为顾客提供优质服务。

(5)建立长期关系

推销人员可采用问候电话、意见征询单、书信往来、游客招待会等形式的售后服务，加强与老顾客的联系，提高顾客对本社产品的忠实度，建立长期的关系。

直接营销是一种通过旅行社销售人员与旅游者或客户直接接触来推动产品销售的一种促销方法，具有联系紧密、机动灵活、反馈及时、选择性强等优点，有利于培养和加深旅行社同旅游者或客户之间的良好关系。然而，同其他促销形式相比，直接营销也存在着促销费用高、覆盖面窄、合格人才少等不足之处。

(三)营销公关

营销公关是旅行社开展的以具体旅行社产品品牌为中心的公共关系活动，目的在于建立和加深旅游者与客户对所推销的旅行社产品的良好印象。通过营销公关活动，旅行社能够不断地吸引更多的旅游者购买旅行社的产品，并争取长期保持现有的市场份额和扩大市场份额。

旅行社营销公关活动主要包括三个方面：

1. 针对新闻界的公关活动

充分利用新闻媒体的优势开展宣传促销活动，不断地向新闻媒体提供新闻通稿，通报有关的特殊旅游产品及其他旅游方面的消息。旅行社在开发出新产品后，可采取新闻发布会的形式向旅游者及客户进行介绍，邀请媒体参加。由于顾客普遍认为新闻报道具有客观公正的性质，它所产生的价值可能与花费上百万的广告效果相当，故旅行社应争取和创造一切机会与新闻界加强联系，及时将有报道价值的新闻提供给新闻界。

【案例 3-5】

“绿色奥运澳洲采风团”将出发

中国××旅行社总社与澳大利亚旅游局共同操作，一条以 2008 年北京奥运会为主题的崭新的出境旅游线路——“绿色奥运澳洲采风团”将正式推出。

“绿色奥运澳洲采风团”将对成功举办 2000 年奥运会的悉尼的环境、效率、奥运志愿者的工作等方面进行关注。第一团将于今年 9 月——2000 年悉尼奥运会一周年时出发。该团的主题鲜明、特色突出、行程合理、价格适中，对于久怀奥运情结的人将是一个把心底的愿望化作现实的难得机会。参加此团的游客都将获得旅行社特别制作的礼物，以纪念此次难忘的旅程。

（资料来源：2001 年 8 月 12 日《经济日报》）

旅行社还可邀请新闻记者或旅游专栏作家随团进行线路考察，以他们的名义发表文章，如新闻、游记等，他们写成的文章一般来说比旅行社广告更有可能赢得游客的信任。邀请记者考察前，要将产品的相关资料准备周全。为记者采写准备的资料越多，产品软性广告取得好效果的把握性就越大。有些记者实地采写的文章会对线路进行记者视角的评价，这对左右客人选择会有很大影响，因而需事先与记者进行有效沟通。

2. 针对公众的公关活动

通常采用资助公益事业、赞助社区活动、出版杂志刊物等方式与公众沟通，以加强旅行社与社会交往，提高知名度，扩大影响，开拓市场。

3. 针对旅游中间商的公关活动

邀请中间商考察旅行是目前国际上常用的推销手段，即旅行社组织中间商来旅游目的地进行考察，向他们介绍旅游路线和活动，特别是介绍旅行社的新产品，使他们通过实地考察了解旅行社的产品和旅游目的地的情况，产生组织游客来本地旅游的愿望。尽管邀请中间商来访成本较高，但往往可以取得较好的推销效果。

旅行社在组织中间商进行考察旅行时应特别注意以下几点：

第一，正确选择中间商。一般说来，选择中间商应首先考虑市场针对性，即邀请旅行社主要客源地或机会市场的中间商参加考察旅行；其次，最好能邀请实力较强的中间商，因为一旦考察成功，中间商愿意组团，便可带来为数可观的客源。当然，这并不意味着全然忽视小的中间商，因为他们在不断发展，旅行社应视具体情况而定。

第二，考察团规模适中。一般以20～30人为宜，以便于旅行社组织接待，达到主客双方都满意的效果。

第三，制订合理可行的旅行计划。旅行社应拟定周密的旅行计划，并逐项落实，确保考察旅行的顺利进行。需要特别指出的是，考察团在考察过程中参与和经历的活动，尤其是交通、住宿、膳食、参观游览和文娱活动等，应与将来中间商组团后成行的旅游者的活动相一致，否则便可能带来严重的后果。

【案例3-6】

一次惨痛的教训

1987年，浙江省旅游局牵头组织香港旅游商与报刊记者邀请团到浙东考察。除杭州外，30余名客人访问了绍兴、宁波、奉化、舟山和普陀。参加考察的香港某大旅行社的代表对这一线路印象良好，回去后不仅立即推出"浙东之旅"的线路，编小册子，做广告，花费59万港元；而且还在香港旅游报刊上写了多篇介绍上述城市的游记文章。然而，问题发生了。考察团在宁波与普陀之间使用的是进口高级豪华轮"甬兴号"，往来两地仅需2小时。而当香港那家旅行社组织的两个旅游团来到浙东时，由于种种原因，该轮船已改走甬沪线，香港游客只能拥挤在设备简陋、卫生状况较差的普通轮船中，而香港那家旅行社的小册子上却明明写着："在宁波用早餐，乘高级豪华轮甬兴号赴普陀。"客人大量投诉，香港旅行社十分被动，第三个团再也没有组成。

（资料来源：杜江《旅行社经营与管理》，南开大学出版社2001年版）

第四，旅行社推销人员要善于创造融洽的气氛，利用各种机会与中间商建立起良好的私人关系，这将有利于双方合作关系的建立和发展。

（四）营业推广

营业推广是旅行社在某一特定时期与空间范围内，为配合广告宣传和直接营销开展的一些刺激中间商和消费者尽快购买或者大量购买旅行社产品的活动。它是以非常规和非周期的使用形式出现的，方式灵活多样，具有较强烈的刺激性，短期效益明显。

1. 营业推广的对象

(1)旅游消费者。对旅游消费者的营业推广，主要目的是鼓励和刺激新老顾客购买本旅行社的产品，在旅游淡季购买，促使其他品牌忠诚者改变品牌信念等。

(2)旅游中间商。对中间商营业推广的主要目的是鼓励他们销售本旅行社新产品,协助旅行社开展营销活动,促进中间商在旅游淡季购买,吸引新的中间商加入本旅行社销售渠道等。

(3)本旅行社的推销人员。对推销人员的营业推广,主要是鼓励他们积极推销新产品,扩大旅行社产品的销售量。

2. 营业推广的方法

(1)价格促销。价格促销是指旅行社通过短期内降低产品价格来吸引购买的一种促销方法。主要有针对中间商及旅游消费者给予价格折扣、赠送折价券等方式。

(2)竞赛促销。具体有两种方法:第一,对顾客竞赛促销。开展针对本旅行社产品知识或某个旅游目的地旅游知识有奖竞赛活动,设立一定价值的奖品或前往某条旅游线路旅游的奖励。在举办竞赛时,应注意竞赛活动的知识性和趣味性,以吸引更多的人参加。这样参加的人越多,竞赛影响就越大,营业推广的效果就越好。第二,对旅游中间商或推销人员竞赛促销。旅行社对推销人员及旅游中间商开展促销竞赛。在竞赛时设立一定的奖金额,奖励给推销业绩好的推销员和提供客源多的中间商。

(3)赠品促销。赠品促销是旅行社将印有旅行社及产品信息的商品(如旅行包、太阳帽、雨伞、T恤衫、钥匙链等)赠送给旅游者以开展营业推广促销。

营业推广与其他促销方式相比,具有自身的优点:推销效果快而强,可依据产品特点、旅游者心理、营销环境等因素,通过各种方式给旅游者提供特殊的购买机会,具有强烈的吸引力,能及时促成购买行为。但由于旅行社急于推销产品,往往给人以急功近利之感,使旅游者对产品质量、价格等产生怀疑,给旅行社声誉带来影响。因此,旅行社应力争避免对同类产品在同一市场环境中频繁使用,应与其促销方式相互配合、补充使用。表3-2为旅行社各种促销方法的特点。

表3-2　　旅行社各种促销方法的特点

促销方法	平均促销成本	优　点	缺　点
广　告	较　低	传播广,效率高,形式多样,重复性强。	说服力较弱,针对性差,不能形成即时购买。
直接营销	最　高	方式灵活,针对性强,及时促成交易,建立感情和关系,信息反馈及时。	费时费钱,效率低,平均成本最高。

续表

公共关系	最　低	可信度高，影响面广，可赢得公众对旅行社的好感。	活动组织难，工作量大，针对性差，直接销售效益不明显，限制性大。
营业推广	较　高	促销刺激强，激发需求快，吸引力大。	促销有效期短，易引起竞争，影响面较窄，长期运用不利于产品形象。

四、旅行社产品促销效果的衡量

旅行社产品促销效果的衡量主要是通过获取促销反馈信息，并根据这一依据衡量某种促销组合或具体促销方案的效果。评估的目的在于总结经验，发现和分析存在的问题，并为改进促销组合或制订下一次促销方案提供客观的依据。

旅行社产品促销效果的衡量一般有如下标准：

1. 销售量。各种促销手段在形式和内容上有所不同，对于销售量提升的作用也有差别。有的促销手段可在短期内大幅提升销量，有的促销手段却需较长时间才能看到效果。所以，用销售量来衡量促销是否成功，需要结合不同促销手段的特点具体分析。

2. 沟通效果。促销提供了与目标消费者进行沟通的机会，要量化地测定沟通效果是比较困难的。可以采取对部分消费者跟踪访问与调查，计算一次促销活动后消费者对产品了解的指数增加及购买比率等。

3. 回想率。成功的促销活动应该能够给消费者留下深刻的正面印象，即有较高的回想率。对回想率的测试主要是调查消费者对促销活动的认知、美誉及联想。如果通过对消费者的跟踪调查，表明消费者对产品并未形成深刻的记忆，并未产生美好的联想，就说明促销的效果并不理想。

4. 市场占有率。旅游企业使用促销策略，希望能达到拓展新的消费者群，扩大市场占有率的目的。在促销活动结束之后，可以检查购买企业产品的消费者群是否有所扩大，有没有吸引新的消费者及竞争对手的消费者购买本企业的旅游产品。

5. 重复购买。促销活动对巩固现有消费群体有重要作用，应将现有消费者的重复购买率作为衡量促销活动是否成功的标准。

五、售后服务

旅行社的售后服务是指在旅游者结束旅游后，由旅行社向客人继续提供一系列服务，旨在加强同客人的联系和解决客人遇到的问题。售后服务对旅行社保持已有客源和开拓新的客源都至关重要。由于售后服务在销售方面的重要性，因而西方国家的旅行社都极为重视售后服务，并采取了多种多样的售后服务形式以争取每一位顾客，而我国在这方面尚有待改进。

旅行社的售后服务方式主要有：问候电话、意见征询单、邮件往来、明信片、旅游者招待会、节日祝贺、影印材料寄送、旅行社报、旅行社开放日等。

第四节　旅行社销售过程管理

一、旅行社产品的销售方式

旅行社产品存在单项服务与包价旅游两种极端的形态，其销售方式也是截然不同的。

1. 单项服务的销售方式

单项服务的销售分直接销售和委托销售两种形式。

直接销售是指旅行社通过其销售柜台为本地或已经到达本地的旅游者提供各种相关服务，如预订客房、餐食、票务及选择性旅游项目等，其中有些是供旅游者在当地消费的，有些是旅游者赴下一目的地旅游所需要的。旅游者根据需要“点菜”并当场付款，旅行社为旅游者提供收据，供旅游者向有关旅游服务供应单位要求提供服务。

委托销售是指旅行社委托海外或国内其他旅游城市的旅行社为旅游者预订到达该地后所需要的各种旅游服务。

2. 包价旅游的销售方式

旅游目的地旅行社的团体包价旅游产品一般以客源产生地的旅游经营商或旅游零售商为直接销售对象，这在我国国际入境旅游中表现得尤为突出。团体包价旅游的销售方式又分为系列团和非系列团两种。

系列团是指多次重复安排某一旅游产品，一般由旅游客源产生地的旅游经营商或旅游零售商与旅游目的地的外联旅行社达成协议，在下一个价格年度内组织一条或数条固定的旅游线路，计划每条线路（即每个系列）组织一定数目的旅游团，如每月一团、每周一团甚至每天一团。系列团的销售方式是一次达成协议，分批送团、分批接待和结算。招徕能力较强的客源产生地的旅游经营商一般愿意采用这种方式以节约成本开支。对于目的地旅行社来说，这也是手续简便、营业额较大和效益较高的一种销售方式。

非系列旅游团是指一次性销售的旅游产品。一般是指客源地旅游经营商或旅游零售商在计划组织某旅游团时，对旅游目的地外联社提出线路要求并询价，目的地旅行社如愿意接受则呈报价格，客源产生地旅游经营商或零售商如接受其价格即复函确认（通常需经过价格磋商）。这类非系列旅游团的比重相当大，特别是奖励旅游团、会议旅游团及各种专业旅游团几乎全部是非系列团。

二、旅行社产品的销售过程

旅行社产品的销售需要经过一个复杂的过程，而且不同产品交易的销售过程也不尽相同。但是，一般来说，旅行社的销售过程通常由以下步骤组成：

(1)旅行社销售人员通过不同方式向旅游者或旅游中间商推出其产品（线路、节目和价格），后者或全盘接受旅行社的产品及价格，或对旅行社的产品和价格提出修改意见，甚至放弃旅行社推出的产品而提出自己的产品要求。

(2)旅行社销售人员根据旅游者或旅游中间商的实际反应和具体要求，对产品作出必要的修订，编制旅行日程表（参见表 3-3），核定产品价格，反馈给旅游者或中间商，请客人确认。客人在确认购买后，向旅行社提供游客名单，通知入境时间和抵达的交通工具。这一步骤有时需要反复多次才能完成。

(3)在向国外旅游者或中间商销售旅游产品时，旅行社在获得客人的最终确认后，将向我国驻外使领馆发出签证通知，客人凭此办理入境签证，并根据旅行社要求按期付款。

(4)旅行社销售人员将旅行日程表和相关资料移交给接待人员，由接待人员落实具体接待事宜。

表 3-3　　旅行社旅行日程表

国(地)别__________　　　　顺序号__________

旅游者(团)名称__________　　旅行者人数__________　　陪同人数__________

固定线路编号__________　　综合服务费标准：每人每天______元(减免__________)

天数	日　期	星期	车次航班及其他	离　开		抵　达		城市间交通费	备注
				时间	城市	时间	城市		
1	月　日								
2	月　日								
3	月　日								
4	月　日								
5	月　日								
6	月　日								
7	月　日								

续表

8	月 日								
9	月 日								

填表人＿＿＿＿＿＿ 综合平衡＿＿＿＿＿＿ 财物核算＿＿＿＿＿＿

负责人＿＿＿＿＿＿

三、旅行社产品销售人员的主要工作

在旅行社产品销售过程中，销售人员的主要工作可概括为三项，即业务洽谈、业务报价与价格的最后确认。

(一)业务洽谈

与客户谈判是销售人员的主要工作，是旅行社销售人员与客户进行业务联系，商讨交易条件，最后达成令双方都能满意的协议的过程。谈判中双方都应遵循实事求是、平等互利的基本原则。旅行社的谈判一般情况下有两种方式：一种是面谈，另一种是利用通信工具谈判。

1. 面谈

面谈是指旅行社销售人员邀请旅游中间商前来进行直接的业务洽谈。通过当面谈判，双方最终达成某种或某几种旅行社产品的购买意向。一般这种谈判是与新客户初次接触，建立合作关系的谈判。谈判可分为准备与谈判两个阶段。

(1)准备阶段

谈判准备是关系到谈判是否成功的重要环节，因此参加谈判的人员应做好充分的准备。准备工作有以下几方面：

①选择谈判人员。旅行社在与旅游客户进行面谈前首先应确定好谈判人员，一般由该地区的部门经理与做报价和联络等具体业务工作的外联工作人员参加。

②了解谈判对手。谈判前应多方面了解客户的情况。主要包括三个方面：一是了解该客户的历史、现状、经济实力、组团能力、经营范围、声誉及信誉；二是了解谈判对象本人的经历、能力、爱好及个性特点、是否有决策权等情况；三是了解相关国家的政策、法律方面的情况。尽可能多地知己知彼，才能掌握谈判的主动权。

③制定谈判方案。根据了解的各方面的情况，旅行社业务谈判人员要根据谈判中对方可能提出的各种条件及让步情况制订出谈判中的上策方案、中策方案和下策方案以及谈判中的进退幅度和交换条件。

(2)谈判阶段

双方根据事先拟定的谈判方案,在互惠互利的基础上,通过友好、坦率、认真的协商,争取达成合作关系协议。谈判主要有以下几个步骤:

①介绍产品。将所编制好的旅行社产品向对方宣传推销,并就对方提出有关产品方面的问题作出耐心细致的答复,使对方很快了解产品的内容、特色、价格、购买方式、付款条件等情况。

②购买谈判。双方就产品内容、价格、购买方式、付款方式等具体问题进行讨论。旅行社的谈判人员应采纳旅游客户提出的对产品合理的修改和补充意见,适当修改产品的内容、价格、购买方式及付款方式,做到互惠互利,达成协议。

谈判能否成功,一方面取决于洽谈人员的能力和水平,另一方面取决于洽谈技巧的应用。因此,销售人员在进行业务谈判时,要注意自己的仪表,掌握行为、语言的技巧,同时也要注意时间、地点的选择技巧。

2. 通信洽谈

旅行社销售人员很多时候是利用通信工具与国内外客户进行业务谈判和信息交流。旅行社在通信洽谈中使用的通信工具主要有:函件、电话、传真和电传等。下面主要介绍目前旅行社常用的电话与传真两种通信工具。

(1)电话

电话是最有效、最迅速的一种洽谈工具,也是旅行社销售人员与客户联系最常用、最广泛的方式,然而电话只能作为一般联系和口头洽谈之用,最后的协议达成要用传真、函件或电传确认。由于用电话联系不能留下书面凭证,所谈内容容易发生漏记、错记,引起不必要的麻烦。

(2)传真

传真是通过传真机经通信线路传递图像及文字,文字语言能按原貌展示。传真机具有自动接收和发送功能,不需专人守候。目前传真已成为旅行社销售业务中进行业务联系和交易确认的最主要手段,它是一种既迅速又方便可靠的通信方法。传真机的不足之处是传真件不宜长期保存,它是用感光纸热敏而形成的,一般可保存一年左右,如有重要传真件需长期保存,必须将传真件复印保存。

(3)函电往来

旅行社函电内容有很多种类(如询价函电、委托代办函电等),销售人员收到后应处理和管理好各类函电。

①函电处理的步骤

销售人员收到客户函电时,应按以下步骤处理:

首先是阅读。函电由何地发来?客户名称、发函电人是谁?发函电日期是哪天？函电内容是什么？

其次是办理。销售人员收到函电后应根据函电要求及时处理。函电要求处理的事项一般须在四十八小时内明确答复对方。询价函电的办理步骤如下：

排：按函电要求的服务标准、线路、饭店档次及一些其他特殊要求排出旅行日程表。

算：计算综合服务费、交通费、附加费等。

报：将以上旅行日程表及每位游客购买该产品的价格报给客户。

填：得到确认后，根据确认的旅行日程表、服务等级及游客特殊要求填写接待任务通知书交给经办部门，以做接待准备。

②函电管理的方法

函电管理是根据函电的内容归类建立档案，并进行保存。函电管理的目的，一是为了备案。许多函电是旅行社间的书面协议，是协议双方相互监督责、权、利的，所以应将其备案，以便将来发生问题时供有关人员查寻参考。二是累积资料。通过对各类函电的分析可以对旅游市场进行分析和预测。

整体函电存档一般有如下三种方法：

一是按客户建档。将函电按客户名称建档存放，档案封面标明客户名称、地址及电话号码，这种方法有利于随时掌握各个客户情况。

二是按旅游团建档。将已报价或已成团的函电按团队名称建档，档案封面标有团队名称、编号及月份，这种做法有利于销售人员及时安排各团队计划。

三是按确认与否建档。将所有"已确认"与"未确认"的函电分别存档，档案封面标明"已确认"或"未确认"。

（二）业务报价

业务报价主要指销售人员通过书面、传真、电话等形式向客户通报旅行社产品的价格，主要包括以下几种形式：

1. 团体包价

团体包价由综合服务费、房费、餐费、城市间交通费及专项附加费组成。

(1)综合服务费

综合服务费主要包括：市内交通费、导游服务费、领队减免费、通信联络费等。综合服务费可分为经济、标准、豪华三个等级。许多旅行社对综合服务费有"16免1"的优惠，即包价旅游团的成年旅游者人数每达到16名时，就免收1名成年旅游者的综合服务费。但是，旅游团内如果16名旅游者中包括儿童时，不实行这种优惠。

(2)房费

按旅游者要求预订高、中、低档饭店或由旅游者自订房、委托代订房，但一律加收自订房手续费。

(3)餐费

提供一日早、午、晚三餐的收费标准。餐费一般不包括风味餐的费用。

(4)城市间交通费

指飞机、火车、轮船、内河及古运河船和汽车客票价格,因受人民币汇率、供求关系以及设施改善等方面因素的影响,每年都要作出相应的调整。

(5)专项附加费

专项附加费主要包括汽车超公里费、江河湖游览费、专业活动费和文娱活动费等。

2. 半包价

团体包价收费中扣除午、晚餐费用,旅游者可在抵达旅游目的地后随意选择午、晚餐,费用现付。其他费用与团体包价相同。

3. 小包价

旅游者在抵达目的地前的预付费用仅包括房费及早餐、接送服务费、城市间交通费和旅行社手续费,其他费用可以根据旅游者自己所选择的服务,在抵达目的地前预付或抵达目的地后现付。

(三)价格的最后确认

销售人员通过业务洽谈、业务报价等手段将旅行社产品销售给旅游者或客户,当销售对象表示愿意接受该产品时,价格的确认则是至关重要的。销售人员与销售对象对旅行社产品价格的确认,应该包括以下几点:

1. 务必书面或传真确认价格,口头及电话确认价格都会为以后收费带来麻烦。

2. 确认价格的同时,务必确认付款方式,包括电汇、信汇等,如是海外团队还需确认汇率。

3. 务必确认最后付款期限。即在旅游团队离开当地时,该旅行社务必收到该团团款。

三、旅行社产品销售过程的复杂性

与其他产品的销售相比,旅行社产品的销售方式和销售过程更为复杂,这主要表现在:

1. 旅行社产品构成复杂。每个旅游团的线路、日程、内容、档次各不相同,即使同属一个系列线路,每个团的时间、人数及要求也不尽相同。

2. 交易手续复杂。旅游交易具有小额多批次的特点,有时一个交易额不过数千美元的小旅游团要经过许多次的函电往返才能成交。

3. 交易周期长而变化多。旅游交易从报价到成交,再到实际接待完成,通常需要经过相当长的时间,有的甚至长达一年以上,在此期间可能发生价格变动、汇率升降和人员增减等,这些更增加了交易的复杂性。

面对如此复杂的交易方式和交易过程,旅行社为确保销售工作的顺利进行,必须防止发生两种情况:其一是交易双方发生经济纠纷,其二是销售工作效率低下。要防止这两种情况的发生,前者需要有严密的交易合同来规范买卖双方的行为;后者需要有科学的销售工作程序、制度和方法以确保效率,减少失误。因此,旅行社销售过程的管理非常重要。

四、旅行社产品销售过程的管理

1. 建立旅游交易合同制度

交易合同是买卖双方为了达成交易所签订的协议或契约,是商品交换的法律文书。合同中记载双方当事人一致同意的有关这一交易的目的、数量、质量、交货时间和地点、价格、付款时间和方式、违约罚款及发生意外事故的处理等。合同在双方当事人签字后生效并对双方有约束力。如签约一方违反合同规定的条款,另一方有权提出索赔或中止合同,也可作为提请第三方仲裁或进行诉讼的依据。因此,合同是规范双方当事人的行为和保证交易顺利进行的有力工具。特别在国际旅游等比较复杂的交易中,买卖双方发生纠纷的可能性比较大,因此应普遍实行交易合同制。

2. 制定科学的销售工作程序

(1)确定适当的销售机构

旅行社应根据其经营产品种类、市场广度和营业规模设置一个或数个销售部门,每个部门有一定数量的销售人员。销售部门和人员的分工主要有两种办法:一是按市场和客户分工,如大旅行社可以分设欧美、亚太等销售部,部内销售人员再按更小的市场及客户分工;另一种办法是按产品工种分工,如设团体旅游部、散客旅游部及奖励会议旅游部等,部内销售人员再按市场及客户分工。这两种办法各有优劣。

(2)制定销售工作的程序

旅行社的销售程序大致如前所述,这里的关键是旅行社应对每个环节制定明确的工作流程、文书格式、授权范围和岗位责任等,特别注意每个环节之间的衔接和配合,以免产生差错和失误。

(3)制定销售文书格式

在销售中,要进行一系列的文字记录,有的作为传递和储存信息的载体,有的作为处理工作和解决纠纷的依据。这些文书应做到格式统一,内容清楚准确,便于查看、传递和存档,因此要经过认真的设计。这些文书包括合同、和客户会谈记录、成本测算与报价单、与客户往来文电、单据、接待计划、采购通知等等。对文书还有个科学分类和归档问题,应为每个客户建立档案,还要为每个旅游团建立销售档案,一旦出现事故就可迅速查明原因和责任所在,也可作为总结和改进的依据。

3. 加强对销售人员的管理

销售部门是旅行社最重要的部门,对销售工作人员要进行选择、培训和严格管理。包括选择适当的销售人员,不断提高销售人员的业务素质,明确业务人员的责、权、利,通过制度约束销售人员的责任心以及充分发挥销售人员的积极性等措施。

【本章小结】

本章主要介绍了旅行社的目标市场管理、定价和销售渠道管理、促销管理及产品销售过程的管理。

旅行社的目标市场管理主要包括市场细分、目标市场选择与市场定位。旅行社市场细分的原则为可衡量性、可接近性、可盈利性、稳定性,市场细分的主要标准是地理因素、人口统计因素、心理因素与行为因素。旅行社目标市场策略主要有三种:无差异目标市场策略、差异性目标市场策略、密集性目标市场策略。市场定位的基本模式主要为对抗定位、侧翼定位与补缺定位。

影响旅行社定价的因素很多,主要包括成本、需求、竞争等因素;在经营中,旅行社可以运用新产品定价、心理定价、折扣定价等策略;定价方法则包括成本导向定价法、需求导向定价法、竞争导向定价法等。旅行社产品的销售渠道包括直接销售渠道和间接销售渠道两大类型。旅行社在采用间接销售渠道时一般可根据情况分别采用广泛性、选择性或专营性渠道策略。旅行社应加强对中间商的管理,根据实际情况随时调整中间商。

旅行社可以利用广告、直接营销、营销公关、营业推广等方法来促销其产品。旅行社产品销售过程的复杂性决定了要加强对销售过程的管理。

【关键概念】

市场细分　市场定位　撇脂定价　渗透定价　直接销售渠道　间接销售渠道　直接营销　营业推广

【复习思考题】

1. 旅行社市场细分的原则和标准有哪些?

2. 旅行社目标市场策略有哪几类?影响目标市场策略选择的因素是什么?

3. 旅游市场定位的步骤是什么?基本模式有哪些?

4. 旅行社产品的定价方法有哪些?

5. 新产品的定价策略有哪些?

6. 比较几种常用的广告媒体的优缺点。

7. 旅行社常用的促销方法有哪些?各具有什么特点?

8. 旅行社产品销售过程的复杂性表现在哪些方面?应如何对销售过程进行管理?

【课堂讨论题】

1. 结合实际谈谈网络技术对旅行社销售渠道的影响。

2. 思考旅行社应如何做好促销工作。

【案例分析】

千名长者温馨结伴港澳游

2001年无疑是价格恶性竞争愈演愈烈的一年,深圳市场港澳游的价格一路下降,毛利只有100元左右,产品也以自助游为主,而深圳国旅推出的“千名长者温馨结伴港澳游”无疑成了当年的明星产品,其提供的服务不仅获得市场的高度赞扬,而且产生了良好的经济效益,单个产品创下了组团人数和毛利率的纪录,在深圳至今仍具有唯一性和垄断性。

1. 策划背景

2001年初,广东省公安厅决定在广东四个地市进行暂住人员赴港澳地区旅游的试点,其中一项政策就是子女户口在这四个地市的,其父母便可在其子女户口所在地办理赴港澳旅游的手续,深圳市就是其中之一。

深圳某旅行社早在2000年就看准老年人这个潜力巨大的旅游消费群体,成立了“温馨结伴行”长者旅游俱乐部,专门为深圳的离退休人士提供量身定做的与同龄人结伴同行的旅游服务。俱乐部以会员制方式,人性化地为老年人营造温馨的活动空间,使每一次旅游都是老年人一生难忘的经历。

2. 顺势而为

深圳是一个移民城市,人口大多来自四面八方,经过多年打拼,有些人已在深圳成家立业,他们常定期或不定期地将父母接到深圳来居住,而他们本人却因工作繁忙没时间陪父母,“如何让老年人在深圳安心、充实地生活”一直是深圳子女为之苦恼的问题。如果能让辛苦了一辈子的老人去香港澳门旅游一趟,这可是在离香港最近的深圳工作的儿女给父母最好的孝礼,但老人旅游子女如果不陪又放心不下,那怎么办?深圳国旅充分考虑上述因素,成功地策划了“千名长者温馨结伴港澳游”的旅游方案。

首先,完全站在顾客的角度,人性化地设计行程。一改传统的从罗湖口岸出境乘火车赴香港的交通方式,变为乘直通巴士过港,避免了在罗湖边检排队苦等几个小时,乘火车又可能走失及无座位保障的情况。其次,不仅改变了传统的香港游不派领队的惯例,安排专业领队带团,而且每团有一名医生随行,行程中也充分考虑到老年人的特点,不安排无意义的购物,松紧适度,饭菜的安排也尽量对老人的胃口,当月过生日的老人还可幸运地得到一份惊喜礼物。

广告策划也对深圳子女孝敬父母的脉把得很准,真正以情动人。另外,旅行社还成功地说服了香港地接针对性地调整价格,并共同致力于开发老年人这一新的细分市场。半年时间内,仅深圳一地,旅行社就成功组团近两千人次。

3. 精彩广告

广告临门一脚的作用也在这个策划案中体现了传神的魅力,尤其是广告语真正说到了读者的心里去了,真正激发了他(或她)对父母的孝心,让每一个深圳人看了都有一种说不出的牵挂感。

给爸妈一个惊喜

上次爸妈来深圳,想去香港看看,
就因为办手续很难,所以很遗憾地回家了。
我很不是滋味,父母来深圳一趟不容易,
说不准真会是一辈子的遗憾。
现在好了,
“千名长者温馨结伴港澳游”,让爸妈和我不再有遗憾了!

[点评]

这是一个典型的细分产品,在政策出台的一段时间内,其他旅行社均未能看到这一潜在的市场,一般旅行社如果不创新仍按传统手法来操作,市场反应估计仍会冷淡。经过精心策划,在市场上形成了“千名长者港澳游”这独一无二的产品(竞争对手都纷纷退出),其成功的关键在于定位精准,走的是亲情和价值路线。广告到位,为细分市场目标群体量身定做,服务人性化,最终实现了消费者、旅游目的地、旅行社三方共赢的局面。

旅行社在严格控制成本的同时,坚决走价值路线,以至于该产品成了长者港澳游的标准：医生陪同、乘直通巴士过境等。团队虽然利润很高，但消费者仍趋之若鹜，因为他们看中的不是几百元的价格差异，而是能充分满足其孝心、对老人有保障、人性化的服务，这方面的价值远远高于金钱。试想一下，即使市场上有更便宜的火车团，可谁又会去让老人遭那个罪呢？

值得思考的是，一直以来，该产品在市场上未遇对手。为什么有钱赚的生意无人跟进呢？其实，旅行社在提供独特价值的同时也在为自己设定技术壁垒。没有足够的量、派医生和安排直通车都会额外增加很多成本，竞争对手要达到同样的服务水准必然要有相应的成团人数，而综合了广告设计、媒体选择、联合推广等多种因素在内的先行者已在市场上建立起了难以跟进的相对优势，于是，竞争对手干脆放弃了这一块业务。

（资料来源：杨晨晖《外联部操作实务》，旅游教育出版社 2006 年版）

[思考]

1. 结合案例谈谈旅行社进行市场细分的重要意义。

2. 结合案例谈谈你对我国旅行社目前恶性价格竞争的认识。

3. 我国旅行社目前产品促销有何特点？应采取何种措施解决存在的问题？

【实训题】

结合某一旅行社实例，分析它是如何进行旅游市场细分、选择目标市场及进行市场定位的。

第四章　旅行社接待管理

【学习目的】

● 了解散客产品的类型和散客业务的特点，掌握散客票务服务与管理程序。

● 熟悉旅行社门市接待服务的类型和原则，掌握门市接待的运转流程，了解门市部业务人员的选用要求。

● 熟悉专项旅游产品的特征与分类，掌握专项旅游产品设计与开发的环节。

● 掌握旅游团队的特点、团队接待管理的原则和方法。

第一节　旅行社门市的接待管理

旅行社的门市接待是旅行社工作的“窗口”，直接体现了旅行社的面貌，其主要业务包括具体旅游业务咨询、介绍并推销产品、为游客设计或组合新的线路、办理各种代办委托业务和文件处理等，它处在对客服务的第一线，对旅行社的整体业务运行起着举足轻重的作用。

一、门市接待的类型和原则

门市接待主要包括两大类型：一类是旅行社的前厅服务，一类是设在总部以外的门市部。无论是哪一种类型的门市，都应遵循下述几个基本的接待原则：

1. 热情展示原则

门市部门是旅行社服务的窗口，它影响着顾客对旅行社的直接印象，是旅行社进行产品销售的良好途径。热情、耐心的服务可以吸引潜在的旅游者，使之成为旅行社产品的消费者。这要求门市工作人员具有良好的职业道德，能够热情、平等、不厌其烦、细致入微地招待每一位顾客，展示旅行社多样的产品和服务大众、品质至上的经营理念，让顾客尚未出游就感受到企业的文化和魅力。

2. 清晰准确原则

门市接待工作中，咨询业务最为繁多，来访者对目的地的信息表现出强烈的认知欲望，往往提出多种多样的问题，这要求门市工作人员在解答问题、推荐线路、受理委托时，表达要清晰准确，不使用模糊的词句，不对消费者进行欺瞒和哄骗，对于容易引起旅游投诉和纠纷的项目（如各类自费项目等）要向客人讲清说明，本着诚信、关爱的态度接待到访者。

3. 自然接近原则

旅行社门市部门的营业面积一般都不是很大，如果布置得不得体，过于华丽或过于凌乱都会使人产生难以接近或不愿接近的想法，因此，平淡、自然、人情味浓是门市部门装修以及员工着装的基本要求。

二、门市接待服务的运转流程

（一）介绍旅游产品

门市业务人员的岗位职责是向到访的旅游者热情介绍旅行社的各种旅游产品。介绍内容主要包括：

1. 主要旅游景点的名称、游览内容、坐落地点、门票价格、开放接待时间以及饭店、餐馆、市内交通等旅游服务设施的类型、价格。

2. 抵离目的地的交通工具类型、价格、时间及有关订票、乘坐交通车和行李托运等方面的规定。

3. 旅游目的地国家或地方政府的有关法律、法规、政策，旅游目的地的风俗民情、当地居民的生活习惯、宗教信仰及其对外来旅游者的态度。

4. 旅游产品的种类、价格。

5. 办理单项旅游服务的手续、费用。

6. 选择性旅游活动的内容、价格、出发日期及具体时间。

7. 本地区旅游服务设施的基本概况，如饭店客房价格、本地特色菜肴、市内交通工具及交通票价等。

8. 本地区主要娱乐场所、购物商店等情况。

（二）提供旅游咨询服务

门市业务人员在向到访的旅游者提供旅游咨询服务时，应做到以下几点：

1. 热情接待，认真倾听旅游者提出的问题。

2. 耐心细致地回答旅游者提出的问题。

3. 根据旅游者的具体情况，因势利导地向旅游者推荐本旅行社的旅游产品。

4. 当旅游者流露出想购买某种旅游产品的意图时，要积极引导其作出购买的决定。

5. 如果旅游者未表示出购买本旅行社产品的意图，仍要热情为其解答各种问题，不得流露出不满或不耐烦的情绪。

(三)销售散客旅游产品

当旅游者决定购买旅行社的产品时，门市业务人员应抓住时机，及时为旅游者办理有关手续并热情向其推荐其他相关产品，以扩大旅行社的销售收入。

为旅游者办理购买旅游产品的手续程序如下：

1. 请旅游者出示身份证件(或护照)，并进行认真检查。

2. 根据散客旅游者的要求，认真填写委托代办书(单)，并将第一联和第二联交给旅游者，第三联与第四联留下。

3. 询问旅游者支付旅游费的方式。如果旅游者使用信用卡或转账，则应检查信用卡、支票的有效期限；如果旅游者支付现金，则应唱收唱付，当面点清。

4. 及时向有关旅游服务企业办理订房、订餐、订票等手续。

5. 如果散客旅游者是到外地旅游，应及时通知目的地的旅行社做好接待准备。

6. 如果散客旅游者参加本旅行社的选择性旅游项目，应通知旅行社有关部门提供接待服务。

(四)接受旅游者参加旅游团的报名

门市业务人员在接受旅游者参加旅游团的报名时，应做到：

1. 详细了解旅游者参加旅游团的目的、要求。

2. 全面介绍旅游团的旅游线路、价格、主要游览景点、乘坐的交通工具、旅游团出发及返回的日期和时间。

3. 询问旅游者在生活和旅游活动等方面是否有特殊要求。

4. 在旅游者充分了解旅游合同(协议)的全部内容的基础上，代表旅行社与旅游者签订旅游合同(协议)。

5. 收取相关的旅游费用，并出具正式发票。

6. 准确记录旅游者的联系方式并再次提醒旅游者出发的日期及时间。

(五)处理各种文件

门市业务人员应认真整理业务交往过程中的各种文件，并将这些文件存入相关档案中，有条件的企业则应制作散客旅游者的接待服务卡，将其姓名、年龄、出游爱好、详细联系方式等记入卡中，并保持一定联系，以便今后推荐新的旅游产品和售后服务之用。

门市部的业务流程如图 4-1 所示。

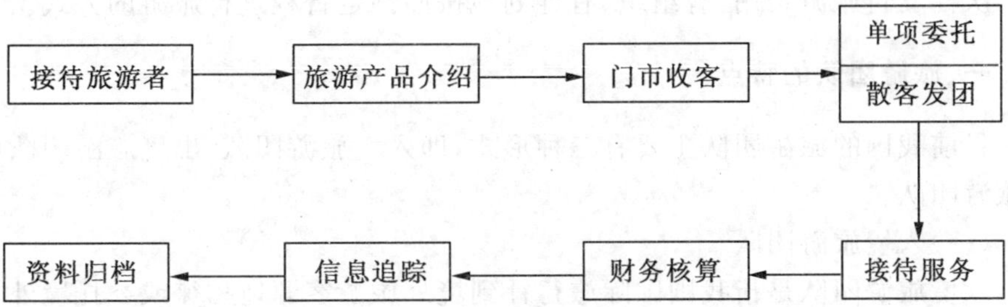

图 4-1 门市部的业务流程

三、门市部业务人员的选用

旅行社门市部是旅行社重要的对外窗口，门市业务人员的岗位职责包括接待前来咨询和购买旅游产品的旅游者，介绍旅行社散客旅游产品，提供各种旅游咨询，办理各种散客旅游产品的销售业务和处理各种文件。因此，旅行社在选用门市业务人员时，除了要求其具备较高的职业道德水准和熟悉一般旅游产品和旅游知识等业务素质外，还应要求他们具有以下业务素质：

1. 精通散客旅游产品知识。门市业务人员应十分熟悉散客旅游产品的内容以及什么时候以什么价格能够获得这些散客旅游产品，能够准确地判断各种散客旅游产品的质量、特色，并能按照散客旅游者的需求迅速组合成新的旅游产品。

2. 具有较全面的旅游心理学知识。门市部业务人员必须具备良好的旅游心理学知识和提问能力、倾听能力，能通过对散客旅游者的提问，从散客旅游者的回答中抓住问题的实质，发现散客旅游者真正的需要。

3. 具有较强的产品推销能力。门市部业务人员必须具备较强的产品推销能力，在散客旅游者的咨询过程中，积极主动地向旅游者介绍本旅行社的散客旅游产品，并善于抓住稍纵即逝的机会引导旅游者购买。

4. 具有较高的文字水平。在旅行社门市接待业务中，门市业务人员除了要较准确、全面地回答散客旅游者提出的各种问题并提供咨询意见和建议外，还要填写各种表格，起草各种业务文件，特别是要迅速、准确地拟写旅游合同。因此，门市业务人员应具有较高的文字水平。

第二节 旅游团队的接待管理

一般而言，旅游团队是指10人以上（含10人）的旅游者组成的旅游集体，采用一次性支付旅游费用，有组织、有计划地按照预定行程进行旅游的方式。

一、旅游团队的特点

目前我国的旅游团队主要有三种形式，即入境旅游团队、出境旅游团队和国内旅游团队。

（一）入境旅游团队

入境旅游团队是指我国国际旅行社到境外旅游客源地招徕或委托境外旅行社，组织 10 人以上（含 10 人）签约旅游者前来我国进行旅游活动的旅游团体，主要具有下述特点：

1. 预订周期长

入境团体旅游的预订周期一般比较长，从旅游中间商开始向旅游目的地的接待社提出接团要求起，到旅游团队实际抵达目的地，旅行社同旅游中间商之间要进行多次沟通，不断对日程、人数、特殊要求等事项进行磋商和调整。加之需要为旅游者办理护照和签证手续，因此，预订期较长，很多团队在几个月之前就会提出预订要求。

2. 停留时间长

大部分入境团队来我国旅游期间，通常会在我国几个甚至十几个城市或旅游景点停留，少则一周，多则几十天。

3. 接团利润高

一般来说，国外旅游者的经济收入较高，而我国的物价水平相对较低，加之我国旅游项目众多，旅游购物品丰富，他们在境内停留的时间长，因此大大带动了入境团队的消费。

根据国家旅游局 2004 年的统计，入境旅游者的平均消费为 156.84 美元，约合人民币 1298.13 元，而同期我国国内旅游者的平均消费为 400 元/人。入境旅游团体由于价位高、消费大、旅游时间长而为接团社带来了相对较高的利润。

（二）出境旅游团队

出境旅游团队（含边境旅游团队）是指经过特别批准的我国国际旅行社招徕组织的 10 以上（含 10 人）的中国公民赴境外（含边境）旅游的旅游集体。出境旅游团队具有下述特点：

1. 文化差异大

出境旅游团队的旅游者，很大一部分是首次到目的地国家，甚至是首次走出国门，缺乏对旅游目的地国家或地区的历史文化、风土人情的了解，此外，我国公民的外语水平相对较低，自身很难与当地人进行语言沟通，大部分只能依靠领队进行各种事务的协商和交流，这样就要求旅行社的领队具有高度的责任感，避免出境团队由于文化差异造成的各种误会和纠纷，做好讲解和日常生活服务。

2. 活动日程稳定

出境(含边境)旅游团的活动日程一般都是事先经过国内组团社和旅游目的地国家或地区接待社多次协商、周密安排的，多项具体接待标准、内容都事先作了安排并签订了协议。因此，活动日程较为稳定。此外，由于出境团队绝大多数属于长线旅游，旅游者缺少在国内旅游的"主人公"所具有的安全感，强烈的对安全感的渴求也使得旅游者自身很少主动要求改变行程，按部就班地进行旅游、完成预期的游览目的成为出境团队的共同愿望。

3. 消费水平高

我国出境旅游团队的消费水平和消费档次一般比较高。据国家亚太地区旅游监测机构所属的中国旅游视屏统计显示，中国旅游者一次长假旅游的日均消费为 175 美元(不包含购物)；德国方面报道，中国旅游者在德国的日均购物消费为 110 美元；瑞士信息网报道，中国游客每人每天在瑞士的平均消费为 400 瑞郎，约合 313 美元；澳大利亚的一项调查则显示，中国公民在澳人均花费为 3000 美元。在这些国家中，中国旅游者消费几乎都位于当地旅游消费市场的前茅。2017 年，中国人均境外消费达 2600 美元，连续多年成为世界第一大出境旅游消费国。

(三)国内旅游团队

国内旅游团队是指由我国旅行社招徕组织的 10 人以上(含 10 人)的我国公民在中国境内进行旅游活动的旅游集体。国内旅游团队具有下述特点：

1. 预订周期短

随着旅游业发展的相对成熟，国内团队旅游的成团时间越来越短，通常从旅游者提出旅游咨询到正式出发只有一周的时间，一些短线旅游和一日游、半日游等项目的预订期甚至更短。国内游的手续相对简单，同时旅行社本身操作经验的成熟和与相关供应商合作的推进，也为国内游团队提供了更为便捷的服务。

2. 日程变化小

团体旅游是按照预定的行程与计划进行旅游活动的，因此计划一旦制定并受到旅游者肯定，在正式出团以后很少作出大规模的调整，即便有也是较小范围的改变。一方面，旅游者自身一般对于需要选购的线路都有大致的了解，报名时会理智考虑，同时也会提出团队的特殊要求，在出团前都会作好安排，因此国内团队一般对于临时性的调整会带有抵触心理；另一方面，从旅行社的角度来讲，相对于为人数较少的散客临时安排食宿、交通等，为团队作出日程调整的成本耗费较高、牵扯面过大，一旦处理不好就会导致投诉，甚至造成安全问题。因此，旅行社在接待国内旅游团时，应尽量避免较大程度地修改活动日程。

3. 消费水平差别大

我国地大物博，人口众多，出游的客人来自不同的地区，有着不同的社会文化背景和经济收入水平，在消费水平和消费结构上表现出巨大的差异。尤其在购物方面，有的主动要求在计划外多安排购物时间，有的则希望取消购物项目。为此，旅行社在接受报名时，即使是相同规格的线路，也应该细化标准，设计出多种风格的旅游计划和行程安排，签订合同时更应该做到详细和具体。

二、旅游团队接待的一般管理原则

1. 科学统筹原则

旅游活动涉及吃、住、行、游、购、娱等多个环节，需要科学统筹、协调平衡。通过宏观调度，实现线路合理、点线结合、上下站衔接顺利、游速适中、游览项目搭配合理，这需要几个部门密切配合、相互支持，尤其是计调部门，要保证计调工作井然有序，使整个旅游活动分工合理、顺畅和谐。

2. 动态协调原则

导致接待部门的工作经常遇到变化的因素很多，如旅游团队本身由于人数较多，变数较大，此外，出入境手续的变化、旅游交通的变化以及新增景点的变化等都可能要求接待服务随时调整。因此，这需要旅行社一线部门早着手掌握此类方面的信息，赢得管理的主动地位，不可墨守成规、消极被动。

3. 合作共赢原则

旅行社处于各个旅游服务供应商的纽带地位，处于供求双方的中间位置，因此，努力达成各方的愉快合作，求得各方利益的均衡最大化，是旅行社接待工作所要完成的目标。这要求住宿、餐饮、交通、景区、购物商店等相关部门通力合作，提高合作意识，相互扶持，出现问题共同解决，齐心协力完成接待任务，不可相互拆台、推诿责任，最终实现互利共赢，推动合作进一步朝着良性方向发展。

4. 监督反馈原则

旅游产品与其他产品相比，质量监督的难度较大，但是由于旅游活动往往属于游客的“一次性”消费，很难同其他产品一样实现退换货。因此，需要旅游者、旅行社、各供应商共同努力，加强质量监督意识，强化质量监管力度，制定完善的质量监督和反馈机制，采取科学的监督手段，保证反馈的灵敏、正确和有力。

5. 精益求精原则

目前，我国旅行社众多，竞争激烈，变化可谓一日千里，要在市场竞争中取得有利地位，必须精心策划每一项产品、周到招呼每一位旅游者，更要未雨绸缪，不可取得一点成绩便高枕无忧。接待工作亦要不断推陈出新，精益求精，发挥主观能动性，以高度的责任心展示企业形象，力争把每一个细节都做到完美无缺。

三、旅游团队的接待管理

旅游团队的接待管理主要分成三个阶段，即游前阶段、游中阶段和游后阶段。

(一)旅游团队游前阶段管理

1. 计划管理

接待部门的计划管理应从客流量管理做起。接待部门不仅仅是通过接受销售部门的通知单纯地开展接待业务，它对旅游客流量计划的预测和控制也负有重要的责任。由于季节、国际政治经济形势、国家法规等因素的影响，旅行社的接待量往往出现各月分布不均衡的状况，而且计划的可变性比较大，旅游者参团人数变化、航班调整、天气突变等主客观原因都可能导致计划的变更甚至取消。接待部门处于对客服务的第一线，为了避免工作的被动，应做好计划管理，以免造成声誉和经济的损失。

(1)做好信息沟通工作，包括社内沟通和社外沟通。当客流量出现低谷时，反馈给销售部门努力增加销售量；当出现高峰时，则要通知计调部门增加相应服务的采购量，尤其注意储备好导游力量。

(2)密切关注接团前可能影响客流量变化的因素，如国际国内重大事件、政府政策调整、近期天气状况等，发生变故时能够做到反应迅速，防患于未然。

(3)做好客流量变化的统计和分析，绘制日客流量变化曲线，以期掌握大体规律(如高峰和低谷的位置，淡、平、旺季的划分以及各月接待量占总量的百分比等)，从而进一步提高接待工作的计划性。

2. 日程管理

相对于散客而言，旅游团队的活动日程变化较小，一般出团前会有比较细致的安排，大范围临时变动的可能性较小，但是，由于团队人数众多，一旦出现日程变化，住宿、交通问题等的调整较之散客来说难度相对较大。能否做好日程管理直接影响到接待质量。

(1)认真研究行程，做到科学合理。日程安排切不可“以不变应万变”，应根据旅游团的具体情况，为旅游者量身定做，对不适合本团的安排及时予以调整，做到旅游项目安排科学、时间合理、细节到位，真正为旅游者提供量体裁衣的服务。

(2)接待前与合作方和旅游者认真商定行程安排，以免造成双方日程不一致，带来纠纷和麻烦。对于日程中的旅游团队出入交通地点、出发时间、游览项目、就餐时间和地点、风味品尝、购物场所、晚间活动、自由活动时间以及其他特殊项目等，要做到逐项核查，以达到组团社、地接社和旅游者三方所持的旅游日程完全一致。如遇条款不清等状况，应在第一时间弄清原因，分清责任，并本着平等自愿的原则及时调整。

(3)做好日程变化的预案。虽然出团前日程做得很完善，但是在接待的过程中也有可能出现日程变动。导致此现象的因素很多，如天气变化、游客身体状况、交通事故、住宿地点调整等，有些与本旅行社有关，有些则可能是合作方或游客自身的问题。做好日程变化的预案，可以有效地提高处理问题的效率，安定旅游者情绪，维系与合作方的良好关系。

3. 导游人员管理

在整个团队接待过程中，导游起着关键性的作用，所谓"计调部门做菜，销售部门卖菜，导游带着客人品大餐"。导游是旅游产品最终实现销售的核心人物，在接团前做好导游的管理，将对整个团队旅游的成败起到重要作用。

(1)认真选派导游人员。接团前，应根据本团的具体情况，选派合适的导游人员，如是兼职导游，应做好其档案的审查工作，全面了解其业务能力、知识水平、身体状况、思想状况等，在遇到临时性、突发性的接团任务时，不可顺手抓鱼，要做到保质保量。

(2)监督和协助导游员做好出团准备。向导游员布置接待任务，提醒注意事项，监督其准备工作的完成情况，提供必要的接团备用金和各大供应商、接团合作伙伴(如地陪、全陪、领队、司机等)的联络方式以及其他必要而有效的帮助。

4. 合作方管理

完成一次团队旅游接待，旅行社需要与多个部门和企业进行合作，这其中既涉及同行业间的合作，如地接社与组团社的合作、境外社与境内社的合作，又涉及跨行业的合作，如旅行社与饭店、餐馆、保险公司等部门的合作，各个部门和企业之间应本着平等、合作、共赢的原则，真诚互助，共同为实现顺利接待作出努力。

(1)做好信息沟通工作。团队旅游人数多、环节复杂，在出团之前应与合作方反复进行信息沟通，认真敲定行程细节和参团人数，一旦发生变化应第一时间通知对方，准确掌握团队出发前的各种状况，以防临时变故、措手不及。

(2)认真签订合作合同。合同是合作双方的契约性依据，应谨慎签订，看清条款，不使用模糊用词，不制造假象迷惑对方，真诚互利、合作共赢。

(3)按照规定收付团款。及时向合作方预收或预付团款，防止拖欠现象和"三角债"的出现，同时，坚决杜绝操作"零团费"和"负团费"，切实维护旅游者利益。

5. 顾客管理

旅游者是旅游产品的直接消费者，为了保证团队旅游活动的顺利实现，在出团前应做好顾客管理工作，使各类准备工作井然有序。

(1)团款管理。目前，国内旅行社对于旅游团队游前支付团款的方式的操作各不相同，有的规定报名时先交纳一定数量的定金(一般为总团款的1/3或2/3)，签订正式旅游合同时补齐余款；有的则规定一次性付清。无论何种方式，都要遵循“先付费，后旅游”的原则，杜绝未付团费先行旅游的情况，防止跑单事件发生。出境需要交纳押金的，应严格按照规定悉数交纳，严禁以各种理由拖延交纳甚至不交纳。

(2)各类手续办理。在游客出游之前，需要办理的各种证件手续应及时备好，在办理的过程中注意保管好旅游者的证件原件；如需兑换外币，应严格按照相关法规办理，严谨套用旅游者名额私自兑币。

(3)交代注意事项。在团队正式出发前，尤其是出境旅游团队，应召开游客游前说明会，详细交代相关注意事项，如目的地与客源地的显著文化差异、行李物品携带规定、行程安排、自费项目说明、住宿房间的人员安排、信用卡使用等，并回答旅游者提出的有关问题，确保旅游活动顺利进行，减少旅游中的纠纷和投诉。

(二)旅游团队游中阶段管理

1. 信息管理

信息管理要求在旅行社建立完善的请示汇报制度，做到接待过程中信息的上传下达畅通，保证接待工作的质量。团体旅游接待工作是一项既需要导游人员独立完成，又需要旅行社加以控制的业务。一方面，担任旅游团接待工作的接待员(尤其是导游员)，应该具有较强的组织能力、独立工作能力和随机应变能力，以保证在旅游过程中能够解决可能出现的各种棘手问题；另一方面也要看到，遇事不请示、不汇报，凡事自作主张(尤其是遇到旅游接待计划发生重大变化的情况)，甚至出了事故隐匿不报的做法也是极端错误的。旅行社应根据本社和本旅游区的具体情况，制定出适当的请示汇报制度。这种制度既要允许接待人员在一定范围和一定程度上拥有随机处理问题的权力，以保证接待工作的高效率；又应要求接待人员在遇到旅游活动过程中的一些重大变化或发生事故时，及时向旅行社管理部门请示汇报，以取得必要的指导和帮助。只有建立完善的请示汇报制度，才能保证团体旅游接待的顺利进行。

2. 安全管理

团队接待规模大、人数多、涉及环节多，一旦发生安全问题，甚至会影响整个旅游目的地的形象。安全是旅游接待工作的前提，尽可能减少以至杜绝安全事故的发生，保障旅游者的生命和财产安全，是接待工作的首要原则。作为接待部门，应做好下列工作：

(1)加强导游员的安全意识培训。使导游员在带团过程中时刻不放松警惕，在容易发生事故的旅游项目和旅游景点中时刻关注旅游者走向，留意周围事物和危险人群；在游览过程中不走危险的线路，不使用存在安全隐患的交通工具和设施；经常提醒客人注意人身和财产安全，对于违反安全规定的行为及时予以制止。

(2)加强对各服务供应商的监管。监督各供应商所提供的各类服务的质量，尤其是硬件服务设施和各类安全保障设施，对于涉及探险成分的旅游项目更要加强安全监督力度，一旦发现安全隐患，应马上与供应商进行沟通，尽快整改，确保安全。

【案例 4-1】

马岭河缆车坠落事件

1999 年 10 月 3 日上午 11 时 30 分，在贵州马岭河风景区发生了中华人民共和国成立以来最严重的一起缆车坠落事故。在抢救现场，人们看到缆车扭曲变形，许多伤员下肢粉碎性骨折和脊椎骨折，里面的人手脚缠绕，互相重叠，一些人的膊骨、腿骨折断后穿出肌肉，血肉模糊，很快死伤者便摆满了整个平台，几百里的山路被鲜血染红，最终造成 14 人死亡，22 人受伤。

贵州省马岭河风景区由于山石险峻，被誉为“地球表面刻下的最后一道美丽的伤痕”。1999 年 10 月 3 日，这个国家级风景区迎来了一个来自广西南宁市的家庭旅游团，乘坐缆车是从峡谷谷底通向山顶的唯一捷径。中午 11 时，人们争相涌向缆车准备上山。然而游客们并不知道，仅仅在四天前，当地劳动部门曾对这辆缆车进行过安全检查，并强令缆车的承载人数不得超过 10 人，在缆车不足 5 平方米的空间里，最终挤进的人数是 36 人，超载仅仅是滑向灾难的第一步。11 时 25 分，缆车缓缓向 110 米的山顶攀升，拥挤的游客也许不会留意，在他们脚下牵引缆车的钢绳几乎与陡峭的山坡平行，垂直上下，没有任何护栏。11 时 29 分，这辆挤得密不透风的缆车到达山顶，游客们刚刚松了口气，却听到缆车突然发出异样的响声。随后，眼睁睁看着缆车慢慢往下滑落了 30 多米，缆车操作员却毫无办法，因为半个月前他还只是一个在风景区打扫卫生的临时工，学开缆车刚四天，在这四天当中，只学会了两个程序：启动和刹车。慌乱之中，他做了一个最不应该做的动作：一直按刹车踩。这一脚刹车竟把厚厚的脚踏板踩断，缆车下滑速度陡然加快，一声钢绳绷断的巨响，重达三吨的缆车从相当于二十层楼的高度重重地砸向谷底。

事后，除追究景区责任外，法院判定旅行社在接待过程中存在工作失误，导游在明知超载的情况下仍然带领客人登上缆车，安全意识极为薄弱，因此旅行社在整个事件中负有不可推卸的重大责任。

（资料来源：新浪财经《历届 3·15 之 2000 年》，http://finance. sina. com. cn. 2006 年 2 月 13 日）

3. 事故管理

旅游接待事故有多种形式和原因，除了难以防范的天灾以外，常见的还有旅游者被盗抢、谋害等社会治安方面的事故，空难、车祸等交通事故，火灾、食物中毒等服务供应商方面的事故，旅游者走失等旅行社工作事故以及旅游者患病、伤亡等个人事故。一旦接待过程中出现事故，应积极协调各方力量，全力以赴解决问题，将各方损失降低到最低限度，最大限度地消除不良影响。对于事故管理，接待部门应做好下列工作：

(1)采取一切可能措施进行抢救和处理，配合救援部门的工作，积极走在救援的第一线，尽快将信息通报给有关部门求得帮助，并负责与海外旅行商、外国使馆、旅游者家属等取得联系，必要时安排他们来事故现场。总之，事故发生后，旅行社处于通报信息、争取救援和组织联络各方投入抢救和处理的重要岗位上。

(2)尽可能使未受事故影响的旅游者按照原计划继续旅游，最大范围地缩小旅游者的损失。事故发生后，领队、全陪、地陪等接待人员应合理分工，妥善安置受到事故影响的旅游者，同时，对于其他尚可进行旅游活动的旅游者，则应积极照顾，尽可能消除其不良情绪，做好安抚工作，顺利完成剩余部分的旅游活动。

(3)在事故处理过程中注意收集各种文字材料和音像材料，例如医院出具的诊断证明等，做好各类材料复印件的备份工作，需要签字的各类证明应严格按照程序完成手续。

4. 质量控制管理

“质量是企业发展的生命线。”根据国家旅游局有关规定，全国各省、市旅游管理机关和重要旅游景区都设立了旅游服务质量监督检查机构并配备了相应的交通工具，可以进行现场巡查和监督。作为直接提供产品的旅行社本身，在团队出游过程中，也应做好实时质量监控工作，采取适合本社特点的监督手段，获取真实客观的服务资料，确保优质接待服务的实现。

(1)进行现场抽查与监督。旅行社派出监督人员，在没有提前通知的情况下，直接到旅游团下榻的饭店、就餐的餐馆、游览的景点、购物商场、娱乐场所等活动现场，亲自考察导游人员的工作情况，并通过交谈或书面问卷等方式向旅游者了解各项接待工作的进展情况，听取如何改善接待服务质量方面的意见和建议，全面掌握第一手资料。旅行社通过现场抽查和监督，可以方便、快捷地了解接待服务质量，获得旅游者评价，为旅行社改进服务质量提供有效信息。

(2)建立随团暗访制度。旅行社定期或不定期地聘请社会各界人士作为质量监督工作的调查员,通过赠送旅游线路等奖励形式,由调查员进行随团暗访,切身体会服务质量的高低,提出可行性改进意见。这种方式对接待质量的监督更加具有系统性和真实性,也更能反映团队接待的全貌,值得推广。

5. 小费和回扣管理

目前,我国导游人员的工资主要由四部分组成:工资、奖金、小费和回扣。由于我国有相当一部分导游人员工资和奖金较少,有的甚至没有基本工资,更有甚者,接团还要交纳"人头费",因此小费和回扣成为其收入的重要组成部分。有的旅行社对这一部分收入进行控制,有的则放任不管,如何科学地认识和对待这个问题成为关乎旅行社安定发展的重要问题。

(1)科学地认识小费和回扣。对导游的劳动,游客和服务供应商以物质的形式表示肯定,只要出于自愿,是无可厚非的。国际比较流行的做法是允许导游收取小费,有些国家则明码标价,对游客应支付的小费作出定额的要求。但是导游不得以各种形式和借口向客人讨要小费,更不得因为客人不支付小费而降低服务标准。

(2)对小费和回扣的管理,要坚持公平、公正、公开的原则。旅行社的每一个工作人员对于团队的成功接待都付出了大量的努力,从这个角度上讲,小费和回扣应属于企业的可支配收入范围内,对其加以控制也是有理可循的,某些旅行社因为没有对小费和回扣进行科学的管理而出现了"肥了和尚瘦了庙"的尴尬局面,甚至影响到其他员工的工作热情和效率。比较理想的做法是根据各类人员对团队接待的贡献大小,确定小费和回扣的分配比例,在社内进行合理的"二次分配",确保各方利益均衡,营造团队合作的和谐氛围。

【案例 4-2】

香港旅行社对小费和回扣的管理

香港旅行社对导游的管理十分严格。对于小费和回扣作出如下规定:第一,导游人员需要填写各景点参观、商场购物人数确认单,凭此单据报销或领取奖金。第二,为导游制订结算报账表,即导游报账表,及时将导游借支、公司退佣、代收以及代支汇总后清算账务。第三,回扣由旅行社统一拿,然后进行统一调配,分发给前方和后方人员,体现了再分配的原则。第四,香港允许导游收取小费,并规定每人每天的最低支付标准,小费基本都付给一线导游,旅行社不作统一收取,保障了导游的收入公平。

(资料来源:郑双庆编著:《香港旅行社管理与运作》,旅游教育出版社 2001 年版)

(三)旅游团队游后阶段管理

1. 质量评估管理

游后质量评估主要包括两个方面的内容:一是旅游者对直接涉及本社的服务的满意程度,如旅游线路、日程安排、节目内容、导游质量等;二是旅游者对住宿、交通、餐饮、景区等各接待单位的质量评价。前者促使旅行社积极改进产品,评定导游工作质量,奖优罚劣,更好地提供适合市场需求的产品;后者为计调部门提供良好的信息反馈,促使旅行社淘汰一些质量不合格的旅游供应商,做到优胜劣汰、精益求精。

(1)收集渠道科学合理。如何收集到真实有效的质量反馈信息是质量评估工作的重中之重。旅行社经常采取的手段是利用"游客意见调查表"和接团人员的工作日志。前者由导游向游客发放表格,由旅游者匿名填写,但是这种情况往往造成游客在导游面前不能言尽其实。后者则是导游人员撰写接待总结,包括出发前的准备工作、旅游活动、交通服务、食宿状况、合作社、陪同、特殊事件等诸方面。除上述方式外,很多旅行社根据自身情况调整了数据收集渠道。如有的由地陪将密封好的装有旅游团队质量反馈表和导游质量评分表的纸袋提供给领队和全陪,并向他们提供邮资,使他们在我国境内的任何一个地方都可以投递;有的采用公开监督电话、设立反馈信箱的方式;有的对游客进行电话和上门回访;有的采用游客和导游员游后分别召开质量评估会议的方式,大家畅所欲言,总结接待经验和教训;等等。旅行社应针对自身业务特点,设计适合自身需要的评估信息收集渠道,切忌流于形式,真正做到科学合理,达到经济、快捷、有效的目的。

(2)数据分析严格谨慎。将收集到的信息进行严格的筛选,录入电脑进行整理和分析,设计合理的数据分析系统和程序,从中寻找规律,尤其注重发现典型事例。此外,还需要建立顾客档案,将采集到的旅游者信息详细备份,如姓名、性别、年龄、单位、联系方式、爱好、忌讳等,完善客户档案管理,尤其是大客户的档案库建设,进一步提升服务内涵。

(3)评估结果务求实效。质量评估的根本目的是了解旅游市场发展状况,找出自身发展的差距,客观地评价接待人员和合作方服务,从而更好地满足市场需求,因此,将评估结果落到实处,真正发挥其效用是此项工作的关键一步。切忌评估工作走过场、不关乎痛痒,要将结果与员工收入、晋升、去留以及与合作方合作的深浅密切结合起来,使之成为优胜劣汰的淘金棒。

2. 投诉管理

一旦发生团队投诉的情况,旅行社应本着耐心、公正的原则,尽可能处理得妥善和完满。

(1)查清原因,细化责任。作为旅游者来说,只要整个旅游接待过程出现了问题,不管是哪个服务供应商,他们都会投诉到旅行社,因为旅行社处于吃、住、行、游、购、娱六大要素部门的核心位置。接到投诉后,首先应查清原因,找到问题症结所在。属于旅行社的原因,则应第一时间找到责任人,详细了解事情经过,写出书面材料;如果不属于本社可以控制的范围,如航班误点等交通部门的责任事故、商店提供劣质商品等购物接待部门的质量问题,则应积极与供应商协调,不应一推了之、放任不管。

(2)妥善处理,消除影响。旅游者进行投诉,都希望得到一个公正的处理结果,如果未得到满足,可能会造成更大规模的负面影响。我们应该看到,大多数旅游者是通情达理的,不会无理取闹,因此,耐心地处理投诉,采用物质补偿和精神补偿的手段,消除投诉者的不满情绪,挽回不良影响,甚至通过处理投诉消除与旅游者之间已经产生的隔阂和对立,使对方成为本社的忠实客户,是接待服务成功的标志之一。

(3)做好总结,引以为戒。根据管理学家的统计,一个投诉的客人至少代表着15个不满意的客人,因为大部分客人面对不满意选择了不投诉而告诉周围的人,而一个不满意的客人会将他的遭遇告诉15个朋友,这就意味着我们接待一例投诉,可能实际上会有更多不满意的客人。因此,要积极做好投诉工作的后续总结和整改,留存投诉档案,认真召开总结会议,以警示更多的接待人员改善服务质量,相关接待部门改进服务流程,为避免同类情况的发生提供参考。

第三节　散客旅游的接待管理

近年来,随着旅游市场的日趋成熟,游客自主意识的增强和旅游者消费观念的改变,现代通信、交通等科技手段的不断进步,旅游者个性发展需求的日益变化,散客旅游已经成为现代生活的一种时尚潮流,同时旅游配套设施的完备和服务质量的提高也为散客旅游提供了有力的物质保障。尽管传统上的旅行社以团体旅游作为主要的经营业务,然而近几年在国际市场上,散客旅游迅速发展,甚至已经超过团体包价旅游,成为国际旅游业的主要经营业务,据旅游组织统计,欧美各主要旅游接待国的散客市场份额达到了70%～80%,有的甚至高达90%。团队旅游有安全感、省时方便、价格便宜的优势对旅游者的吸引力已有所下降,而针对团队旅游的弱势而产生的散客旅游以其独特的优点吸引着广大旅游者。据权威部门分析和预测,进入21世纪后,我国散客旅游比例将突破70%,成为旅游市场的主角。针对旅游业的这一发展趋势,越来越多的旅行社已经认识到散客旅游产品的巨大市场潜力,大力经营散客旅游业务,纷纷推出形式多样、颇具吸引力和发展特色的散客产品，以此提高旅行社的经济效益。

散客旅游，也称为自助旅游或半自助旅游，在国外称自主旅游（Independent Tour），它是由游客自行安排旅游行程，零星现付各项旅游费用的旅游形式。

一、散客旅游产品的类型

由于旅游者的需求多种多样，旅行社经营的散客旅游产品种类层出不穷，目前旅行社可以提供的服务内容种类繁多，主要有抵离接送服务、导游服务、代办食宿服务、代办各种票据、代客联系参观浏览项目、代办签证、代办旅游保险、免费提供旅游咨询、组织散客"一日游"和"半天游"等选择性的旅游项目等。根据业务的性质，单项委托服务、旅游咨询服务和选择性旅游服务是旅行社为散客提供服务的三种主要类型。旅行社通过向旅游者提供这些服务，为散客提供种种方便，满足他们随时提出的要求，从而获取经营收入。

（一）单项委托服务业务

单项委托服务也称委托代办服务，是旅行社根据散客的要求所提供的按单项计价可选择的有偿服务。从提供的服务内容上来看，主要包括抵离接送，行李提取和托运，代订饭店，代租汽车，代订、代购、代确认交通票据，代办入境、出境、过境临时居住和旅游签证，代办国内旅游委托、导游服务，代向海关办理申报检验手续等，都是可以向散客提供的服务。从散客旅游者旅游产品类型来看，主要包括办理散客旅游者赴外地旅游的委托、受理散客旅游者来旅游地旅游的委托和受理散客旅游者在旅游地的单项旅游服务委托。

1. 办理散客旅游者赴外地旅游的委托服务业务

一般旅行社规定，办理赴外地旅游的散客旅游者应在离开本地前3天到旅行社办理委托事宜。散客部在受理委托业务时，散客部工作人员应先询问旅游者的旅游要求，认真检查旅游者的身份证件。如果旅游者不能亲自来办理，委托他人办理委托手续，受托人必须在办理委托时出示委托人的委托信函及受托人的身份证件。当旅游者同散客部商定妥当，决定委托旅行社为其提供办理赴外地旅游委托服务时，散客部工作人员让客人填写《散客旅游委托书》，帮助办理委托手续，交纳费用。散客部工作人员还应做好登记，登记内容主要有姓名、性别、联系电话、委托项目等事宜。

旅游者由于某种原因要求取消或变更旅游委托服务时，应至少在出发前一天到旅行社办理取消或变更手续；对于取消旅游委托的旅游者，旅行社应向其说明交纳长途通信费并承担可能由此造成的损失。旅行社经办人员应收回收据或发票，妥善处理。

【案例 4-3】

预订酒店不满意

一散客旅游者委托本地旅行社预订青岛的三星级酒店四晚,并与旅行社签订了委托协议书,协议书上注明了酒店名称。该游客到达青岛之后对酒店不满意,要求更换酒店。因为旅行社已经与酒店签订了四晚的住宿合约,按照合约,酒店是不能退的。但经旅行社与酒店协商,第一天的酒店住宿费不能退,后三天未产生的住宿费可以退掉。在征得客人同意的前提下,客人支付了一夜的房费。旅行社又为客人重新预订了另外一家满意的宾馆。

2. 散客旅游者来旅游地(本地)旅游的委托服务业务

旅游者在外地委托当地旅行社办理前来旅游目的地旅游的业务,当地旅行社要求旅游地旅行社提供该旅行者在本地旅游活动的接待或其他旅游服务。散客旅游者也可以直接委托旅游地旅行社办理委托服务。旅游地旅行社散客部工作人员在接到外地旅行社或散客旅游者的委托通知后,应立即按照通知的要求办理旅游者所委托的有关服务项目。比如,要求旅行社提供导游接待服务,散客部应及时委派导游员或通知接待部委派导游员前往旅游者抵达的地点接站,按照散客导游服务程序进行服务。

如果旅游地旅行社认为无法满足旅游者所委托的服务项目,应及时告之外地旅行社或散客旅游者,一般应在接到外地旅行社委托后 24 小时内发出不能接受委托的通知。

【案例 4-4】

打折的机票

游客甲在济南委托当地一家旅行社代为购买 21 日晚上 7 点以后飞往广州的航班机票。旅行社在电话中告知游客当日晚上 7:45 有一航班,票价是全价的 5 折,购票以后是不能退票的。但是,当旅行社送票给客人的时候,客人却表示当日因临时有事,无法按时出发,要求旅行社退票并拒付票款。旅行社人员向客人诚恳耐心解释不能退票的原因,最终说服客人支付此费用,并为客人预订了第二天出发的机票。

通过电话进行委托也是委托的一种形式,涉及费用条款一定要跟客人讲清楚,在出现纠纷时要耐心诚恳地跟客人解释,取得客人的理解。

3. 受理散客旅游者在旅游地(本地)的单项旅游委托业务

散客旅游者在到达旅游地前并未办理任何旅游委托手续，到了本地后，向旅行社申请办理在本地的单项旅游委托服务。当散客旅游者到旅行社散客部办理委托业务时，工作人员应首先问清楚旅游者的委托项目和要求，并讲明旅行社所能提供的各项旅游服务项目及收费标准。根据旅游者的委托申请，向其提供相应的服务。若散客旅游者要求提供导游服务，应向其讲明收费标准，待旅游者决定后帮助旅游者办妥委托手续，交纳费用后，及时通知导游人员或接待部门委派导游人员按照散客导游服务程序为旅游者提供服务。

(二)旅游咨询业务

旅游咨询服务是旅行社散客部或门市柜台接待人员向旅游者提供各种与旅游有关的信息和建议的服务。旅游咨询业服务范围很广，比如旅游交通、饭店住宿、餐饮设施、旅游景点、旅游产品种类、各种旅游产品价格等。在提供旅游咨询服务时旅行社并不向旅游者收取费用，通过提供旅游咨询可以让旅游者了解旅行社的旅游产品，以便引导旅游者购买本旅行社的产品，扩大产品销售和提高经营收入。

旅游咨询服务是分为电话咨询服务、信函咨询服务、人员咨询服务和网络咨询服务。

1. 电话咨询服务

电话咨询服务是旅游者最常用的一种咨询方式。当旅游者咨询时，旅行社散客部人员通过电话回答旅游者关于旅行社产品及其他旅游服务方面的问题，在提供电话咨询服务时，工作人员以热情友好的态度回答游客的问讯，语调要清晰，语速适中。回答问题时反应迅速，应尽量准确无误。在回答问题的同时，还可以适时抓住时机向他们大力推荐本旅行社的各种产品，主动向旅游者提供购买有关产品的合理建议。

2. 传真、信件咨询服务

传真、信件服务是旅游者以传真、信件、邮件形式向旅行社散客部进行咨询，工作人员用以上三种形式答复旅行者提出的关于旅游方面和旅行社产品方面的各种问题，及时向旅游者提供各种旅游建议的服务方式。传真是旅行社散客部书面答复旅游者最常用的方式。无论是传真还是信件答复，均应做到语言简练明确、字迹清楚工整。

3. 人员咨询服务

人员咨询服务是旅游者亲自到旅行社所设立的门市柜台进行旅游咨询，散客部工作人员回答客人提出的有关旅游方面的问题，并向其介绍、建议和推荐本旅行社散客旅游产品的服务。在接待过程中，散客部人员应态度热情，面带微笑,主动进行自我介绍,仔细倾听,耐心解答。必要时向旅游者提供产品宣传资料,免费赠送有关宣传资料,努力促使他们作出外出旅游的决定。

4. 网络咨询服务

随着网络的发展和电脑的普及,获取信息会更加方便。网络咨询服务是旅游者从电脑网络上获取有关旅游方面和旅行社产品方面的信息,加以选择,在网上进行咨询,通过旅行社工作人员的QQ或电子邮件获取最准确信息的服务。

(三)选择性旅游服务业务

选择性旅游是旅行社将赴同一旅游地的来自不同地方的旅游者组织起来,分别按他们选择的项目单项计价的旅游方式。根据国际旅游市场的发展趋势和我国双休日制度的实行,旅行社为散客旅游者所组织的短期旅游活动较多,推出了各种各样的选择性旅游产品,如小包价旅游的可选择部分、散客的市内浏览、观赏文娱节目、品尝当地风味、到近郊及邻近城市游览景点、"一日游""半日游""多日游""购物游"等项目。此外,周末远足旅游现已成为不少家庭的休闲消费方式。旅行社已将目光转移到了选择性旅游这一新市场,它的特点是旅游者易于成行,具有灵活性,给旅行社带来了不少的经济效益和社会效益,而且能够扩大旅行社知名度。有的旅行社甚至专门经营选择性旅游业务。

二、散客旅游业务的特点

散客旅游与团体旅游、组合旅游是构成旅行社主要经营业务的三大产品类型之一,具有不同于其他两种产品的明显特点。散客旅游与团队旅游的区别是:第一,旅游行程的计划和安排不同。散客旅游由散客自行安排和计划,自由度大,形式灵活,选择性强;而团队旅游是由旅行社或旅游服务中介机构安排的,活动受到限制。第二,付费方式不同。散客旅游的付费方式是零星现付,即购买什么,购买多少,都按零售价格当场支付;而团队旅游采用包价形式,即全部或部分基本旅游费用由游客在出游前一次性支付。第三,价格不同。散客旅游的价格相对较高。第四,旅游人数不同。散客旅游一般为9人以下,团队旅游一般为10人以上。旅行社在经营散客旅游业务时,必须注重对其特点的研究,提供具有针对性的服务。

(一)散客旅游的特点

散客旅游不同于团体旅游,是形式灵活、价格明确、选择性强的旅游方式。散客旅游相对于团队旅游而言,具有批量小、批次多、预订期短、要求高、变化多的特点。

1. 批量小,批次多

同团体旅游相比,散客旅游的批量一般比较小,批次多。随着游客个性化要求的日益增多，散客旅游者呈逐年上升的趋势，许多旅行社也顺应这种趋势，大力促进散客游的开展，目前许多旅行社已经专门为散客成立了散客部，散客旅行者随时可以参加。所以，虽然散客批量小，但批次多，市场规模大。

2. 预订期短

旅游者通过报纸、电视、网络及电话咨询随时都能了解出游信息，散客旅游者一旦作出旅游决定，就希望旅行社在较短的时间内为其安排好旅游线路并办妥各种旅行手续，过程比较短，散客旅游形成了预订期短的特点。

3. 要求高，变化多

散客旅游者当中有大量的商务、公务旅游者和一部分家庭比较富裕的旅游者。商务、公务旅游者在旅游过程中有很多交际应酬活动和商务、公务活动，在用车、住房等方面要求比较高。在旅行过程中可能由于某种原因临时变更旅行计划，甚至提出各种新的要求。因此，他们对旅游服务的要求较高，而且变化多。

(二)散客旅游接待的要求

散客旅游的迅猛发展使旅游市场更加成熟，说明旅游者的旅游消费观念也日趋成熟。散客旅游对旅行社提供的接待服务要求不同于团体旅游者，他们更加注重的是服务的效率和质量。旅行社要开展好散客旅游接待服务，应做好以下三个方面的工作：

1. 满足散客旅游者个性化和多样化的消费心理

散客旅游者的知识领域比较丰富，而且有些还有一定的旅游经验，他们对旅行社产品的深层内涵十分重视。旅行社要向他们提供那些具有丰富文化内涵和浓郁地方与民族特色的产品，增加产品的参与性，以满足他们追求个性化和多样化的消费心理，为他们提供知识面广、文化素养高的导游人员，真正做到服务一个，满意一个。

2. 建立电脑预订网络

零星购买旅游产品是散客旅游者的主要购买方式，随意性较大。因此，要求旅行社的预订系统必须保证迅速、高效、便利、准确地运行。建立电脑预订网络，以保证散客旅游者旅游活动的顺利进行，对旅行社拓展散客旅游业务相得益彰。

3. 建立快速、高效、优质的旅游服务系统

散客旅游者在旅游方式上多采用自取式，需要灵活的路线组合。散客在旅游过程中，其旅游计划常发生变动，对旅行社提供的旅游服务项目在时间上要求紧凑，在旅游服务设施和服务质量上要求较高。所以，旅行社应加强旅游服务的采购工作，随时能够变化，以适应散客的这种要求，在旅游目的地建立快速、服务效率高、服务质量优异的旅游服务系统，尽量避免“一人难称百人心”的弊端。

(三)目前散客旅游接待中存在的主要问题

目前我国散客旅游还没有达到像团队旅游那么成熟，在散客游接待走向成熟时期，无论是某些旅行社的散客接待柜台还是酒店的散客旅游接待中心，在硬件或软件上还存在很多不足。

1. 基本的宣传资料匮乏

散客旅游者在接待中心柜台最想了解的就是景点介绍、旅游线路组合、价格、出团时间及各种注意事项等内容，如是外国游客则希望看到中英文对照的资料。但是在有些柜台前游客却难以找到这样全面的宣传材料，如果能够免费提供宣传材料，游客就可以清楚地从中获取旅游产品的基本信息以及附加条件，就会减少很多麻烦，节省时间。

2. 没有设置散客旅游接待专业人员

在柜台前给游客解答问题时，未受过专门业务训练的非专业人员难免会出现偏差。接待人员介绍的旅游产品与实际消费的产品不相符，对旅游产品的内容介绍含糊不清。有些从事散客旅游接待人员态度不端正，业务不够精通，不能够耐心地解答游客的问询。

3. 散客旅游报价不规范

有些散客旅游接待柜台没有对所销售的旅游产品实行“明码标价”，宣传资料上未印有价格，当游客询问时，接待人员随口说价或当场随手写上各条线路的价格，甚至报出的价格高出柜台前公示的价格。旅游产品的价格应该透明化，最好是印刷在宣传资料上面，或在柜台明显的位置进行明示，这样可以增加游客的可信度，既方便游客，又避免了接待人员因解释失误而带来的不必要的麻烦。

三、散客票务服务与管理程序

随着人们思想意识的转变，经济收入的不断提高，散客旅游服务的业务量越来越大，代客订购交通票据已成为旅行社一项不可缺少的业务。

旅行社票务服务一般放在散客部或票务中心，规模较大的旅行社一般都设有票务中心或航空售票处。

根据服务程序，票务业务可划分为航空客票代售程序、铁路客票代售程序和水运客票代售程序。

(一)航空客票代售程序

航空客票代售程序包括登记客人信息和预订客票、销售客票、收取客票费用等内容。

1. 登记客人信息和预订客票

旅行社根据客人的电话、邮件、传真和客人亲自到票务中心登记等形式详细登记客人的姓名、身份证号码、联络地址、联络电话、传真、邮箱、目的地、舱位登记、希望的出发时间等相关信息，并把这些信息填写在《登记表》上。然后，根据计算机网络上所显示的航班座位预订状况，向旅游者提供有关航班的所属航空公司名称、飞机票价格、起飞时间、到达目的地时间等信息，供旅游者选择。如果旅游者确定乘坐某个航班，票务人员应为其进行预订并通知送取票的时间和手续。如果旅游者所订日期的航班已无座位，票务人员应向旅游者提供邻近日期的座位情况，供其选择。经旅游者认可后，请其自行改写乘机日期。

2. 销售航空客票

销售客票主要有已经预订座位的旅游者通过网上结算、提前付款、协议付款等形式电子订票，票务人员为预订座位的旅游者上门送票，到票务中心取票和旅游者临时决定现场购票四种服务形式，包括填开客票和收款及出票两项服务内容。

(1)网络购票

随着网络及支付手段的现代化，电子客票正越来越广泛地用在机票销售上面。旅行社通过网上结算、旅行者提前付款、协议付款等形式销售电子客票，客人凭身份证和身份证号码办理登机手续。

(2)票务人员上门送票

随着航空业和旅行社之间竞争的日趋加剧及旅行社服务的细致化，旅行社更多采用上门送票这种形式的服务。目前，旅行社票务人员送票上门，免收服务费。

(3)旅游者到票务中心取票

旅游者经过事先预订航空客票后，在规定的取票日期前来票务中心取票是旅游者购买飞机票的主要形式。旅游者到达票务中心后，票务人员应立即通过计算机预订网络查找旅游者预订的信息，并查验旅游者的身份证件(身份证、护照等)，经查验无误后即可售票。

(4)旅游者临时购票

有时候，旅游者未经事先预订，直接到旅行社票务中心购买近期或当日的航空客票。服务人员一般通过计算机预订网络查找航班座位预订状况。如果确有空余座位，票务人员应请旅游者填写飞机票预订单，并为其填开客票。如果所需要日期的航班座位已经定满，票务人员应向旅游者说明并提供邻近日期的航班信息，供旅游者选择。经旅游者同意，票务人员可为其预订航班座位或出售航空客票。

3. 收取客票费用

收取客票费用一般采用现场支付现金、刷卡、网上支付、汇款等四种形式。

目前采用最多的是客人支付现金这种形式。

【案例 4-5】

这是不是价格欺骗?

客人李小姐 9 月 24 日自旅行社散客航空票务中心购得 9 月 26 日下午3:00 飞往广州的航班,票价是全价的 8 折。25 日,小李却又回到票务中心进行投诉,说她的朋友买的是 6 折的票,票务中心有欺骗消费者的行为。接待这位李小姐的是票务中心的王经理。王经理认真听取了这位顾客的意见,了解到她的朋友是 9 月 18 日购买的同一航班的机票。王经理认真地解释说,航空公司的折扣票价是根据客人预订的时间来区分的,预订越早,折扣越大;并说明如果现在要购买这个航班的话,是全价票。客人听取了王经理的意见后,没有再对票价有异议,表示将来出行前要尽可能提前订票。

(二)铁路客票代售程序

铁路客运是散客出游的最主要的形式。目前,我国的铁路运输处于相对垄断的地位,各种服务还远远跟不上人们的需求。现在旅行社票务中心主要采用通过铁路售票部门获取火车票,在火车票价的基础上向客人收取手续费和设立火车票代理售票点两种形式。火车客票和航空客票售票对旅行社的回报是不同的,旅行社在火车客票上的收益是在火车票价的基础上收取服务费或送票费,航空客票是航空公司在销售额上面给旅行社一定比例的服务费。

(三)水运客票代售程序

随着我国内陆水运、海路水运和国际海运的发展,有许多客人选择了水运这种旅行形式,许多有条件的旅行社也适时开展了水运客票代售服务。水运客票代售程序与机票客票的代售程序相似,也是分为登记客人信息和预订客票、销售客票、收取客票费用等内容。

补充阅读材料 4-1

电子客票的概念

电子客票是普通纸质机票的一种电子映象,是一种电子号码记录,简称“电子客票”。目前,它作为世界上最先进的客票形式,依托现代信息技术,实现无纸化、电子化的订票、结算和办理乘机手续等全过程,给旅客带来诸多便利并为航空公司降低成本。对于旅客来讲,它的使用与传统纸质机票并无差别。旅客在登机前只需要带上购买电子客票时所使用的有效身份证件原件到机场指定的电子客票柜台办理乘机登记手续，之后持领取的电子客票凭证、登机牌和有效身份证件办理安检手续。

电子客票和传统机票的区别：

(1)订票方便、简单。电子客票订购、签转、更改与退票直接通过互联网就能实现。

(2)旅客乘机方便。旅客乘坐任何航班，只需到出发机场候机楼国内出发厅电子商务柜台，就有专人协助办理登记手续，无须旅客自己在候机楼内寻找值机柜台。

(3)在某些条件下，购买电子客票的价格比传统机票更为优惠。

(4)传统机票一旦丢失或未随身携带，将无法乘机；而购买电子客票的旅客无此顾虑，只需向接待人员出具有效的证件(如身份证)，就可乘机。

电子客票是一种全新意义的机票，旅客通过互联网就可订购，而不像传统机票必须通过售票点才能订购。

(资料来源：http://baike.baidu.com/view/756.htm)

第四节 专项旅游的接待管理

一、专项旅游产品的概念

随着旅游市场的逐渐成熟，游客消费意识逐步增强，中国旅游业竞争状况的日益激烈。现有的常规线路已经无法满足游客的需求，越来越多的旅行社开始探讨如何设计开发更能满足旅游市场需求的新产品，试图摆脱目前这种“产品同质化、削价竞争”的不利局面。在这种情况下，针对某一特殊群体而设计的专项旅游逐步发展壮大起来。

专项旅游是为适应国内外旅游市场的需求，按照旅游者的爱好和要求，以旅游目的地的特殊旅游资源为条件而组织的旅游活动。

很多有远见的旅行社已经成立了产品研发部，专门负责专项旅游产品的研发，新的专项旅游产品如雨后春笋层出不穷，将成为中国旅游产品供给的主流。

二、专项旅游产品的蓬勃发展

1. 市场竞争催生了种类繁多的专项旅游

中国加入 WTO 以后，随着消费者旅游意识的不断成熟、旅行社行业内部竞争的加剧以及境外旅行社的大举进入，国内各家旅行社也逐渐认识到了市场细分和产品细分的重要性，并开始根据自己的实力和对市场的把握来设计打造属于自己的拳头产品，以参与市场竞争。细分产品和市场使得大量的专项旅游产品纷纷出笼，专项旅游也随之发展起来。

2. 专项旅游产品为企业提高竞争力

中国旅游业现在还处于一个产品竞争阶段，旅游者对于品牌的认知程度较低。在旅游行业的竞争由单纯的价格战转入品质和特色的比拼阶段后，旅行社变得成熟起来，他们纷纷打造具有针对性的专项旅游产品来抢占市场。如以花卉为卖点的菏泽牡丹花会，以修学求知为主体的曲阜修学游，以革命教育为主题的"红色之旅"等。这些专项旅游产品一经推出，就在市场产生了很好的反响，收到了很好的社会效益和经济效益。在旅游线路严重同质化的今天，推出专项旅游产品，已经成为各旅行社提高自身竞争力的重要手段。

3. 专项旅游产品的发展符合国际旅游业的发展趋势

目前，欧美等发达国家旅游业的产品供给和我国有很大不同，主要是因为其国内的旅游市场已经非常成熟，急行军式的团队观光旅游产品已经不能满足旅游市场的需求。游客的旅游需求逐渐倾向于多元化和主题化。以美国为例，美国的商务旅游产品已经在美国旅游市场中占据主导地位，这与美国发达的航空服务业和经济发达程度直接相关。在休闲观光旅游市场中团体方式只占美国旅行社产品的6%。可见，商务旅行和休闲观光散客产品才是美国旅行社的主要产品。

我国的旅行社业还是以休闲观光团队产品为主体。这一方面是因为我国的旅游业起步较晚，还不是很成熟；另一方面是因为目前我国人民的收入水平还不高，余暇时间也相对较少。但随着我国经济的快速发展及人民生活水平的不断提高，我国的旅游业也将向个性化方面发展。专项旅游产品在不久的将来也将在我国旅游市场中占据重要地位。

【案例 4-6】

港中旅成立专项旅游中心

2005 年 5 月 31 日，港中旅在北京召开新闻发布会，宣布为打造港中旅国际旅行社专项旅游的品牌，港中旅国际旅行社针对目前多元化的旅游市场，及时成立了"专项旅游中心"，此中心的成立拟通过成立专业化的机构进行专业化的运作，向游客提供专业化的服务。专项旅游是有别于传统的大众旅游市场和常规旅游线路，特别面向市场中的高端客户群体提供专项旅游产品服务的新兴部门。

港中旅"专项旅游中心"推出的首期产品有"法、意时尚购物之旅"和"奥、匈、捷音乐精品游"。"法、意时尚购物之旅"，针对市场上爱好旅游的时尚人群，选择在欧洲品牌打折的 7 月 8 日、15 日、20 日前往欧洲时尚之都法国、意大利。该产品在设计上摈弃了传统的观光式旅游，行程安排以高档、舒适、休闲为主；另外，还邀请了名模及三位形象设计师作为嘉宾领队。它将让游客感受欧洲名品店的琳琅满目，乡间民风的纯朴，自然风光的无限，令人垂涎的美食和这些国家的文化及艺术的历史瑰宝。

"奥、匈、捷音乐精品游"将在8月带游客前往欧洲音乐之都——奥地利、匈牙利、捷克，感受欧洲浪漫自然风情的同时，著名音乐人及北京音乐台主持人也将做随团音乐向导。游客将会亲身感受到维也纳的精致园林、布拉格的古朴街巷、布达佩斯的静谧城区。在整个行程中游客还将会去拜访莫扎特、贝多芬、施特劳斯、李斯特等音乐大师的纪念馆和故居。那时还将会在维也纳的金色大厅听一场纯正的音乐会，在音乐的国度里将让游客感受到古典音乐的魅力。

（资料来源：http://travel. tom/2290/1180/200561-42965. htm/）

三、专项旅游产品的分类

随着专项旅游的不断发展，旅游市场的细分程度越来越高，也涌现出不同类型的旅游项目以满足游客的需求。专项旅游产品大致可以分为传统专项旅游产品和新兴专项旅游产品。其中，传统专项旅游产品，指在专项旅游产品发展的初期开发的产品种类，主要有观光旅游产品、文化旅游产品、商务旅游产品等。

超常规专项旅游产品，主要指一些新兴的旅游产品。如满足年轻人寻求刺激心理的探险游——穿林海、登高山、潜水、攀岩等，满足旅游者健康需求的体育旅游产品，满足旅游者发展和求知需求的修学旅游产品等。随着人们需求的不断增加，旅行社也将不断推出新的专项旅游产品以满足广大旅游爱好者的需求。了解专项旅游产品的分类，对于旅游从业者如何从旅游者的角度出发，开发出更多适合旅游市场的专项旅游产品，具有深远的意义。

【案例4-7】

蒸汽机车专项旅游

包头阿吉拉机务段，建于1924年，位于包头西25公里处，是我国华北和西北的一个较大的蒸汽机车机务段。现有机车120多台，各类型号的旧机车10多种，有经历过第二次世界大战战火洗礼的FD牌机车、日本昭和十年生产的机车、波兰制造的小型机车(QJ、SJ、JF、JS)等。包头市的各旅游部门通过对游客需求的调查发现，很多游客对于蒸汽机车感兴趣，特别是广大学生更是热情高涨，旅游部门根据这一调查结果，推出了蒸汽机车专项旅游。旅游者可参观机车总调度室、机车架修车间、外国旧机车和中国老型机车车库，还可乘坐机车围绕机务段行驶，举办专业座谈、技术交流等。

蒸汽机车专项旅游一经推出，便吸引了众多游客前来观赏体验。在欧美地区，蒸汽机车已被内燃机车和电力机车取代，因此，越来越多的欧美旅游者对蒸汽机车发生了兴趣，长途跋涉前来参观，取得良好效果。

（资料来源：http：www1. bt165. com/html/mlbt/fjms/20051121232902108. htm）

四、专项旅游的特征

专项旅游产品除了具有常规旅游产品的特点外，还具有不同于常规旅游产品的个性特征。

1. 竞争少。某一专项旅游产生的初期必然是独树一帜的，而且针对的客户群也是固定的，运行周期也比较短。所以当策划案出来之后，短期内被复制模仿的可能性较小，竞争也相对较小。

2. 市场单一。专项旅游是针对某一层次或某一职业的客户而推出的服务项目，它的客户群是固定的，相对于常规线路来说，市场份额的占有率相对较小，这就体现了它的市场单一性。比如说时下比较受欢迎的时尚购物游，它的服务对象就是那些收入水平较高、有购物欲求的女性游客。

3. 利润相对稳定。参加专项旅游的游客一般对价格的敏感度不高，因为没有可比性，所以利润相对于常规线路要高一些。当然也不能漫天要价，通常利润会是常规线路的两倍左右。

4. 强调特色和质量。特色是专项旅游的核心，质量是成功的保证。只有努力提高产品的吸引力，保证各方面的服务质量，才能保证项目的生命力，增加收益。

五、专项旅游接待的注意事项

专项旅游团队在人员构成、旅游目的、设备需求等方面与常规旅游团队有很大差异，具有各自鲜明的特征，对旅游接待工作提出的要求也各不相同。因此，旅行社在接待过程中，除了按照常规团队的接待程序做好接待工作外，还应该考虑团队特点，有针对性地进行接待服务。这样才能保证整个接待过程的顺利进行，保证团队接待质量。

1. 认真分析团队情况

随着专项旅游的不断发展壮大，专项旅游涉及的领域也越来越多，不同的团队有各自鲜明的特点和特殊的要求，因此旅行社在接待专项旅游团队之前，应该了解团队特征，分析团队情况，掌握游客的情况和需要，制订合理的接待方案。如接待宗教旅游团，应该了解其目的明确、时间严格、禁忌较多、待人宽容的特点，并根据这些特点安排各项工作。

2. 做好准备工作

(1)物质准备。专项旅游团队在物质方面往往有比较特殊的要求,有些设施设备甚至需要到专门的机构去采购(如探险旅游团的探险装备就需要到专门的户外用品商店购买等)。这就需要旅行社在物质准备上花费较大的精力和时间,为团队准备相应的设备及相关用品。

(2)人员配备。专项旅游团队往往有很强的专业性,旅行社要选择合适的导游及其他工作人员进行接待工作。如果本公司的工作人员对某一领域不熟悉,则应从外部聘请相关专业人士协助进行接待工作。如接待的是探险旅游团,应该配备专门的野外生存教练,带团导游也应该有良好的身体素质,并且有与探险活动相关的知识和能力,二者配合能更好地为游客提供服务。

3. 注意服务细节

专项旅游的接待中要注重细节的把握,努力为游客提供“细微服务”“超常服务”。要注意满足游客在某一方面的特殊需求(如探险旅游团在接待过程中要满足游客寻求刺激的需求)。旅行社的计调人员及分管领导应该时刻与一线工作人员保持联系,掌握团队具体接待情况,及时发现问题并采取合理的方式予以解决。

4. 注意与相关部门的配合

专项旅游团队的接待往往要涉及方方面面,需要各部门与行业人士的配合,旅行社一定要主动求得其他单位的协助,才能保证接待工作的顺利进行。如接待新婚旅游团,除了旅行社、车队、酒店之间的配合外,还需要婚庆公司的协助,有些婚庆团队还需要民政部门的支持与配合。这就需要旅行社在接待之前做好联系工作,在接待的过程中更应该主动与各方面保持良好的合作关系,共同完成团队接待工作。

【本章小结】

本章主要介绍了旅行社门市接待管理、团队接待管理、散客接待管理和专项旅游产品设计开发的主要原则和方法。

旅游接待是旅行社的主要职能之一,接待环节也是顾客与旅行社接触最为亲密的过程,因此高质量地完成旅游接待工作是旅行社在激烈的竞争中赖以生存的保障。旅行社应精心设计门市接待业务流程,根据游客特点做好团队和散客的接待管理工作,同时注重专项旅游产品的设计和开发,力求建立高效的旅游接待管理体系,使旅行社的各项优质管理在接待环节中展现出来,提高旅行社的竞争力，为旅行社创造更多的经济和社会效益。

【关键概念】

门市接待　团队接待　散客接待　专项旅游产品

【复习思考题】

1. 旅行社门市业务的主要流程有哪些？
2. 团队旅游具有什么特点？
3. 旅行社的接待管理应该遵循哪些基本原则？
4. 什么是散客旅游？散客旅游产品包括哪些类型？
5. 单项委托服务业务包含哪些服务项目？
6. 旅游咨询业务包括哪些类型？
7. 什么是选择性旅游服务？
8. 散客旅游具有哪些特点？
9. 航空客票代售程序包括哪些内容？
10. 什么是专项旅游？它包括哪些种类？有哪些特征？

【课堂讨论题】

收集一些旅行社在旅游接待管理方面的成功案例，谈一下你对旅行社接待管理工作的认识。

【案例分析】

A旅游团参加了阳光旅行社组织的"九寨沟、成都、乐山、重庆、三峡、宜昌十五日游"，每位团员预交了全额旅游费用3200元。

九寨沟风光旖旎、绚丽多彩，宛若童话世界，使旅游者流连忘返。按照行程计划，旅游团第二天将返回成都。然而，晚饭时导游向大家宣布了一件突发事件：由于山体塌方，返回成都的道路被阻，旅游团只能滞留九寨沟，等待交通恢复。由于长江游船的船票和从宜昌返回旅游出发地的火车票已经预订，为避免更大的损失，旅行社的导游与旅游团的客人商议，决定取消乐山一地的活动，按时赶赴重庆，衔接上下一段的行程。接下来的旅游活动按照行程计划顺利完成。谁知旅游团返回后，向旅行社提出，乐山旅游活动取消，旅游费用应该归还旅游者。

［点评］

山体塌方等自然灾害是旅行社在进行旅游接待时遇到的不可抗力因素之一，在与旅游者签订旅游合同时，旅行社应客观地说明此类情况，并与游客约定发生此类事故后双方的责任。在旅游接待工作实施中发生这种情况时，旅行社应首先保障旅游者的出行安全，本着将双方损失降到最低限度的原则，适当地调整或取消出游计划，并向游客讲明原因，求得游客的谅解和支持。

［思考］

1. 在发生塌方事故时，旅行社导游人员的处理是否得当？

2. 旅行社该如何解决A团的投诉？

【实训题】

试着在班内组织开展一次模拟导游带团活动。

第五章　旅行社质量管理

【学习目的】

- 了解旅行社服务质量管理的意义。
- 了解旅行社风险管理的必要性。
- 了解旅行社风险管理的对策。
- 掌握旅行社服务质量管理的实施和方法。
- 掌握旅行社旅游品牌的构成要素。
- 掌握旅行社的品牌管理。
- 掌握实施旅行社品牌管理的必要性和可能性。
- 掌握旅行社风险的类型。
- 掌握旅行社保险管理的内容。

第一节　旅行社服务质量管理

一、旅行社服务质量管理的内涵

服务质量是旅游行业的生命线，是旅游业发展的关键。加强质量管理不仅可以推动旅行社产品质量的提高，而且可以提高行业形象，增强竞争力，进一步推动旅游行业管理的全面深化。

(一)从质量管理的要求来看旅行社服务工作的特性

旅行社企业作为一种特殊的第三产业，产品的主要内容是服务，服务产品是一种特殊的产品，和其他行业相比，有着自己的特点。旅行社科学质量管理的思想和方法应立足于本行业服务工作的特殊性。因此，在研究旅行社质量管理和提高服务质量时，首先要弄清旅行社服务工作的特性。一般来说，旅行社的服务具有以下五个特性：

1. 旅行社服务质量的优劣要强调人的因素

旅行社是一种相对特殊的企业，它既不像制造业那样生产实物产品，偏重于从产品实体质量的角度去满足消费者；也不像诸如饭店或车队那样拥有大量的硬件设施，为顾客消费所使用，旅行社的产品不是靠厂房和机器能够生产的，也不是仅仅通过提供某些硬件设施可以完成的。所以说，旅行社服务质量的优劣，取决于旅行社从业人员劳动的支出情况和程度。只有高素质、高水平的员工，才能保证旅行社服务的高质量，因而在旅行社企业中，人的因素就显得更为重要。

2. 旅行社的服务是一个动态的非实物形态的工作过程

人们在日常生活中一般所接触到的制造业产品，均为显示在眼前的、动态或静态的、具有实物形态的物品，这就可以从各项期望值去判别和鉴定其质量的优劣。而旅游产品除了在旅游广告中的文字、数字或图片介绍外，主要是旅行社的全体服务人员接待、安排和服务旅游的全过程。它是一个动态的非实物形态的产品，其质量高低只能随着这个过程逐渐为游客所感受出来，只有当旅游的全过程结束后，游客才能最终鉴别出旅行社服务质量的高低。旅行社的服务为了能使旅游者满意，就需要旅行社的全体服务人员竭尽全力为游客提供完美的服务。

3. 旅行社的服务过程是旅游者的消费过程，在时间上具有同步性

人们在消费制造业产品时，制造业产品的生产过程往往不被人们所关注。而旅行社提供于旅游者消费的则是它的服务过程，旅行社的销售、接待、服务等活动，始终受到旅游者的重视并与旅游者的消费活动同时发生。所以，这个过程的每一个服务项目和环节，始终存在着质量优劣的问题，并直接影响了旅游产品的总体质量。

4. 旅行社的服务在特定的时间和条件下，对旅游者来说只能是一次性的，具有不可逆转性

一般来说，顾客对质量低劣的制造业产品可以采用调换、退货或赔偿等方法再次获得满足，而对于质量低劣的旅行社产品，基本上就没有可能再次以全过程的服务，对旅游者在精神、心理和经济等方面的损失进行弥补了。这充分表明了旅行社提供优质服务的必要性和重要性。

5. 旅行社服务对象的多变性要求服务方法的灵活性

众多的旅游者是由多层次多要求的人所构成的，这就决定了旅行社的服务方式没有固定的模式。制造业按照设计要求和标准，大批量地生产统一规格的产品，往往会得到不同顾客的信任和青睐。而旅游产品所提供的服务，则必须因人而异，投其所好。为了适应不同类型的旅游者的需求，服务工作不能一成不变，必须灵活多样，其唯一标准是使不同旅游者感到满意。

(二)旅行社服务质量的含义

旅行社服务质量，概括地说，就是满足旅游者物质和精神的需求程度的总和。旅行社服务质量的构成要素有：

1. 技术质量

技术质量是服务本身的特性与特征的总和,也是消费者感知的反映,因而服务质量既是服务的技术含量、职能质量、形象质量和真实质量的瞬间构成,也由感知质量与预期质量的差距所体现。技术质量是指服务过程的产生,即顾客从服务过程中所得到的东西,例如旅行社为旅游者提供讲解服务等。对于技术质量,顾客容易感知,也便于评价。

2. 职能质量

职能质量是指服务推广的过程中服务人员在履行职责时的行为、态度、穿着、仪表等给顾客带来的利益和享受,如导游人员的亲和力、仪表仪容等。职能质量完全取决于顾客的主观感受,难以进行客观的评价。技术质量与职能质量构成了感知服务质量的基本内容。

3. 形象质量

形象质量是指企业在社会公众心目中形成的总体形象。它包括企业的整体形象和企业所在地区的形象两个层次。企业形象通过视觉识别系统、理念识别系统和行为识别系统多层次地体现出来。顾客可从企业的资源、组织结构、市场运作、企业行为方式等多个侧面认识企业形象。

(三)旅行社服务质量的基本标准

旅行社评估服务质量的目的是了解服务质量的实现情况,了解旅游者对旅行社提供的服务是否满足,寻找质量差距,为服务质量的控制与提高提供事实依据。由于消费者对服务的满意程度是判断服务质量的最终标准,因此应该从消费者的角度出发选择评估服务质量的标准。

根据营销专家的研究,顾客在评价服务质量时主要从五个标准出发进行考虑,这五个因素分别是服务的有形性、可靠性、反应性、保证性和移情性。这五个标准同样适用于旅行社的服务质量评估。

1. 有形性。旅行社服务的有形性是指旅行社产品中的有形部分,包括旅行社和相关部门的硬件设施设备、服务设施的外观、宣传品的摆放和员工的仪容仪表等方面。由于服务的本质是一种行为过程而不是实物的消费,具有无形性的特点,而实现服务所借助的有形因素直接影响到顾客对服务质量的感知,因此旅行社产品中的有形部分成了顾客判断旅行社服务质量的有形线索。例如,旅游团队使用高级旅游空调车,在豪华的餐厅就餐会使他们初步认可服务的质量。

2. 可靠性。旅行社服务的可靠性,是指旅行社可靠而准确地履行服务承诺的能力。一旦旅行社的承诺不能兑现,将会给旅游者带来很大的麻烦,从而导致他们对整个服务质量的不满。例如,一个团队结束了行程后,却没有拿到旅行社承诺给他们订好的返程票,其服务的可靠性就大打折扣。

3. 反应性。旅行社服务的反应性,是指旅行社随时愿意为旅游者提供快捷有效的服务。旅行社是否能够及时满足旅游者的各种要求,表明旅行社是否具备了以服务为导向的经营观念,即是否将旅游者的利益放在了第一位。例如,对于旅途中出现的问题,旅行社应作出最快的反应,不能让客人长时间地等待,否则会对服务质量产生一定的消极影响。

4. 保证性。旅行社服务的保证性是指旅行社服务人员的态度和胜任工作的能力,具体包括服务人员完成任务的能力、对顾客的礼貌和尊敬、与顾客有效地沟通和将顾客最关心的事放在心上的态度等。例如,旅行社应该对员工进行专业培训,而聘请一些兼职人员则会让旅游者对旅行社的服务质量产生怀疑,从而影响到服务质量的评价。

5. 移情性。旅行社服务的移情性是指旅行社的服务人员设身处地地为旅游者着想,对旅游者给予特别的关注。

二、旅行社质量管理分类

由于旅行社的产品质量是旅游者全过程服务工作的综合反映,涉及旅行社内外的各个部门和每一个服务人员,对管理的要求也就必然是全面的、系统的。因此,旅行社的质量管理,应该是“三全”管理,即全面质量管理、全过程质量管理和全员质量管理。

(一)旅行社的全面质量管理

旅行社的全面质量管理,是指旅行社的一切经营管理活动都要立足于设法满足旅游者的需求。因为旅游者的需求是多方面的,既有物质需求,也有精神文化需求,只注重满足旅游者一方面的需求而忽略另一方面的需求,仍然不会使旅游者满意。而旅行社质量的好坏取决于旅游者的评价。因此,全面质量管理要求旅行社从产品质量、服务质量和环境质量三个方位进行全面的考察,实施全方位、全因素的管理。有的旅行社认为服务态度好就是服务质量好,单纯地要求接待服务人员做到主动、热情、耐心、周到,这样就重表轻本,忽视了质量管理和优质服务的基本精神和主要内容。有的旅行社放弃质量教育,习惯于用突击和搞运动的方式代替正常的管理,或者把评比竞赛作为质量管理的法宝,为了应付检查,做些表面文章,使质量管理工作流于形式。所有这些,对质量管理工作弊多利少,甚至有害无益。

补充阅读资料 5-1

怎样理解旅行社服务质量

20 世纪 80 年代开始，顾客满意成为企业追求的目标，理论界和实业界都普遍热衷于研究顾客满意，他们普遍相信顾客满意可以为企业带来财富，尤其是可以创造重复购买行为。但是，近几年的调查研究结果却得出了另外一个结论：即使获得了顾客的高度满意，却不一定会导致重复购买行为并促进销售。这些研究包括：

●《哈佛商业评论》的报告显示，即使表示很满意原先的商品，仍有 65%～85%的顾客会选择新的替代品。

● 彼得博士所管理的英特立快特(Intelliquest)公司曾针对全球电脑公司进行研究，结果发现，在其超过 3 万次的访问中，从未发现顾客满意可以导致肯定的重复购买行为。

因此，很多学者开始转向对顾客的品牌忠诚感的研究，例如：

● 杰克和奥尔森是最早提出"品牌忠诚"概念的研究者，他们提出的概念得到许多学者的关注和较大程度的认同。他们认为，品牌忠诚应该有以下充要条件：

(1)顾客偏好其所忠诚的品牌(即非随意的)；

(2)顾客对其所忠诚的品牌有行为反应(即必须有购买行为)；

(3)顾客对其所忠诚的品牌的行为反应必须是整个时期的表现(而不仅仅是下一次购买)；

(4)品牌忠诚反映的是购买决策者的选择；

(5)品牌忠诚是在一系列品牌中选择一个或多个品牌。

● 比纳特和科南认为，顾客品牌忠诚感的强弱，可用以下指标进行衡量：

1. 顾客重复购买次数。在一定时期内，顾客对某一品牌的产品或服务购买的次数越多，说明其对这一品牌的忠诚感越强；反之则越弱。

2. 顾客进行消费决策的时间。由于信任程度的差异，顾客选择不同品牌的产品或服务时进行消费决策所使用的时间不同。一般来说，决策时间越短，说明他对这一品牌的忠诚感越强。

3. 顾客对价格的敏感程度。对于喜爱和信赖的品牌，顾客对其产品或服务的价格变动的承受能力强，即价格敏感度低；而对于不喜爱和不信赖的品牌，顾客对其产品或服务的价格变动的承受能力弱，即价格敏感度高。

4. 顾客对竞争者的态度。顾客对某一品牌态度的变化，多是通过与竞争者的比较而产生的。所以根据顾客对竞争者的态度,能够从反面判断其对某一品牌的忠诚感。如果顾客对企业竞争者的产品或服务的兴趣很浓,则可在一定程度上说明其对该企业的忠诚感不强。

5. 顾客对企业质量事故的承受能力。任何一家企业都可能因某种原因出现质量事故,这种情况即使知名企业也很难避免。如果顾客对某企业的忠诚感强,就不会因偶然出现的事故而从此拒绝购买该企业的产品和服务,反而会善意地提出改善的建议。

可见,品牌忠诚的顾客有以下行为特征:决策时间比较短,积极向他人推荐,在一段时间内会重复购买,对企业的新产品和新服务乐于尝试,对价格不太敏感,对企业竞争者的促销比较理智等。

忠诚的顾客是企业最宝贵的财富,美国商业研究报告指出:多次光顾的顾客比初次登门者可为企业多带来20%~85%的利润,固定客户数目每增长5%,企业的利润则增加25%。可见,培育并强化顾客的品牌忠诚感,对一个企业的生存发展具有极其重要的意义。

(资料来源:www.wenlun.com 2005年12月26日)

(二)旅行社的全过程质量管理

旅行社应加强全程服务质量管理,建立全程服务质量保证体系。顾客与旅行社接触全过程(旅游前、旅游中和旅游后)的每项服务都会影响顾客感觉中的服务质量,进而会影响其对旅行社的品牌忠诚感。汪纯孝教授认为,在服务性企业与顾客相互接触相互交往的整个过程中,某个服务细节出现差错,都可能会影响顾客感觉中的整体服务质量。

旅行社全程服务质量保证体系中,应贯穿三个指导思想:

1. 在服务过程中旅行社一定要以顾客为中心,诚实守信,真诚地对待消费者。顾客渴望的是诚实、诚挚、诚恳的服务态度,这就要求旅行社要诚实地对待顾客,对他们的承诺要恰如其分;在服务过程中,要以工作人员的优质服务诚挚地去兑现这些承诺;当出现意外而使承诺实在无法兑现时,也要诚恳地向顾客致歉,并采取有效的补救性服务。

2. 旅行社应该在开放式服务操作体系中综合运用好无形的服务技巧和必要的有形证据。在这样一种开放式体系中,顾客会综合考虑服务人员的行为和服务环境中的各种有形证据,对旅行社的服务质量进行评估。因此,旅行社应做好这两方面的质量管理工作。

3. 旅行社工作人员应对整个旅游过程的三个阶段的服务都给予充分重视。三个阶段中任何一项服务内容都可能对顾客的感受造成影响,而这种影响则或多或少会影响其消费决策。旅行社对三个阶段的服务进行质量管理时，应根据各自的服务内容不同采取相应的办法。

(1)旅游前的服务质量管理。顾客在这一过程中接受服务的体验会直接影响本次消费决策并间接影响其下次消费的可能，因此，旅行社应加强这一阶段服务的管理工作：①旅行社要为顾客提供礼貌、准确、快捷的咨询服务和报名服务，并要善于运用最先进的技术成果为顾客提供更优质的服务。例如，通过网上报名组团等，为顾客提供快捷、准确的服务。旅行社还应不断开创新的服务方式，以适应顾客不断增加的新的服务需求。②旅行社要提供真实可信且有很强吸引力的有形证据。

(2)旅游中的服务质量管理。旅游过程是顾客与旅行社交易的主体内容，顾客在这一阶段对服务质量的感觉会对其品牌忠诚感形成较大的影响，这一阶段的服务质量管理也应是旅行社全程服务质量保证体系的重点。旅行社可通过以下途径做好这一过程中的服务质量管理：①要对接团社的服务质量进行有效的管理。旅行社可通过以下“三步曲”来控制接团社的服务质量：第一步，在确定合作接团社前对其进行必要的考察。第二步，用法律的形式确定与接团社双方的合作关系，明确双方的权利义务；或在合作单位之间实施“服务质量保证制”及设立“服务公约”，确保各自的服务质量。第三步，对接团社的具体服务工作进行跟踪和考察。②要充分利用有关人员做好旅游中服务质量监督工作，全面提高服务质量。顾客和全陪是旅行社最好的质量监督员，旅行社应该保证质量信息反馈的渠道畅通。③适当地授权。给导游适当的授权可以在以下两方面提高服务质量：一是使导游能依据一定的原则及时、妥善地处理好旅游途中发生的有关问题，在最短的时间内为顾客解决难题，灵活地满足顾客的需要，使顾客满意；二是当发生服务差错时，导游能及时做好补救性服务，尽量减少由于服务差错给顾客带来的不满，恢复顾客对本企业的信任感。

(3)旅游后的服务质量管理。目前旅行社普遍忽视对旅游后服务质量的管理，事实上，优良的旅游后服务是升华顾客对整体服务质量感觉的重要因素。旅行社可以从以下几方面进行旅游后服务质量管理：①做好接送客服务，满足顾客及时、安全回家的期望。这一服务过程虽然从时间上看很短暂，却容易在顾客心中留下比较深刻的印象。司乘人员优秀的服务(礼貌、准时、按规定送达等)会将导游与顾客在旅游中建立的友谊推向高潮，有利于培育顾客的品牌忠诚感。②要加强与熟客的沟通和联系，完善服务功能，这对培育顾客的品牌忠诚感非常重要。本次旅行的结束意味着下次旅行的开始，做好熟客的服务工作就可以使他们下次旅行时非常可能再与本旅行社联系。西方国家的旅行社都极为重视与顾客的沟通和联系，并采取了多种多样的维系服务形式，以争取每一位顾客再次光顾。例如,在客人返回后的第二天就向客人打问候电话或在网上对客人致以问候,给客人寄送意见征询单、明信片,举行顾客招待会,成立不同类型顾客的俱乐部等。外国旅行社的做法十分值得国内旅行社借鉴。

(三)旅行社的全员质量管理

旅行社的全员质量管理,是指旅行社要求全体员工对服务质量作出保证与承诺,大家一起参与顾客服务。旅行社服务质量的优劣,是旅行社各个部门、各个环节全部工作的综合反映,涉及旅行社的全体员工。做好服务工作,绝不仅仅是面向旅游者、身居第一线的导游人员的事。虽然他们是服务的"前方",处于直接服务现场,起着关键作用,但是,如果没有"后方"即间接服务的后勤部门细致、协调的工作作为保证,前方的导游接待人员的优质服务就得不到保障。因此,要提高接待服务质量,必须把旅行社全体员工的积极性充分调动起来,不断提高人的素质,上至旅行社经理下至导游人员,都要有质量意识,牢固树立"质量第一"的思想,人人关心旅行社质量,人人参与质量管理。事实证明,旅行社仅仅有少数人员参与质量监督和管理并不能从根本上解决质量问题,只有当旅行社的全体员工都从所在岗位出发参与质量管理,提高服务质量才有保证。

总之,旅行社质量管理的概念,是从广义的质量出发,全面看待质量问题,系统地改善质量工作,运用群体的智慧,对服务质量进行综合治理。

三、旅行社服务质量的管理实施

一般来说,当旅游者在物质需求得到一定的满足以后,很自然地就转向对服务的要求。以提高服务质量来吸引和满足旅游者,是旅行社经营中的一个基本战略问题。

(一)旅行社服务质量的内容

旅行社服务质量主要是指在一定时间内和一定环境下,服务工作使旅游者满意的程度。它主要由服务态度、服务语言、服务项目、服务技术、服务仪表、服务时间、服务时机等构成。

1. 服务态度

主要是服务人员对待旅游者的行为倾向。它是一种心理反应,无法直接测定和度量,但是通过旅游者的直接感受可以体察出它的优劣。服务态度是提高服务质量的基础。它取决于服务人员的积极性、主动性和创造精神,取决于其思想素质、工作责任心和职业道德。良好的服务态度会对旅游者产生一种强烈的吸引力,使旅行社生意兴隆。在旅行社服务实践中,良好的服务态度表现为热情服务和周到服务。

2. 服务语言

服务语言是服务人员在服务过程中借助一定的词汇和语调向旅游者提供信息的一种手段。在向旅游者提供接待服务时,语言要表达出主动热情、诚挚善意的感情,这也显示了服务人员的文化素养、知识水平和职业道德。旅行社的语言艺术是每个服务人员必须掌握的基本功,是旅行社加强服务质量管理的重要内容。服务语言的基本要求是语音准确,另外还应在语言规范、语气选择上有所讲究。

3. 服务项目

服务项目是指旅行社所具有的服务功能,它是由服务人员和旅游服务设施结合组成的。旅行社服务项目的基本要求是:方便旅游者,要使旅游者获得省时、省力、方便、愉快、得益的实惠。旅行社服务项目大致可分为两类:一类是基本服务项目,即在服务规程中明确具体规定的、对每个旅游者都会发生作用的服务项目,如景点导游讲解、用餐、住宿、特定的接送服务等;另一类是附加服务项目,即由旅游者临时提出的、不是每个旅游者必定需要的服务项目,如旅行社服务人员帮助旅游者代购商品、送信、代找人等。服务项目的多少反映了旅行社为旅游者着想的程度,也直接关系到旅游者的满意程度。

4. 服务技术

主要是服务人员的服务知识和操作技巧。服务知识要求服务人员对本部门服务项目的内容了如指掌、对答如流,并尽可能多地掌握与旅游相关的知识,以备旅游者查询。操作技巧是服务人员在服务过程中所体现出来的操作基本功。比如,旅游旺季门市接待旅游者要做到耳目灵敏、沉着冷静、聚精会神,动作熟练、准确、迅速和美观,要嘴勤、眼勤、手勤,同时能接待几位游客,做到“接一顾二招呼三”。

5. 服务仪表

服务仪表就是指服务人员的外部表现和行为举止,主要是容貌修饰、着装、举止风度等。它不仅体现了服务人员的个人形象,还反映着旅行社以至国家的文明程度和道德水准。我们要求服务人员具有健康、明朗、庄重、可敬、可亲的形象,表达出全心全意为旅游者服务的美好愿望。为此,对服务人员仪表的基本要求是:容貌大方,不化浓妆,自然健康,精神饱满;着装打扮整洁划一,庄重朴素;行为风度端庄文雅,谈吐得体,落落大方。

6. 服务时间

旅行社确定的服务时间要最大限度地满足旅游者的需要。根据市场规律安排服务时间。由于旅游行为服务的特殊性,有的旅行社安排一定的人力、物力昼夜 24 小时值班服务。而有的旅行社地处商业中心,流动人员密集,为了错开上下班时间，采取提前营业和推迟休息的方式等，这些都赢得了旅游者的欢迎。

7. 服务时机

服务时机是指服务人员为旅游者提供服务的最佳机会和火候。提供服务要适时，超前和延迟服务都会引起旅游者的厌倦和不满。当旅游者尚未决定旅游，只是想打听一下旅游节目的价格时，服务人员却将自己喜好的旅游节目极力地推荐给旅游者，这样，即使是热情详细的介绍，旅游者也会感到厌烦。要掌握好服务时机，向旅游者提供恰到好处的服务，必须注意以下几点：第一，要察言观色。有经验的旅行社接待服务人员认为，提供服务的最好时机是旅游者对旅游线路产生兴趣到假设联想之间。这种服务时机有三种辨别的方法：一是旅游者进旅行社后直接询问和了解某条线路节目情况的时候；二是旅游者长时间反复地观看某条线路节目广告介绍的时候；三是旅游者从其凝视的某条线路节目的广告介绍上收起目光进行想象时。第二，要注意旅游者的言谈话语，掌握旅游者的需要趋向。第三，要辨认不同类型的旅游者，掌握时机，投其所好，针对性地提供服务。

（二）旅行社服务质量的层次

1. 服务规范化和规范化服务

毋庸置疑，旅游者对于最基本、最起码的服务要求是一致的。这就要求旅行社把服务工作中普遍的、共性的活动以条文的形式固定下来形成标准，使之成为具有约束力的统一规定，这就是服务规范化。按规范所规定的方法和标准为旅游者进行服务，就是规范化服务。

2. 个性化服务

就旅行社来说，它的服务对象是人，由于地域民族、宗教信仰、文化传统、风俗习惯和习性爱好的不同，光靠规范化服务提供最基本、最起码的服务，远远满足不了具有不同特殊需求的旅游者。所以，旅行社服务人员必须从充分满足旅游者的需求出发，准确地判断不同类型旅游者的特殊要求，因人而异地进行有针对性的服务，这就是个性化服务。个性化服务在让旅游者满意方面具有特别重要的作用。它要求服务人员研究旅游者的特殊需求和心理，用脑子来为旅游者服务，用最高超的服务技巧提供创造性的服务质量。

（三）服务人员服务质量的分级动态管理

旅行社的服务规范化，规定了每个岗位、每个服务人员的工作内容和质量标准；质量教育，告诉服务人员怎样干和以什么态度去干。实践证明，解决了这两个问题，并不等于服务质量就提高了，还要解决服务人员的积极性问题，这样才能保证服务质量的切实提高。没有服务人员的积极性，质量管理都将流于形式，那么如何解决这个问题呢？有的旅行社实行服务人员服务质量分级动态管理，效果很好。

旅行社实行服务人员服务质量的分级动态管理后，服务人员的等级随着他的实际服务质量和水平有升有降，并与其职称荣誉直接挂钩，同步升降，从而增加了服务人员提高服务质量的内在积极性。具体做法是：按照规范的具体要求，规定出考核项目和评定分数，每周检查、每月总结，半年初评、年终总评。根据服务人员的服务态度、业务能力、操作水平、职业道德和执行纪律等内容，划分为一级、二级、三级和实习服务员。在服务活动中，对于发生重大服务事故或违纪者，随时降级；情节特别严重、影响恶劣者，可以越等降级，直至除名；而对服务质量有突出贡献者，则应实行精神和物质奖励。真正做到奖金分配拉开档次，起到奖优罚劣的积极促进作用。

实行服务人员服务质量的分级动态管理，打破了先进终身制和"大锅饭"的弊端。评比有明确的考核标准，在标准面前全体服务人员机会均等，在同一条起跑线上，就看谁的服务质量实际水平高。实行这种办法的结果，会使旅行社的服务质量不仅保持长期的稳定，并不断有新的提高。

四、旅行社质量管理的基本方法

由于旅行社服务工作本身的特殊性和旅游者过程中不可预见的因素，以一种手段和方法无法实现完全意义的质量管理。因此，对旅行社质量的实施及完全控制应采取多种手段和方法，这样才能取得较好的质量管理和效果。

1. 制定规定和标准，强调规范化与个性化相结合的服务

旅行社对自己能直接控制的环节，应制定质量标准、操作规程与岗位责任，并通过与奖罚制度相结合使之得以贯彻。如导游服务，目前我国已颁布了两个质量标准对导游服务工作加以规范，一个是国家技术监督局在 1995 年 12 月颁布、1996 年 6 月 1 日实施的《导游服务质量标准》，另一个是国家旅游局于 1997 年 7 月 1 日正式实施的《旅行社国内旅游服务质量要求》。前者是国家标准，后者是行业标准。这两个标准都规定了导游服务的质量要求，是指导中国导游工作的权威性文件，也是导游人员向旅游者提供服务的工作指南。旅行社应以上述两个标准为指导，具体编制本旅行社导游人员的操作规程，制定服务规范，为旅游者提供规范化服务。在强调规范化、标准化服务的同时，还要求服务人员在服务过程中，力求做到规范化服务与个性化服务的结合。事实上，世界上一些口碑好的旅行社，在实施规范化服务的同时，都十分注重推行"个性化服务"。个性化服务是指在保证旅行社整体战略和利益的前提下，授予员工一定的灵活处置权，允许他们在实际服务中随机应变，满足顾客的特殊需要，提供相应的特色服务，使顾客在接受服务的同时，产生愉悦的心情，从而达到心理、生理、物质上的

满足。

总之，个性化服务是以标准化为前提的，标准化服务又是以个性化为归宿的。现在许多旅行社提出了“服务项目个性化，服务过程标准化”的竞争战略，就中国旅行社目的发展状况而言，其方向的把握应以标准化为主，个性化为辅。

2. 完善合同制度，保证产品质量

旅行社对于需要向有关旅游供应单位采购的食、住、行、游、购、娱等部分产品的服务质量问题，往往不能直接控制。但是，这部分服务又是旅行社所出售的旅游产品的重要组成部分，旅行社必须通过某些途径和措施来加以规范和控制。为此，旅行社要采取完善合同的办法来保证其所提供产品的服务质量。这就要求旅行社在事前应严格选择并定期筛选、更换旅游服务供应商，并通过双方签订合同，约束供应商保证服务质量。在与旅游服务供应商签订合同时，应在合同中明确有关服务的质量标准，以及达不到标准的奖惩办法。

3. 主动规避风险，减少质量事故

旅行社应对企业无法控制而又可能经常发生的质量问题早作预防，并尽力避开。如某景区交通运力紧张、客房供应不足、传染病流行、气候恶劣等情况，旅行社应早做准备，要么提前做好交通工具和客房预订准备工作，要么避开不安排游客到这些地区，以减少不必要的质量事故的发生。

4. 做好事故善后补救工作

对于已经发生了的质量事故，旅行社应努力做好善后补救工作，尽可能减少其负面影响。如某一旅游者被撞伤，事故既然已经发生了，导游人员就应沉着面对，一面组织人员抢救伤者，或包扎处置，或急送医院。同时，要尽快调整被打乱的行程，稳定其他旅游者的情绪，将影响和损失降到最低点。旅行社人员还要详细记录相关情况，总结经验与教训。

5. 加强服务质量信息反馈，做好监督检查工作

旅行社的质量信息是保证旅游产品高质量的基础。旅行社在实行质量管理的同时，如果能够正确而及时地进行质量信息的收集、处理、传输、存储和决策反馈，那么旅行社产品的质量管理就会达到较高的水平。旅行社质量信息的反馈，一般从以下几个渠道获得：

(1)行业组织、主管部门向旅行社企业提供的质量改进信息。

(2)服务人员在工作中，及时发现服务规范、标准同旅游者满意度存在的差异，主动提出旅行社积极改进。

(3)旅游者提供的反馈信息。这种反馈在旅行社企业质量信息中所占的比重最大，因此，旅行社应广泛征求旅游者的意见，及时发现问题，不断改进和完善服务工作。

一般来说，旅游者的意见集中反映在三个方面：

一是对旅行社设计安排的旅游线路、日程安排和节目内容的意见。对此旅行社可通过调整更换线路、日程和节目内容的方式来解决，以满足旅游者的需求。

二是对住宿、餐饮、交通等方面的意见。这涉及相关部门，旅行社可通过向有关单位反映与交涉，或另择供应商，或改进采购来解决。

三是对旅行社接待工作和接待人员的意见。这要求旅行社通过加强自身的质量管理、完善质量监督制度来解决。

为保证顾客反映的问题能及时解决和监督员工严格按规范操作服务，旅行社应切实重视旅游者的投诉，做到投诉有人管，及时处理并给予答复。同时，旅行社要经常对服务过程和企业员工实行严格的监督管理以保证服务质量，坚决杜绝服务过程中违反规程的事件发生，如私带亲友、索要回扣与小费、私自增加旅游项目并自行收费等。

五、提高旅行社服务质量的有效途径

现阶段一些旅行社服务质量还存在着不足，要提高旅行社服务质量，可以从如下几方面工作做起：

1. 协调好各方面的关系。旅行社服务质量同其他旅游企业有很大的关系，虽然头绪万千，但主线只有三条——游客线、同业线、员工线。

2. 明确完善危机处理机制，保障游客合法利益。最常见的是不能让旅客有受骗或受冷落的感觉，也就是说，在发生突发事件时，旅行社的处理手法很关键。可以由政府、旅游部门与各酒店、餐厅协调并达成共识，形成行业自律。

3. 加强导游队伍建设。为了更能体现旅行社的服务品牌，首先要有一个好的导游，从文化到安全，各个方面都要有一定的知识。要加强旅游在职人员的学历教育和任职资格培训，完善旅游人员资格考试、持证上岗制度，注意培养一支政治素质、业务能力、职业道德水平均过硬的旅游队伍。

4. 加强旅游法制建设。借鉴国内外旅游管理的成功经验，尽快完善旅游法规。抓紧已颁布的旅游服务各项等级标准的实施和评定，完善旅行社接待服务标准。加强对旅游市场的监督和管理，促进旅游经营规范化。

5. 服务要有针对性。对于新时代的年轻人，工作的压力和生活的紧张使他们外出的时间很少，那么旅游的目的性就增强了：一方面是为了放松，另一方面也是为了增长见识，或者有其他的目的。作为旅行社就应该满足游客的心理需求，把旅游路线和服务做得更有针对性。比如说，游客登记时，写上游客的身份和职业，以便有针对性地给游客介绍景点。旅行社做到“投游客所好”，才会有市场，才会让游客满意。

六、旅行社实行质量管理和旅游优质服务的重要意义

国内外的实践经验证明，运用质量管理的基本理论和方法，结合旅行社工作的特点进行综合治理，是旅行社提高服务质量的有效途径。而优质服务对于旅游业的发展、旅行社的生存和游客的需求都具有十分重要的意义，它至少表现在以下六个方面：

1. 旅游优质服务受到世界发达国家的重视

"优质服务是旅游业的生命线。"此语已被旅游发达国家奉为圭臬。他们意识到要发展旅游业，首先靠提高服务质量而招徕客源。为了提高服务质量，这些国家对旅游从业人员的素质都非常重视。因为他们深知：员工的高素质、高水平是高质量服务的前提保证。美、英等国拥有大量的旅游专业学校，重视旅游从业人员的素质培训，加强宾客至上的服务意识，大力培养旅游人才；我们的近邻泰国、新加坡等国从旅游主管部门到旅游企业都极其重视服务质量，使优质服务长久不衰，进而提高了其旅游吸引力。

2. 优质服务将促进我国旅游业的发展

面对竞争激烈的国际旅游市场，我国已意识到优质服务对发展旅游业的重要性。与世界旅游业发达的国家相比较，我国旅游从业人员是一支年轻的队伍。由于历史的原因，他们在职业道德、知识结构、业务水平和服务技能等方面还不符合要求，更由于管理上的原因，多年来，服务质量不高已成为亟待解决的痼疾，使我国的旅游业无法参与国际竞争。从我国旅游业发展的宏观角度出发，我们应充分认识到人才培训和提高服务质量的战略意义和紧迫性。

3. 优质服务是国家和旅行社形象的体现

旅游接待服务质量的高低，是一个国家文化传统、价值观念和文明程度的体现。特别是导游的服务直接面对旅游者，他的一言一行和一举一动都会受到旅游者的注意，导游的服务质量体现着一个国家人民的精神风貌，代表一个国家旅游业的服务水平。所以，英国称导游为"民间大使"不无道理。就我国来说，国外旅游者到中国来旅游，所见所闻无不涉及我国的政治、经济、文化、教育、历史、社会风尚和生活习俗等，导游生动的讲解和优质的服务有助于旅游者了解我国的悠久历史、灿烂文化、锦绣山河、名胜古迹以及社会主义建设的伟大成就，从而使旅游者喜欢中国，增进友谊。由此可见，服务质量的优劣，给旅游者的印象如何，不仅直接关系到国家的形象，而且在很大程度上关系到旅游业和旅行社的企业形象和声誉，关系到旅游业和旅行社的兴衰成败。

4. 优质服务有助于旅行社提高竞争能力

纵观旅行社业的发展历程，可以看到，旅行社业发展大致经历了垄断——不

完全竞争——价格竞争——质量竞争这样一个过程。由于价格竞争,旅行社业正日益成为低利润行业。当同类或同档次的服务性企业提供的产品大同小异时,“怎样提供服务”就称为游客选择服务性企业的重要标准。许多企业已意识到“优质服务是旅游业的生命线”。

5. 优质服务有助于保护消费者的合法权益

旅行社的服务在特定的时间条件下对旅游者来说只能是一次性的,具有不可逆转性。一般来说,顾客对质量低劣的制造业产品可采用调换、退货或赔偿等方式再次获得满足,而对于旅行社服务质量的低劣,基本上无法再次以全过程的服务来对游客在精神、心理和经济等方面的损失进行弥补。

6. 优质服务有助于树立企业良好的形象

国内一些知名旅行社比其他旅行社的价格高,但它已创出了优质品牌,国外旅游批发商认同中国的国旅、中旅、青旅等大旅行社的服务质量,愿意同他们合作,也是同样的道理。

【案例 5-1】

北京:降低服务等级成投诉重点

北京市旅游局日前公布的 2007 年 5 月份旅行社投诉情况显示,降低服务等级标准成为游客反映较多的问题。北京王府国际旅行社有限公司、幸运国际旅行社有限公司、竹园国际旅行社、北京交通旅行社、北京翔达旅行社有限公司、北京夕阳红旅行社等七家旅行社因擅自降低住宿标准、导游服务不达标等原因遭游客投诉。

5 月份,北京市旅行社服务质量监督管理所正式立案受理旅游者对旅行社的有效投诉 7 件,均为国内游投诉,涉及山西、山东、江苏、海南、福建、四川等地。其中,反映降低服务等级标准的为 5 件,占投诉总量的 71%;反映导游服务问题的 2 件,占投诉总量的 29%。

据北京市旅行社服务质量监督管理所有关人士介绍,从投诉内容所占比例分析,本月游客反映较为集中的问题是降低服务等级标准,以降低住宿等级标准、降低交通等级标准问题较为突出。降低住宿标准表现为:合同约定住宿为星级饭店,实际住宿却低于合同标准;约定为单人住宿标准间(单人住宿),实际行程中却被安排为二人住宿双标间(拼房住宿)。降低交通标准方面,约定所乘列车为软卧标准,实际行程中被改为硬卧标准;合同约定为列车硬卧标准,实际行程中被改为硬座或无座车票,还有上车补票、前一段车程为硬卧、后一段车程为硬座或餐车临时搭乘的情况等。

该监督管理所有关负责人表示,根据国家旅游局相关规定,凡属降低服务等级、档次标准的质量问题，旅行社应该及时向游客说明原因，主动承担责任，并向游客诚挚道歉，同时要采取积极补救措施，继续履约，按照相关法规赔付游客的经济损失，力求取得游客的谅解(对于由此而引发的其他连带问题，可由双方当事人本着互谅相让的原则进一步协商解决)。针对导游服务不规范或违反相关规定的情况，游客发现此类问题后应及时地向旅行社反映有关导游服务的具体问题，并留存好相关证据，以备投诉举证。

(资料来源：2007 年 5 月 21 日《中国旅游报》)

第二节　旅行社品牌管理

我国一个非常奇特的现象是，所有旅行社包括位次靠前、被消费者熟知的国旅、青旅、中旅三大社，没有一个在全国性比较有影响的媒体上露过面，真可谓“电视无影，电台无声，报纸无名”。同时，在中央电视台的“品牌中国”栏目中发布的众多品牌中，旅行社品牌无一入选。是什么原因导致了在我国旅游消费日益增长的情况下旅行社的宣传推广却乏善可陈？又是什么原因导致了在我国自有品牌风起云涌的时代，旅行社行业却缺乏一个具有自身特色且具有强大实力的品牌？无品牌、无特色、无推广，正是我国旅行社企业的现状，也可谓是影响我国旅行社进一步发展的软肋。面对入世承诺“后过渡期”即将结束，外资大举进入在即，如何走自己的品牌之路，对中国旅行社而言，关乎输赢成败，决定生死存亡。当前的品牌经济已经席卷全球，市场竞争更多地表现为企业品牌的竞争。对于旅游界，旅游品牌已成为世界各国旅游经济发展的重要标志和核心竞争力。面对日益激烈的国际旅游市场竞争，尤其是我国加入 WTO 以后，中国的旅游企业面临严峻的挑战。如何面对挑战？当务之急就是要加强旅游企业的品牌管理。在探讨品牌管理这个问题之前，我们应当明确与品牌有关的一系列基本概念。

一、旅行社品牌的基本概念和功能

(一)与品牌有关的基本概念

品牌通常被认为是产品的名称、符号、图案或以上诸要素的综合，用以同竞争者的产品相区别。品牌同产品的区别在于，“产品是工厂里制造的东西，品牌则是消费者带来的东西”。一个品牌必须包含产品，但产品未必能成为一个品牌。著名营销学家菲利普·科特勒认为，品牌至少可包括以下六个方面的内容：属性、利益、价值、文化、个性以及用户。

品牌是一个较为宽泛的概念，是指用以区别不同销售者所销售产品或服务的名称词语、图案、标记或其他特征。旅游品牌就是消费者对旅行社产品和服务等形成的综合性概念。品牌名称是指品牌中可以用语言表达的部分,包括文字与数字,通常是识别产品的唯一标志。没有品牌名称,生产者无法识别自己的产品。如“海尔”“可口可乐”“中旅”“春秋”等。

品牌标记是指品牌中非文字或数字表达的部分,通常是图案或标记。

注册商标是指依法注册的标记,表明注册者对特定品牌或品牌组成部分具有唯一使用权。

品牌内涵是指营销者为特定品牌创造并用以与目标市场进行沟通的特定含义。

品牌化是指赋予某种产品特定品牌的活动。

(二)旅游品牌的功能

1. 识别功能

这是品牌最基本的功能。识别是品牌营销者希望创造和保持的,能引起人们对品牌美好印象的联想物。品牌把各种识别标志,如名称、符号、图案、色彩集于一身。而且,品牌标志经过注册成为受法律保护的商标后,商标的差别特征成了品牌排他性的基础。品牌提供的识别功能,不仅仅依靠它的标识,更依赖其提供的核心价值,这些都暗示着企业对消费者的某种承诺。品牌识别将指导品牌创建及传播的整个过程,因此必须具有一定的深度和广度。

2. 安全功能

旅行社把品牌作为区别于其他竞争者的标识,目的在于引起消费者对其产品的关注,并作为他们选择特定产品的对象。但是,品牌如果不能满足消费者的需求,品牌的识别就毫无意义。品牌仅有视觉形象是不够的,品牌是一种承诺和保证。只有这样,企业才会在消费者中间树立一种品牌信誉,让消费者放心、安心,从而也提高了消费者对企业的忠诚度。

3. 价值功能

品牌意味着一定的品质,当品牌产品为特定消费群体所偏好并形成品牌忠诚时,品牌的无形资产就凸现出来。品牌是企业最有价值的无形资产,一个卓越的品牌就意味着企业长期的成功营销和利润,意味着产品的高附加值。品牌产品能提供给消费者比一般产品更多的价值或利益,他们愿意为购买一个品牌产品而支付更多的金钱,品牌在市场竞争中也就成了一个强有力的工具。品牌代表着一种产品或服务的所有权,它是所有者的标志,也是财富所有权的象征。品牌通过所有人的商标注册,获得使用、许可、转让的权力,谁生产或销售已经不重要,重要的是谁拥有这一品牌,所以目前市场的竞争归根到底是品牌的竞争。

二、实施旅行社品牌管理的必要性和可能性

（一）必要性

1. 旅游市场竞争“优胜劣汰”规律使然。旅游业经过三十余年的快速发展，市场竞争越来越激烈、无情。竞争的结果必然是资产、客源、效益不断向优强旅行社集中，众多无品牌优势和资产优势的中小旅行社经营日益困难，时刻面临被兼并、重组乃至破产的命运。任何旅行社要成为竞争的优胜者而不被淘汰出局，必须以良好的定位、合理的价格和诚信的服务赢得游客信赖，创成名牌。

2. 旅行社业转变增长方式的需要。从整体而言，我国旅行社业仍处于粗放经营阶段。表现在靠找关系拉客源，靠恶性削价吸引客源，导游、司机同货物供应商串通一气拿回扣，“一锤子买卖”意识浓厚，游客往往有花钱买罪受、上当受骗之感。旅行社自身效益则不断下降。从整个国民经济发展的客观要求及旅行社摆脱困境、迎接全球经济一体化挑战的现实需要出发，客观上要求旅行社业转变经济增长方式，依靠提高服务质量、提高服务的科技文化含量来求得生存、发展。而名牌是高质量、高科技文化含量的代名词，是市场竞争“优胜劣汰”的结果。因而实施名牌战略是旅行社业转变增长方式的一条重要途径。

3. 旅行社业迎接入世挑战的需要。中国加入世贸组织后，国内旅游市场竞争国际化，国际旅游市场竞争国内化，大批外资旅行社将进入中国，无论是资金实力、企业规模还是服务质量、管理水平，中国旅行社业与外资旅行社业都还存在相当大的差距。在此情况下，中国旅行社业要能在竞争中守住本土市场、开拓海外市场，必须在短短的 3～5 年时间里，奋发图强，扎扎实实做好各项基础工作，创成名牌。因为名牌是竞争的“精锐部队”。因此，实施名牌战略是旅行社业迎接入世挑战的需要。

4. 解决旅行社业现存问题的客观要求。国内旅行社业普遍存在着散布虚假旅游信息、偷工减料、恶性削价竞争、导游素质差、服务承诺不兑现等问题。解决这些问题需要从法律、行业管理、舆论及旅行社企业等多方面采取措施，进行综合整治。从旅行社的角度来看，主要是要有名牌意识，用诚信服务、高水平的管理、文明的竞争手段去赢得游客，赚取利润。也就是说，旅行社实施名牌战略可以促使导游素质提高，服务改善，管理走向有序，从而推动旅行社业整体素质提高。

（二）可能性

1. 国内已形成一批有一定影响力的旅行社。经过三十余年的发展，全国旅行社数以千计。其中一批旅行社已在竞争中脱颖而出，形成较大影响力，如中国旅行社、中国国际旅行社、中国青年旅行社等。一方面，它们需要进一步改善服

务，加强管理，做大做强；另一方面，它们的示范作用会带动一批有一定实力的旅行社学习、借鉴其经验，迎头赶上，从而引起旅行社业展开一轮又一轮的竞争，促使竞争各方不断进行服务、管理等方面的改进、改善，形成全行业实施名牌战略的氛围。

2. 游客的名牌意识开始觉醒。近年来，随着人们消费水平的提高，旅游消费品位明显提高，旅游消费决策理智化，旅游消费需求精致化，对旅行社服务质量的档次品位非常关注，迫使旅行社精心策划旅游线路，周到、细致地为游客服务，满足游客的求名、求舒适心理。同时，多年来的旅游经历也教育了游客，与其花较少的钱找没名气的旅行社接受低劣服务，不如多花点钱找名牌旅行社享受高档次的服务。因而，品牌逐渐成为游客选择旅行社的首要考虑因素，价格慢慢地不再成为游客选择旅行社时着重要考虑的因素。这为旅行社实施名牌战略提供了坚实的市场基础。

3. 政府关注、扶持旅游名牌战略工程。我国政府已把旅游业放在第三产业优先发展序列的首位，许多省市尤其是旅游资源丰富的省市把旅游业列为主导产业或支柱产业，予以重点扶持。20 世纪 90 年代，国家旅游局在全国部署旅游名牌战略工作，各级地方政府从资金、土地、税收、人才等方面对旅游名牌战略工程给予了大力支持。可以说，创旅游名牌的社会条件已基本成熟。旅行社业是旅游业的重要组成部分，与整个旅游业相适应，创名牌的社会条件已成熟。许多地方政府对旅行社业的改革、重组寄予厚望，把它纳入了国民经济和社会发展长远规划中，可见政府对旅行社名牌战略非常关注、重视。

三、旅行社品牌的构成要素

旅游品牌的要素有以下几个方面：

1. 产品特色

在众多而且日益增多的品牌和产品中，要想营建游客对某一品牌的识别与忠诚，产品必须具备与众不同的特色。不同的旅行社具有不同的资源和特点，旅行社应该根据自己的优势和劣势找准合适的市场定位，形成自己的产品特色，在此基础上树立品牌形象。

2. 优质服务

优质服务是营建品牌忠诚的基础条件。没有优质的服务，各种经营策略都难以奏效；即使不运用其他策略，游客也完全可能因为旅行社提供的优质服务而成为回头客。吃、住、行、游、购、娱六个方面的优质服务综合起来，使游客在众多同类产品品牌中不再去作其他的选择。

3. 产品的价值

由于人类求新求异的心理，在产品设计上应尽量具有满足大众心理和生理重复性需求的功能，如具备医疗作用的温泉矿泉旅游区，满足游客戏水天性的海滨度假区等。

4. 价格优惠

旅行社可以相应建立客户信息资料系统，对其中的高消费和高访频度客人采取价格优惠的政策，为其提供个性化的奖励方法和接待服务。

5. 客户管理

采取多种形式，建立客户信息资料系统，提高客户的忠诚度。

四、旅行社品牌的实施策略

旅行社的品牌实施策略主要包括以下几个方面：

1. 品牌化策略

品牌化策略就是企业决定是否要为其产品建立品牌。在市场经济条件下，企业通过品牌化可以获得很多利益，品牌是企业的一种无形的资产。

2. 一元化策略

一元化策略就是指旅行社包括各业务机构(分公司)及其各种产品都采用一个名称的策略。

国际知名企业采用此种策略较多。优点是结构单一，职工忠诚度高，企业凝聚力强，企业形象识别力强。对于旅行社来说，实行此战略可充分利用品牌形象不断推出新产品，节约每次推出新产品的促销费用，并充分显示企业经营产品种类齐全的实力。其缺点是企业形象的风险高，企业的任何新产品的推出都与企业整体直接相关联，正是所谓的“一荣俱荣，一损俱损”。

3. 多元化策略

多元化品牌策略是指那些以一个核心机构或拳头产品的品牌作为整个企业的名称，并以其为基础发展其他相对独立的事业机构或独立品牌的战略。

企业运用多元化品牌策略有很大的灵活性和可塑性。虽然每推出一种新产品的成本和风险很高，但如果某一产品形象不佳，不会影响其他产品的形象。其缺点是分散了财力和人力；企业形象识别性差；企业内部凝聚力差。

4. 重新定位策略

品牌重新定位就是重新确定某一品牌的市场定位。也就是说，尽管品牌名称和品牌标志没有变化，但其市场定位已经发生了变化。万宝路香烟由女士香烟重新定位为男士香烟，就是品牌重新定位的成功范例。

五、旅行社品牌的建设和管理

(一)旅行社品牌的建设

对于有形产品而言,产品品牌是最主要的;而对于无形的服务业来说,企业的品牌则是首要的。旅行社的产品具有无形性的特点,因此企业品牌的建设显得尤为重要。旅行社的品牌建设主要包括以下几个方面:

(1)确立适当的公司名称。公司名称是服务品牌的核心,旅行社的名称应具有独特性、恰当性、可记性和灵活性。

(2)在综合考虑各种因素的基础上赋予企业品牌独特的内涵。

(3)设计与公司的名称、内涵相一致的公司标志,并连同公司名称一并注册,取得合法的排他性使用权。

(4)通过品牌内涵的管理和品牌内涵的营销沟通,唤起消费者对品牌的注意,强化消费者的认同态度,促成消费者的购买行为。

(5)通过优良的服务和售后服务不断吸引回头客,培育顾客的品牌忠诚。

【案例 5-2】

安徽顺达旅行社

安徽顺达旅行社注重品牌建设,2006 年度进入“全国百强旅行社”,成为合肥唯一一家获此殊荣的旅行社,这也是该社第 5 次进入全国“百强”。

该社成立于 1988 年,一直把创造品牌放在首要位置,努力加强制度建设和内部管理,努力提高服务质量,有明确的企业文化和价值观。先后成功注册了“黄山之旅”“天天快乐之旅”“顺达旅游”“合肥旅游”等文字、网络及图形商标。与此同时,还开展形式多样的公益活动,回报社会,如开展了“约会春天”“新安旅游文化周”“寻访共和国功臣”“百位老人看合肥”等社会公益活动,产生了积极的社会影响,赢得了各界的普遍赞誉。

2006 年 3 月,顺达正式加盟安徽省旅游集团,并于年底按照集团部署,平稳地实现了股份制改造的工作,在原有基础上成立了“安徽顺达旅行社有限责任公司”,完全融入安徽旅游集团产业链建设之中,开始了打造“新百强”,重塑“新顺达”的新品牌创业新路。同年,在集团的强有力支持下,顺达先后参与了“百万江苏人安徽乡村游”“中国合肥首届徽菜美食节”等活动,并组织近千人参与暑期红色旅游专列,实现了社会和经济效益的双丰收。

(资料来源:www.myshunda.com)

(二)旅行社的品牌管理

品牌形成容易,但维持是个很艰难的过程。没有很好的品牌维护战略,品牌是无法成长的。很多企业只靠花掉大量的资金做广告来增加客源,但由于不知道品牌管理的科学过程,有了知名度后,不再关注客户需求变化,也不能提供承诺的一流服务。要想真正做好旅行社的品牌,令其长久不衰,应注重对品牌的管理。

1. 培育品牌形象

旅行社在管理品牌的时候,首先应主张培育企业的品牌形象。措施主要包括:(1)提升品牌的含金量。旅行社应重视品牌形象的建设,培育出为旅游者所信任和欢迎的企业品牌和产品品牌。(2)实施品牌形象战略。旅行社要努力培育独特的品牌形象,以区别于其他旅行社及其产品。(3)全面整合企业行为。旅行社应对企业行为进行整合,全面提升企业运行质量,提高服务的附加值和市场竞争力,树立良好的品牌形象,以吸引更多的客户和旅游者。

2. 以顾客为本,时刻关注他们的需要,增加顾客的参与程度

品牌的塑造不是旅行社的"一厢情愿",而是旅行社与游客的互动过程。由于旅游产品的无形性特点,而游客的购买习惯又总在发生变化,所以旅行社要时刻与游客进行沟通,根据他们的意愿调整企业行为,来培育旅行社的品牌,是旅行社的品牌具有自我发展的能力。

3. 培养顾客对品牌的忠诚度

旅行社应该建立详细有效的客户资料数据库,并加强与客户的联系,使其成为回头客,培养对旅行社品牌的忠诚度。

4. 加强对员工的培训

旅行社的管理层通过培训等方式,把旅行社的品牌目标和经营管理理念等植根于员工,本着为员工服务的思想,建立合理的旅行社内部机制,给员工提供公平的竞争环境和个人发展的机会来提高旅行社内部的运作效率和满足员工自我实现的需要,在企业内部搞好品牌的管理。

补充阅读资料 5-2

旅行社品牌管理的现状

一、品牌现状

服务行业特点决定了其产品的同质性,没有自身特色。消费者对品牌的认同和信仰,归根结底是对该品牌所代表的产品特质的认同,但目前我国旅行社行业缺乏定位清晰、具有特色的产品,也就自然难以形成被消费者认可的品牌。

二、产品同质

品牌信仰的建立是基于产品的特色，而目前中国旅行社行业很难区别出各家旅行社的特色。大宗旅游线路，传统旅游产品不外乎“交通＋景点＋住宿”，而这三种资源均不在旅行社的掌握之中，而任何旅行社又必须依赖这些资源生存，资源的同质导致了产品的同质，形不成自身特色。

三、定位不清

旅游消费的大众性使其没有明确的受众群的划分。这也是旅行社产品没有特色导致的必然结果。随着收入水平的提高，旅游消费已经从以往的高端消费领域向大众化发展，旅游所体现的生活方式日益被大众接受。各旅行社目前推出的旅游线路任何人都可以消费，不分性别、年龄、教育程度。目标消费群的界定不清，也导致宣传推广找不到落脚点。容易出现以下问题：

1. 宣传雷同。只有产品具有不同的特色才可能产生不同的推广方法和宣传方式，雷同的产品也必将导致旅行社线路、产品推广宣传的雷同，基本上脱离不了“旅行社名＋线路＋报价”的模式。

2. 竞争加剧、毛利率的逐步降低使品牌推广投入捉襟见肘。旅游行业的品牌时代尚未到来，整体仍然处于自由竞争的“战国时代”：由于受资源成本的制约，以及旅游消费者日趋理性的消费选择，同时旅行社的不断增多，旅行社行业竞争不断加剧、毛利率不断减小，旅行社的生存空间不断被打压。

品牌的推广需要大笔的投入，而在旅行社行业毛利率日益变薄的情况下，旅行社要在品牌推广上花巨资无疑是杀鸡取卵，自取灭亡。

各旅行社目前进行所谓推广只是在能实实在带来实在利润的旅游产品的区域性广告发布上，基本上没有真正大手笔的品牌推广活动。

3. 旅行社中知名度较高的企业均是历史沿革的结果，并没有形成真正以旅游产品的特色而带动起来的名牌。最为中国消费者津津乐道的三大社，国旅、中旅、中青旅，是由于历史的原因被中国的消费者所知晓：国旅总社背靠国家旅游局，中旅依靠侨办，中青旅则依靠共青团，建立了全国的网络，但这仅仅是历史沿革的结果；并且该知名度仅仅局限于企业名称的知名度，同产品、服务特色没有直接的关系。

换句话说，该三大社尚没有形成自身独特的品牌特色，没有形成具有独特内涵的品牌形象。而这一点的缺失，将使这些强势品牌在日后的充分竞争中逐步衰落，中旅总社在2004年百强排名中跌出三甲，便是最好例证。

4. 法律法规的缺失导致旅行社特色品牌保护乏力。目前我国法律中对商业方法、技巧，尤其是服务行业的独特性保护尚属空白，往往是一个旅行社开发出一种旅游线路或者采取一种崭新的旅游操作方式，便立即被其他旅行社所仿效，开发者的尝试性成果的收益被其他旅行社所分享。搭便车行为的泛滥导致新颖产品开发的积极性减弱；所有旅行社聚集于传统的线路大打价格战，使旅游产品同质化加剧，特色更不明显。

5. 旅行社企业的地域性，以及各旅行社企业名称混淆，网络虚化，限制了更大范围内的品牌推广。虽然现在国、中、青等大旅行社均号称为全国性的旅行社，但是并未真正建立起全国性有效网络，名称中有“国旅”“中旅”“中青旅”的并非都是一家人。

由于报名参团游客的地域性限制，利益的非直接性，这些大社也不会花费大量的费用在更为广泛的范围内进行无效的宣传，因为这些宣传或许将被和自身毫无关系的其他旅行社所利用，为别人的企业做了宣传广告。如中青旅网站“青旅在线”上的“聚焦中青旅”栏目所刊发的有助于中青旅形象和品牌推广的公司动态和媒体报道文章，经常被其他同中青旅控股股份有限公司无任何资本或行政关系的地方青旅的网站所窃用。

（资料来源：全球品牌网 2006 年 5 月 21 日，作者：李广）

六、旅行社品牌的传播和延伸

（一）旅行社品牌的传播

1. 多元化的、个性化的产品是基础

在进行品牌经营管理时，要充分体现现代市场营销观念，不断增强旅行社的市场竞争力，以此带动旅行社效益的增长。产品的多元化能够扩大消费者的选择空间；产品的个性化能够满足消费者的特殊需求，让消费者得到更多的满足，最终提高旅行社品牌的知名度和消费者对品牌的忠诚度。

2. 优质的服务是保障

旅行社的员工通过良好的形象和较高的服务素质为游客提供服务，使游客了解并接受旅行社的品牌，使其成为回头客。同时，旅行社也能从游客那里获得较高的利润、声誉和重要的市场信息。这一循环过程是旅行社品牌价值的实践环节。

3. 核心顾客是平台

旅行社实施品牌经营管理的主要对象就是核心游客。只有与核心游客建立起稳定的关系，旅行社的稀缺资源才会得到有效的配置和利用，也只有适当的资源配置到最有效益的游客上才能产生更高的收益和利润。所以，旅行社应建立顾客服务一体化系统，从各个方面为顾客提供优质服务，建立旅行社品牌经营的优质平台。

(二)旅行社品牌的延伸

当品牌的口碑效应和从众效应发挥作用时,旅行社的良好品牌形象就会通过现实游客的消费和体验被潜在的游客所认知,许多人抱着尝试的心理就从潜在的游客转化为现实游客。这时,旅行社应进行理性的品牌延伸扩张,充分利用品牌资源获取最大利润。

创建强势品牌的最终目的是为了持续获取较好的销售和利润。品牌是企业的无形资产,只要有科学的态度和高超的智慧来规划品牌的延伸,就能充分利用品牌这一无形的资产,实现企业的跨越式发展。

旅行社在进行品牌延伸时,应当处理好延伸品牌与原有品牌的关系,考虑发展与核心品牌有联系的一系列代表性的延伸品牌与产品,不损害原品牌的质量感觉或改变现存的品牌联系。然而在实际的操作上,对品牌延伸的策略选择至关重要。品牌延伸策略的错误选择会影响到原来品牌的价值。因此品牌延伸才会被描述成"双刃剑"。

结合中国旅游市场的现状,旅行社进行品牌延伸,具体可以采取以下策略:

1. 副品牌策略

副品牌是指企业在生产多种产品的情况下,给其所有产品冠以统一名称的同时,再根据每种产品的不同特征取上一个恰如其分的名字。采用副品牌策略的优点是多方面的。

首先,有利于核心价值的统一和子品牌个性的突显。旅行社产品的同质性和不可专利性,使现今旅游市场上的产品大都趋向于雷同。这对于母品牌的核心价值体现和子品牌个性的彰显有削弱的影响。采用副品牌策略,主品牌与副品牌以像文章中主标题和副标题的关系呈现,既能体现主品牌的核心价值,同时通过副品牌的区分也能突出品牌各自的个性。如"南湖国旅·西部假期",在体现南湖国旅质优价廉的大众化服务同时,也营造出了"西部旅游专家"的个性,是一个成功的副品牌的运用。

其次,副品牌可以尽享主品牌的影响力,同时也可以提升主品牌的美誉度。由于主品牌和副品牌有明显的密切联系,在实际的营销中,旅行社只需打着主品牌,就能够使旗下的副品牌享有部分对主品牌营销的影响力。而对副品牌进行营销,又可以反过来增加主品牌的知名度和美誉度。

2. 多品牌战略

多品牌战略是指在同一种类的产品中使用多个品牌,即在产品线的深度上实施多个品牌的战略。

多品牌战略是旅行社品牌延伸的核心。在当今旅游市场过度价格竞争的情况下,应当采用以功能为区分而非以价格、档次为区分的多品牌战略。因为以价格、档次为区分的多品牌战略，对目标市场定位的依据是价格。在目前我国旅行社消费目标群体中，价格的区分作用并不明显，间接造成了旅游市场过度价格竞争的现状。唯有以功能为区分的依据，能面对有明显区别的细分市场，尤其是在特种旅游、探险旅游等甚为专业的旅游细分市场中瞄准目标消费群体，并且培养他们对品牌的忠诚，以削减其对价格的敏感性，从而避免过度价格竞争。同时，以功能为区分的多品牌战略，也有利于明显地区别品牌的个性。

3. 创造品牌核心价值，保持其相关性

品牌延伸中，品牌家族的核心价值是联系各个子品牌与主品牌的纽带。美国市场营学学者 Aaker 和 Keller 的研究证实，只有当两个产品被消费者视为具有关联性，即在共同的场合同时被消费者使用，或者与原产品开发相联系的技术、技能、知识等有助于延伸产品的制造与生产，品牌延伸才会得到认同，否则难以被消费者接受。

一般来说，母品牌与延伸品牌的相关程度高，其延伸的成功率也高。旅行社企业在建立起了各延伸品牌的区别性的同时，必须注重延伸品牌之间以及延伸品牌与母品牌之间的相互关联性。具体来说，可以通过创造品牌家族的核心价值来实现。

品牌核心价值是品牌的共性，是整个品牌家族所能带给消费者的让渡价值。在每一个延伸品牌当中，都应该注意保留与主品牌一致的核心价值。如“南湖国旅”延伸到了“西部假期”“粤港游”，在延伸品牌中仍然体现出价廉物美的大众化旅游的理念，延伸品牌与主品牌保留有很高的关联性。

补充阅读资料 5-3

旅行社品牌的探索之路

针对旅游品牌建设和管理存在的问题，各旅行社已经在采取各种途径予以解决。

1. 针对企业名称、商标的混淆问题，中旅体系试图通过设立特许经营加盟社的方式予以解决。

目前，在全国 300 多家使用“中旅”名称的旅行社中，只有 1/2 的旅行社是中旅理事会成员。

目前，中旅推行品牌加盟特许经营，要求成为“CTS 中旅”的加盟店根据地区不同，国内旅行社的费用在 1.5 万～3 万元不等，具有出境游资格的旅行社的费用在 2.5 万～4 万元之间。

但品牌加盟关键要看品牌本身的号召力和市场价值，1.5 万～3 万元的特许经营费是否能给加盟旅行社带来相符的品牌利润还是个未知数。目前，在国内旅行社只有出境业务有利润，国内线路在低价竞争下利润几乎为零的情况下，交纳1.5万～3万元的加盟费获得中旅商标是否能增加1.5万～3万元的利润还值得怀疑。

同时，非法使用中旅名称在国内也得不到有效的制裁，这使得相当数量的小旅行社宁愿打擦边球，而不会选择规范的加盟方式来获取中旅商标的使用权。可以推断，这种品牌加盟形式只能在"中旅系"的小范围内适用，其主要对象是和中旅有长期合作的地方旅行社，目的是通过这种形式把原本松散的"中旅系"进行整合，建立一定的资本纽带，利于中旅商标的品牌运作，但其效果及其影响面不会太大，更多的旅游企业将处于观望状态。

1997年，中国青年旅行社为主发起人，成立中青旅控股股份有限公司，并于同年上市，随后一两年内，中青旅通过资本运作，收购或成立广西、浙江、江苏、新疆、广州、深圳中青旅，并建立海外的香港和日本中青旅作为其开拓海外市场的平台。为了同原青旅系统成员相区别，中青旅控股股份有限公司于2002年推出新的LOGO，并注册了"中青旅"文字和其LOGO的图形商标。但即使这样也没有有效地解决"中青旅"的商号混淆问题，因为青旅总社的地方各分支机构都有权使用"某某中国青旅"的企业名称，而"中青旅"和"中国青旅"又很难区分。

2. 针对只有企业名称的品牌效应而没有特色产品品牌效应的现状，一些旅行社纷纷采取注册产品名称商标的方式保护产品品牌。

"红色旅游"的概念提出后，出现了诸多旅行社抢注"红色之旅""红色旅游"等商标的现象，这说明了品牌意识或者说是商标意识在旅行社中的萌醒，但也同样说明了这种意识的滞后。并且也应看到，即使"红色之旅"被核准注册，也仅仅是在突显旅游产品特色的道路上迈了一小步，并没有突出其更明确的定位。

在这方面做得比较好的是中青旅控股股份有限公司，该公司已经在2001年注册了"小太阳"的图形商标，作为其旅游产品销售终端"中青旅连锁"的标志图形。

现在该公司又根据其业务情况，针对老年人旅游和青少年学生旅游以及其他的消费群体开发新产品，申请了"快乐老人""东方学子""同心之旅"等特色产品的商标注册，初步建立起基于产品的品牌体系。

此外，国旅总社在中国公民旅游市场中进行"环球行"服务品牌运作。采用国际化的旅游批发商经营运作模式，在全国发展旅游代理商。国旅总社现正逐步发展并建立"环球行"旅游代理商网络。这一点很好地将品牌和网络的运作结合起来，值得各旅行社借鉴。

根据以上分析，旅行社企业要真正走向品牌之路，需在以下几方面进行认真筹划：

1. 形成基于产品特色的品牌定位

消费者对品牌的认可必须要落到实实在在的产品和服务中，只有产品和服务具有与众不同的特色才能使消费者明确感知，在旅行社行业中这一点很难做到，但却至关重要。

要旅行社经营者去发现、开发、设计具有独特特色的旅游产品，并强化其特色，并将该特色通过自己的服务带给消费者。只有这样，才能使消费者明确地区分不同的服务，才能获得消费者的品牌信仰。

2. 细分业务流程，从横向和纵向两个方面建立其品牌体系

品牌信仰的建立需要明确的品牌载体，而这一点在旅行社行业中较难建立，这就需要将旅行社的运作体系逐一分解，通过横向和纵向的逐个项目、阶段的截取来建立该载体。

横向方面，可以开发出针对不同群体的旅游项目，如儿童、老人、残疾人等等，并针对不同的人群设计不同的线路，辅以有针对性的服务。纵向方面，可以将旅行社行业运作的各方面进行特性化，比如可以设计出不同特色的产品，可以形成产品销售网络的品牌等等。

旅行社只有在业务环节的方方面面形成自身的特色并被消费者感知，才能形成自身具有独一无二特色的品牌形象，也才能在提及该品牌时，消费者能联想到该品牌的特点。

3. 有效地运用现有法律体系，保护自身品牌

旅行社的产品(旅游服务)，没有有效的法律体系保护时，可以借鉴前述的方法，将该产品中独特的地方以文字予以抽象表达并注册商标，以保护产品的文字描述来保护产品的独创性思维和独特的运作方法。以《商标法》来保护旅游产品的独特性，虽然有不可避免的漏洞，但也是现有法律体系下唯一可采取的方法。

4. 在品牌的推广中借势借力进行品牌宣传

如前所述，在目前旅行社行业整体毛利率非常低的情况下，很难不顾成本采取大手笔对旅行社企业或是其产品品牌进行推广。但可以通过与具有实力的行业的企业进行合作，借势借力进行推广。

一般可采取双方合作的方式进行。如中青旅控股股份有限公司最近与“统一”企业进行合作，青旅为“统一”绿茶的促销活动提供旅游名额，作为回报，“统一”企业在其促销装绿茶上出现中青旅的LOGO，在开展促销活动的五省市投放市场，并在促销期间均出现中青旅的LOGO。中青旅与“统一”的这一合作，起到了很好的借势借力的效果，对中青旅的品牌推广起到了非常理想的作用。

（资料来源：全球品牌网 2006年5月21日，作者：李广）

第三节　旅行社风险管理

一、风险的概念

在全球经济发展速度放缓的大背景下，中国经济发展像在高速公路上奔驰的快车，一枝独秀，独领风骚十余年，给国内外的众企业提供了难得的历史机遇和无限的发展良机，根据收益和风险对等的原则，中国经济在高速发展的同时也蕴含着无穷的风险。日趋激烈的竞争环境，不成熟的行业市场，存在漏洞和缺陷的法治环境以及接连不断的自然灾害都给企业和社会带来了无法预测的风险。

到目前为止，理论界和实业界对于“风险”这一概念尚没有一个统一的认识。美国学者海尼斯认为，“在经济学和其他学术领域中，风险一词并无任何技术上的内容，它意指损害的可能性”。因此，“某种行为能否产生有害的后果应以其不确定性界定，如果某种行为具有不确定性，其行为就反映了风险的负担”。这是对风险的早期定义，它强调损害发生的可能性。威廉姆斯和海因斯则从预期与实际结果变化上去考察风险。他们认为，“风险是在一定条件下和一定时期内可能产生的结果的变化。如果结果只有一种可能，不会发生任何变化，那么风险为零；如果可能产生的结果有几种，则存在风险”。而罗森布朗则把风险概括为“风险是损失的不确定性”。

上述对风险的不同解释实际上并没有本质的区别，概念的差异仅反映了不同学者研究的角度或出发点不同。由此，我们可以将风险定义为在未来会影响企业或组织的之策略、营运或财务目标达成的不确定因素。风险会造成企业在财务上的损失、利润减少或倒闭，但相对的，风险也会为企业带来高额报酬与成长机会。

二、旅行社风险管理的概念及现状

（一）旅行社风险管理的概念

风险就是未来的不确定性，风险管理就是研究风险、驾驭风险、研究未来、把握未来。未来充满神秘，古往今来，人们都向往能预测未来。中国古代的易经八卦，就是占卜预测未来的学说，现代也有一些所谓的“未来学家”，但真正能够把握未来的人很少。旅行社经营也要研究未来，任何企业要长远发展，都必须面向未来作战略决策，也因此要承担各种风险。面对风险，一般企业要么“杞人忧天”，畏惧不前，丧失大好机会；要么麻痹大意，变成“温水中的青蛙”，逐渐丧失了竞争优势；还有些铤而走险，以赌博心态进行经营决策，最后落得破产倒闭。正确识别风险，将风险因素纳入企业正常的管理范围，是一个非常严肃的命题，却也经常被管理者忽视。业界有这么一句名言："害怕风险的，不是好的经营者；不会管理风险的，也不是好的经营者。"风险是一只猛兽，可以随时让你的事业毁于一旦，然而这只猛兽却是可驯服的。精明的经营者懂得如何管理风险，从风险的背后寻找推动事业飞跃性发展的机会。童话故事里的逻辑，往往在商界里重现——每一件宝物都有一只凶猛灵兽在守护着。如何驯服这只名为"风险"的守护兽，而获得"利益"这件宝物呢？风险管理，就是各位勇敢的商界斗士手上最有力的武器。

具体来讲，旅行社风险管理是指旅行社在对其生产经营中的风险进行识别、估测、评价的基础上，优化组合各种风险管理技术，对风险实施有效的控制，妥善处理风险所致的结果，以期以最小的成本达到最大的安全保障的过程。随着社会的发展和科技的进步，旅行社经营面临的风险因素越来越多，使旅行社经营管理人员日益认识到进行风险管理的必要性和迫切性，从而采取种种办法来对付风险。但无论采用何种方法，风险管理的一条基本原则是：以最小的成本获得最大的保障。

(二)旅行社风险管理的现状

随着旅行社的发展，人们开始重视对旅行社风险管理的研究，但对中国的旅行社业风险管理的研究还处在起步阶段，并且只是停留在理论层面，至今还没有建立一套与企业相应的风险管理结构和体系。深究其中的原因，主要有三种：一是没有意识到风险的存在，身处危境而不自知；二是看到风险潜伏在周边，认为自己无能为力，寄希望于运气；三是认识到风险的存在，但苦于没有良策。目前，尽管旅行社由原来的旅游意外保险改为投保责任保险，但旅游风险的案例常常见于新闻媒体，由于旅游法规对旅行社经营有较多限制和旅游保险制度的不健全，往往是因第三者的原因旅行社不得不向游客赔偿，但旅行社垫付近百万资金后向保险公司理赔，由于保险理赔程序问题致使理赔不成功。这说明旅行社风险之大、责任之重，急需对经营风险进行管理。

但是旅行社除投保责任保险外，关于风险管理还没有真正予以重视。随着中国旅游业飞速发展，这个朝阳产业越来越显示出勃勃生机，但行业的经营风险与发展的矛盾越来越尖锐，对行业风险管理的研究显得更为重要。为了改变这个现状，许多业内人士相继发表意见，但旅行社的风险管理的研究不能仅局限于这个行业，而且需要法律、旅游、保险等理论知识和实践知识，所以对旅行社风险管理的研究目前还没有一个全面的、系统的研究成果。

(三)风险管理的必要性

风险具有不以人的意志为转移的客观性，不管人们对它的态度如何，风险犹如企业的影子，从它诞生那天起就伴随着它，直至企业的灭亡。虽然科学技术日新月异,人们可以通过技术力量规避、控制风险。但是,科技作为手段,总有过时之处和失败之时。技术引领了社会的发展,却永远滞后于风险的新生。谁也不可能运用现实技术将新生的风险消灭殆尽。风险具有连锁效应,就单一风险本身来讲不会对企业构成威胁,但是风险会传染,相关联的风险成串堆积,形成"风险链",引发连锁反应和危机。如同多米诺骨牌,你可能要花费几周甚至成月的时间堆起"长龙",但由于风险的存在,毁灭它却只要几分钟甚至几秒钟的时间。风险不是孤立存在的,往往相伴而生,相互尾随,互为因果并伺机转换。风险是动态的,昨天的成功会导致今天的失败,而今天的机会也许正是明天的风险。

但是,人们在风险面前也不是无能为力的,如果人们能够正确认识风险并能有效地利用科学技术,就可以把风险控制在企业经营允许的范围内。风险如被控制在一定范围之内,不但不会损害企业的发展,反而有助于企业的进步。一旦超越这个范围,"坏"风险的危害性就会原形毕露。

风险管理通过减少不必要的价值损失和寻求更大的机会来创造价值,提高企业运行效率与效益,提升企业价值。风险管理能力应该成为企业核心竞争力,与其他核心竞争力一样,风险管理能力是企业发展沉淀的专有资产和基本素质,是企业应对市场差异化能力"超人智慧"的体现。一旦这一资产与传统的核心能力诸如技术、产品、销售、人员等要素加以组合成为企业核心能力,会更难被对手学习和模仿,成为企业制胜的法宝和防御潜在对手进入的壁垒,能够有力地保障企业持续发展和目标的实现。

【案例 5-3】

欧洲游拒签率增3倍　旅行社面临经营风险

近期欧洲签证门槛大幅提高,来自旅行社的统计数据显示,近期游客赴欧的拒签率增长近3倍。开放不到一年的欧洲旅游市场在第一个暑期旺季就让旅行社捏了一把冷汗。

面谈率提高

据了解,2005年6月中旬欧洲各国领事馆下发通知,欧洲签证执行更加严格的发放制度。制度规定每个团队有30%的游客要接受领事馆的面谈,个人签证100%面谈,没有过签注史的白皮护照100%拒签等。尽管领事馆要求提交的材料没有发生变化,只是面谈率提高了,但是政策执行近一个月以来,旅行社方面称,初步统计欧洲签证拒签率增长了近3倍。

旅行团操作难度加大

业内人士表示,领事馆为防止游客滞留现象出现而设置这么严格的规定,在暑期出游旺季到来的这段时间,等于在欧洲游的价格瓶颈上又加了一把锁,把已经敞开的欧洲大门关闭了一半。某旅行社海外部负责人说，领事馆拒签团队游客的签证是不需要陈述理由的，这就给旅行社的解释工作带来了很大困难。因为如果被拒签，游客还是必须支付已经发生的签证费，如果需要前往北京或者上海两地进行面谈的话，来回费用也需要游客自己负担。更为重要的是，暑期作为欧洲游的旺季，签证门槛的提高会导致旅行社在组团时变得十分被动，高价位的欧洲游散客报名成团就远不如国内游容易，如果遭遇拒签，会导致不能成团，旅行社在团队操作上的难度明显加大。

记者了解到，目前广州只有德国、意大利、法国三家欧盟国家领事馆。其中德国由于开放三个月就滞留了6000多人，现在团队的拒签率高达99%。而意大利的签证只能在申根协定国范围内进出一次，但旅行社的旅游行程很难只在申根协定国内游览而放弃不属于申根协定国的英国、瑞士等。法国由于可签申根协定国进出多次的签证而成为广州旅行社欧洲签证的几乎唯一之选。

（资料来源：http://www.ycwb.com/gb/content/2005-07/12/content_939070.htm）

三、旅行社风险的表现形式

（一）旅行社的管理风险

旅行社的管理风险是由于公司治理结构的不健全、管理的漏洞与失误所产生的决策风险和操作性风险。管理风险是我国大多数旅行社存在短命和很难长大的根源，旅行社管理风险普遍存在的主要问题有：

1. 以个人忠诚度为管理纽带，用人有明显的感情关系，在决策层只听到形势大好，满足原有经验管理，看不到内部控制中的泡沫和漏洞，企业内部没有风险预警机制。

2. 重业务经营，轻管理控制，使企业管理长期处于混乱或摸索阶段，内部管理缺乏有效的审批、监控和纠偏程序，导致内部控制形同虚设，基础管理十分薄弱。

3. 重视有形资产和短期利益，对无形资产和长远利益考虑很少，缺乏优化各种资源配置，削弱了企业整体控制能力。

4. 管理能力和责任盲目而无控制地下放，其业务运作、财务管理、资源分配各行其是，没有激励约束手段，难以进行过程控制的评价和考核。企业对董事、监事、经理和管理人员任用不当，无充分授权，或精英人才流失，无合格员工，员工大面积（集体）辞职造成损失。

旅行社的这种状况，存在大量的随意性和岗位权责不对等，直接影响企业决策控制、综合管理控制、业务经营控制、资金财产控制、费用控制、产权及效益控制,将严重导致不良资产产生和资产流失。

5. 背离法律的调整和规范,存在极大的导向性风险。企业因多种原因,如产品质量不合格、劳资纠纷、法律纠纷、重大事故案被公众媒体曝光,而使企业公信力和美誉度急剧下降。

6. 企业因选择企业制度、法人治理结构、组织体系、激励机制不当而运作困难或内耗增大,或公司面临解散清算。

(二)旅行社的经营风险

旅行社的经营风险是因生产经营方面的原因给企业盈利带来的不确定性。主要表现为:

1. 国家各种经济和非经济政策的变化及市场自发调整产业结构随时给企业经营状况产生影响而带来较大风险。

市场变数极多,因市场突变、人为分割、竞争加剧、通货膨胀或紧缩、消费者购买力下降、采购供应等而事先未预测到的风险,导致市场份额急剧下降。

因政府法律、法规、政策、管理体制、规划的变动,税率、利率变化或行业专项整治,加入世贸组织、双边或多边贸易摩擦等造成的影响。

我国与其他国家之间政治、外交关系的恶化,也会导致正常经贸和技术合作的中断或终止。

2. 旅行社生产经营的大多数产品技术含量相对偏低,市场的任何波动都会对企业产生经营风险;因企业新产品、服务品种开发不对路,产品有质量和缺陷问题,产品陈旧或更新换代不及时等导致的风险。

3. 企业经营政策的变化和内部管理诸多因素的影响引起企业利润的变化给企业带来的风险;由于企业内部管理混乱、股东撤资、资产负债率高、资金流转困难、三角债困扰、资金回笼慢、资产沉淀,造成资不抵债或亏损的困境。

4. 经营目标模糊,领导核心能力弱化,更多地采取不分客户资信,进行盲目放债等经营手段大量存在,社会诚信度的严重不协调会给企业带来坏账损失的风险。

5. 因自然环境恶化、地震、洪水、火灾、台风、暴雨、沙暴、雪暴、天文异变、交通事故、危险品泄漏、环境污染、地质(地基)变动等造成损失。

当旅行社生产经营受到外部和内部各种因素的影响时,其敏感度相当高,经济的全球化和产业的自发调整将直接刺激企业行为,使经营风险变化变得更加频繁。

(三)旅行社的财务风险

旅行社的财务风险是由于举债给企业财务成果带来的不确定性,其实质是企业的现金流是否优良。这种风险程度受企业借入资金对自有资金比例和企业资产质量的影响:借入资金比例越大或资产质量越差,风险程度越高;反之,风险程度越小。财务风险的主要表现形式是:

1. 旅行社中的财务预算编制缺乏科学性和指导性,在实际工作中操作性差而成为一种形式,较难控制现金流量。

2. 只重成果,不看过程,会计信息滞后失真,账面资产泡沫过大,出现大量呆账,潜亏严重。

3. 投资规模大,长期投资现金净流量的不确定和较高的筹资成本可能超过旅行社的可承受能力。各类投资项目论证不力、收益低下亏损、股东间不合作或环境变化导致项目失败。企业的股权发生变化或转移,而引起善意或恶意的收购和企业间的合并。

4. 只重视销售指标,不关心资产周转效率和营运成本,存在大量的应收款项。

5. 旅行社中不确定的筹资形式,使筹资的实际结果与其目标之间存在较大偏差。旅行社的这种状况只能是"先花钱,后算账",普遍存在凡事"做了算",不是"算了做",存在很大的财务风险。

6. 因外汇汇率波动而使以外币计价的企业资产与负债价值上涨或下降。

四、旅行社风险管理的影响因素分析

旅行社内外一切可能构成对企业效率、安全、品质带来不利的因素都可以是旅行社风险的来源。包括旅行社政策、法律法规的改变和政府行为或活动对企业产生的不利因素,市场主体投资、融资、经营、交易及供求关系发生显著变化等带来的市场风险,以及作为管理者在企业内部管理上决策、组织、生产、经营、监控等各环节的管理风险。总之,企业作为一个系统,总是在一定的环境下运行的。环境分为外部环境与内部环境,外部环境包括社会环境和任务环境。

(一)源自旅行社外部环境的风险因素

影响旅行社风险的外部环境因素主要包括以下几个方面:经济因素、技术因素、政治与法律因素、社会文化因素等,见表5-1。

表 5-1　影响旅行社风险的外部环境因素

经济因素	技术因素	政治与法律因素	社会文化因素
GDP 增长	政府总的研发支出	反垄断法	生活方式的变化
利率	行业总的研发支出	环境保护法规	职业预期
货币供应量	政府对科技的关注	税法	消费主动性
通货膨胀率	专利保护	优惠政策与激励	家庭构成
失业率	新产品	外贸法规	人口增长
工资与价格控制	技术成果转化	政府稳定性	人口年龄分布
能源供应与成本	因自动化提高的生产率	对外资企业的态度	人口区域转移
居民可支配收入			寿命

构成旅行社社会环境的因素很多，为了突出重点，促使我国旅行社发生重大变化的外部环境因素主要有以下几方面：

1. “入世”的冲击

我国加入 WTO 以后，旅行社市场将对外方企业全面开放，巨大的消费潜力会吸引众多的国外旅行社大举进入中国旅游行业。与外方旅行社相比，我国旅行社存在明显弱势：外方旅行社拥有较雄厚的资金实力，我国旅行社尚未形成真正意义上的大集团，资金分散，缺乏与外方旅行社集团抗衡的实力；外方旅行社有较成熟和较完善的管理机制和市场运行机制，我国几千家旅行社多为“小作坊”式经营模式，信息网络化技术的应用及跨国化经营与外方旅行社相比更是不可同日而语；外方旅行社拥有相当稳定的客源，我国旅行社尚处于客源输入水准低、外联能力差、由外方组团我方接待的“买方市场”的状况。加入世贸组织后，以独资或合资方式进入我国旅游市场的外方旅行社凭借其诸多强势夺取较大的市场份额，这必将加剧本已进入微利时代的我国旅行社业的市场竞争，部分国内原有的旅行社极有可能被挤出市场。

外方大旅行社集团将凭借其优势，更好地发挥旅行社的“龙头”作用，全面抢占、瓜分我国旅游业的经济利益。外方大旅行社集团与旅游景区、旅游饭店、旅游交通、金融保险等行业的纵向和横向一体化程度都比较高。进入我国旅游市场后，外方大旅行社集团容易实施“一条龙”的接待服务策略，独揽旅游接待服务的全过程利润，从而形成对我国旅游业（包括旅行社、旅游饭店、旅游交通等）经济利益全面瓜分的格局。

2. 信息技术的发展

半个世纪前兴起的信息革命正在迅猛发展，它冲击着包括旅行社业在内的每一类行业。近年来，随着电脑进入家庭和电话、电视、电脑三合一的临近，尤其是国际互联网网络技术的发展和普及以及网上资源的丰富和完善，旅行社经营又面临着新的挑战，甚至其生存和发展的基础都将受到国际互联网的冲击。但随着旅行社市场的全面开放和外方旅行社的进入，我国旅行社必然会受到来自各个方面特别是国际互联网的冲击和威胁。比如，旅行社的咨询服务功能将受到国际互联网自动查询功能的挑战，旅行社设计推销旅游产品功能将受到旅游者在国际互联网上自行设计旅游产品的挑战。

3. 国家行业政策

我国与旅行社相关的法律和法规制度在不断健全与完善。为了进一步规范旅行社市场以凸现我国旅行社在国际旅游市场中的竞争优势，在政府主导型发展战略指导下，我国政府还将出台一系列法律和法规制度。这些法律和法规制度对我国旅行社经营是一种"硬约束"(我们可以从质量保证金制度的出台和实施看出这一点)。因此，我国旅行社必须明确树立法律观念，严格守法经营，同时要注意法律和法规制度的变化，识别出这些变化将带来的市场机会和威胁，抓住机会，避开威胁，保证本旅行社安全、健康地发展。

(二)源自旅行社内部的风险因素

企业内部环境是企业风险管理其他要素发挥作用的基础，内部环境提供了风险管理的原则与结构，且受到企业历史与文化的影响。

1. 企业的风险管理哲学

旅行社的风险管理哲学指的是，旅行社从战略制定到日常经营过程中对待风险的一系列信念与态度。对风险的认识和态度不同，遭遇的风险也不同。那些能正确对待风险的人，并不总是在惧怕和规避风险，他们欢迎"好的风险"。有的人对风险不敏感，风险意识淡薄；有的人对风险比较关注，风险意识强；有的人敢于冒风险，有的人厌恶风险，追求平稳，"不求有功，但求无过"。企业内部各业务单元、职能系统或部门之间的风险管理哲学有可能是不一致的。譬如，销售部门愿意比其他部门接受更多的风险，为了扩大销售，可能会不遵循公司内部的政策以及外部的法规。在不同的管理体制和激励机制下，企业员工对待风险的信念和态度都会有所改变。譬如在企业的预算管理中，如果目标定得过高，不切合实际，而企业的绩效考核又比较注重短期结果，或者说未建立科学的绩效评价体系，在这种情况下，分部或子公司的员工大都具有操纵利润的动机。譬如，该投入的研发不投入，该做的广告不做，将一些费用进行资本化处理，甚至推迟费用的报销等，一切为了完成公司的利润这一关键考核指标。所有这些都是以牺牲公司的长远发展为代价的，会给公司的未来经营带来重大风险。

具有良好风险哲学思维的人会通过控制冲动和错误，形成适度的风险偏好，积累产生超群的风险承受能力，从而将风险控制在合理的范围之内。

2. 企业的价值观

企业的战略、目标以及实施方式都是建立在其偏好、价值判断以及管理风格基础之上的。管理者的正直与道德价值观影响着这些偏好与判断，从而形成行为规范。所以，行为规范不仅是指对法律法规的遵循。经营良好的企业经理们越来越认识到，美德与符合道德的行为会给公司带来很大收益。

企业经营活动各个方面的道德行为的前提条件是管理层正直。企业风险管理的有效性不可能超越从事创造、管理和监督等经营活动的员工的正直和道德价值观。换句话说，风险管理的制度与机制是人设计的，也是人去执行与监督的。正直与道德价值观是企业内部环境的一个基本的要素，会影响到企业风险管理其他要素的设计、管理和监督。

道德价值观和管理者的正直是企业文化的副产品。企业文化包括道德和行为规范，以及它们是如何沟通和加强的。正式的政策表明企业管理层希望的结果，而企业文化则决定了实际上将会发生什么结果，哪些政策将会得到遵循，哪些政策将被扭曲，哪些政策将被忽视。

企业高层管理团体的正直与道德价值观是最重要的，它对企业的其他员工起到表率作用。中国有句俗话："上梁不正下梁歪。"不少国有企业业绩评价体系不健全、激励机制扭曲，裙带关系成风，各层次的管理者假公济私或损公肥私的行为，都是对这句俗语的验证。

与风险管理哲学的改变一样，某些组织的因素也可能会引起欺诈或虚假财务报告行为，也会影响企业员工的道德行为。如强烈的激励或诱惑会导致员工产生不诚实的、非法的或不道德的行为。过分地强调结果特别是短期结果，也可能强化这种不良的内部环境。

3. 企业的组织结构

企业的组织结构指为公司活动提供计划、执行、控制和监督职能的整体框架，包括定义权责的主要领域，建立适当的报告线条，等等。例如，内部审计职能应该这样来组织：能够获得组织的公正性，可以不受限制地到达最高管理层或董事会的审计委员会，公司的审计负责人应该向能够使内部审计活动履行职责的组织层报告。

企业的组织结构应根据其需要来设计，可以是分权式的，也可以是集权式的；有些是直接的报告关系，有些是矩阵结构。企业组织结构是否适当，部分取决于企业的规模和活动的性质。对于具有很多分支机构（包括国外经营机构）的大企业来说，组织结构相对复杂，报告线条和职责分工也比较正式；但对于一个小企业来说，这样的组织结构或报告层次、职责分工有可能阻碍信息的有效流动。企业的组织结构决定了授权的程度,授权的增加与扁平式的组织结构相联系。组织结构的变革会鼓励员工的创造性、主动性,以及快速反应能力,这些都会提升企业的竞争力以及客户满意度。同样,授权增大要求员工能力达到一个更高的水平,要求有更多的报告责任,也要求管理层建立更有效的流程来监控决策的效果,避免企业授权管理中出现的"一放就乱,一收就死"的怪圈。

总之,组织结构的设计必须有利于企业的风险管理,有利于企业经营目标的实现。

4. 企业的人力资源管理

很多风险的创造者是"人","人为"创造了风险。那些能被人控制的自发性风险更是如此。随着时代的演进和工业文明主导地位的强化,与"人为"风险相关的自然性风险,如灾害、环境污染等天生性风险的始作俑者,归根结底还是"人"。GDP 猛涨,自然环境却日趋恶化,"人"是风险的受害者,也是某些风险的施害者,人类通过自身行为直接产生的人为性风险以及在超常行为之下间接产生的非人为性风险都使人沦为"坏风险"的帮凶。风险的这一特征决定了风险管理同样要坚持"以人为本""从人入手"的原则。保证组织内所有成员具有一定水准的诚信、道德观和能力的人力资源方针与实践,是内部控制有效的关键因素之一。如果企业雇用高素质员工,强调教育背景、工作经验以及正直与道德行为的记录,表明公司对有能力、值得信任的员工有一种承诺。企业通过培训提高员工能力,使员工的行为与绩效达到预期,能够应对各种各样的新挑战。

企业内部环境是企业风险管理其他要素发挥作用的基础,对企业风险管理系统的实施以及职能的发挥产生重大、持久的影响。

尽管内部环境的各要素都非常重要,但不同企业内部环境的各要素也不相同。小型企业不一定需要建立正式的职责框架及详细的运营政策,但依然可以有一个为风险管理提供适当基础的内部环境。

企业的首要目标在于为投资者创造价值——利润,竭力扩大收入并控制成本及费用;而就运转企业机器的经营及管理团队而言,其永恒不变的使命在于不断把握商机并管理风险。把握商机,取决于经营及管理团队的商业智慧和判断力、获取及分析商业信息的能力、企业所拥有及(或)可以控制和利用的资源,但仅仅把握商机并不足以领导企业成功。企业追求商业利益必须承担相应的风险,而有效的风险管理是企业避免失败及取得成功的必要手段。

如果企业无法取得管理风险所需的资源(实物型资产、金融/财务型资产、人力资源、信息及其情报、知识资源、供应商、服务商、合作伙伴等外部价值链)或不具备管理风险的措施和能力(消除风险、降低风险、转移风险、对冲风险),将导致竞争形势恶化、经营效益下降,甚至企业运营失败。

补充阅读资料 5-4

美国企业风险检测公式

在美国,"风险检测公式"是企业领导者评估经营风险、决策机构扩张速度与组织竞争力强弱的一种方式,通过它可以充分认清企业所承担的风险达到了什么程度:安全、警惕还是危机。风险检测公式将企业风险分为三种进行具体测试,即:成长风险测试、企业文化风险测试和信息管理风险测试。

成长风险测试:(1)资金市场是否对企业的业绩成长抱有很高的期望。(2)下属是否在没有动用公司更多资源的情况下取得了突出的业绩。(3)业绩收入在下属薪酬中的比例是否增加过快;如果答案是肯定的,则需记上较高的分值。

第二种与成长有关的经营风险来源于企业内部机构扩展的速度。在企业蓬勃发展时期,部门员工、生产设备、分销渠道都需要增加,如果没有经过充分的计划和分配,则整个企业扩展的支撑架构都会出现"过载"的现象,从而会以牺牲产品质量为代价来换取表面的扩张业绩。主要包括:企业是否有足够的能力去投资新的资源与技术来支持过快的扩张?团队中缺乏经验的新员工所占比例是否过高?

企业文化风险测试。企业不承担任何风险就无法永续发展,因为承担必要的风险是企业组织创造力和革新力的源泉。但是,暂时的成功往往会使企业领导者失去理智,盲目自信,不惜以公司的全部资产与声誉作赌注,向客户作出根本不可能实现的承诺。

(资料来源:http://www.wenkucn.cn/wenku/glxlw/145208740.html)

五、旅行社风险的防范和规避

(一)树立正确的风险意识

态度决定一切,树立正确的风险意识是有效风险管理的基础和前提。

1. 作最坏的打算

武器制造商总是使用"最坏情况下的事态分析法"展开武器装配的设计与制造。这样的武器能适应最恶劣的天气。旅行社运营要知道实现目标最坏的情况是什么,是哪些因素造成的以及如何应对。企业管理无外乎"管"两个对象——人与事,"理"两类活——例行管理与例外管理。对于"事",应该把"事"往坏处想,然后往好的方向努力;对于"人",则应先往好处想,但往风险发展的方向防范。“例行管理”依靠规范,“例外管理”更依赖于风险管理能力。

2. 要防微杜渐

一个阳光型企业的特征是:规范化、透明化、有激情、充满和谐。然而,即使阳光普照,也有昏晓明暗之别。打造阳光型企业,需要营造阳光氛围,需要明察秋毫,防微杜渐。从一节烟头、一件次品、一时失误、一个投诉、一次例外、一项违章、一回奖惩中发现问题和风险信号,在日常的工作和生活中,在阳光之下及时清除“霉点”,防止“霉变”,力求在初期或局部状态遏止风险,掐断风险变为危机的通道。

3. 要大胆创新

不断创新,产品战略随环境变化而调整。企业经营不是赌博,是“长线”经营。这种企业的特征是“稳健经营”和“创新发展”。赌博则是不计后果,不计风险,不计承受能力和资源约束的行为。

4. 时刻保持有生命力的企业文化

企业文化包含风险哲学,但仅此是不够的。对于不断变化的外部环境,不变的文化也会成为风险的诱因。在保持核心价值观相对稳定和代代延续的基础上,加以战略性调整、演进和完善,使文化成为企业转型的支持力量。试想,一个偏重人情、依赖员工觉悟发展的公司,在推行绩效管理、引入目标责任和内部竞争时,没有企业文化的更新与引导,谁会欣然接受新的、与过去相比近乎残酷的“严刑拷打”呢?

(二)旅行社风险管理对策

设计系列组合措施,把企业风险总损失降低到最低程度。

1. 回避风险

对一些风险过大的方案应加以回避。如:有专门机构负责风险管理,像财务审计一样“审计”法律风险,充分利用法律维权,预防法律风险的发生;设置专门机构研究主要竞争对手的现状,包括战略调整、高层变化、主要问题体现、发展潜力与威胁,可能性策略及影响以及可攻破的机会。

2. 预防风险

预防风险是指采取预防措施,以减小损失发生的可能性及损失程度。兴修水利、建造防护林就是典型的例子。预防风险涉及一个现实成本与潜在损失比较的问题:若潜在损失远大于采取预防措施所支出的成本,就应采用预防风险手段。以兴修堤坝为例,虽然施工成本很高,但与洪水泛滥造成的巨大灾害相比,就显得微不足道。

3. 减少风险

对无法回避的、不愿意放弃也不愿意转移的经营风险,可通过降低其损失发生概率，减少损失严重程度来达到控制目的。如决策多方案优选和相机替代，及时与政府部门沟通获取政策信息。在发展新产品前，充分进行市场调研。全面收集客户、行业、社会对企业和产品在质量、价格、服务、运营、品牌等方面的评价和反馈信息，掌握趋势动态；设立首席风险官，组织专门机构动态监测企业内部风险，随时拉响企业警报，协同处理危机事件；在金融、证券投资上进行品种、期限、币种多元化组合等。

4. 接受风险

量力而行，企业在力所能及的范围内承担风险。企业用自我保险把风险接受下来，如每月积存一笔基金用于发生事故时抵偿损失。对旅行社的财产、金融、责任、人力资本风险加以识别，并采取相应措施。如将损失摊入成本，建立意外损失基金，建立与金融部门和相关企业借款应急协议，旅行社协会互保实现再保险。

5. 转移风险

旅行社承担的非财产性质的民事责任的风险、实物资产风险、金融资产风险、人力资本风险，则需要风险管理机构根据相关法律法规、管理制度来转移风险。

(1)通过协议方式转移风险

如旅行社租赁交通部门车辆，当发生风险事故时由交通部门承担其风险。可通过免责约定将风险转移给另一方，通过保证合同，可要求职工签订劳动合同时担保人担保等。

(2)向保险公司投保

风险管理和保险无论在理论上还是在实际操作中，都有着密切的联系。从理论起源上看，先出现保险学，后出现风险管理学。保险学中关于保险性质的学说是风险管理理论基础的重要组成部分，且风险管理学的发展在很大程度上得益于对保险研究的深入。同时，风险管理学后来的发展也在不断促进保险理论和实践的发展。从实践看，一方面，保险是风险管理中最重要、最常用的方法之一；另一方面，通过提高风险识别水平，可以更加准确地评估风险，风险管理的发展对促进保险技术水平的提高起到了重要的作用。

第四节 旅行社保险管理

一、旅行社保险概述

(一)旅行社责任保险

旅行社责任保险,是指旅行社根据保险合同的约定,向保险公司支付保险费,保险公司对旅行社在从事旅游业务经营活动中,致使旅游者人身、财产遭受损害应由旅行社承担的责任,承担赔偿保险金责任的行为。目前我国关于旅行社责任保险的政策规定主要是2001年4月15日由国家旅游局正式发布、2001年9月1日实施的《旅行社投保旅行社责任保险规定》(以下简称《规定》)。《规定》第2条指出:"旅行社从事旅游业务经营活动,必须投保旅行社责任保险。"由此确定了旅行社责任保险为强制保险。

1. 旅行社责任保险的内容

保险合同规定:在本保险合同期限内,因被保险人的疏忽或过失造成被保险人接待的境内外旅游者遭受下列经济损失,依法应由被保险人承担的经济赔偿责任,保险人负责赔偿:(1)因人身伤亡发生的经济损失、费用;(2)因人身伤亡发生的其他相关费用。分析整个合同,责任保险保的是民事责任中具有财产性质的侵权责任的损害赔偿责任。合同违约责任的损害赔偿不在责任范围。

2. 责任保险的法律效力

《旅行社管理条例》明确旅行社责任保险为法定保险,国家旅游局发布的行政规章也是按法定保险要求的,但是,目前使用的旅行社责任保险条款并未经保监会审批,而是采用备案方法。根据《保险法》第107条规定及《保险公司管理规定》第67条、第69条第一款规定,法定保险的保险条款及费率必须经保监会审批,一个未经保监会审批的保险条款,一旦旅行社与保险公司形成纠纷,在适用法律时就对旅行社大为不利。

但是,现实情况是,当重大事故发生且在保险责任范围,保险赔偿金额不能确定时,保险公司往往借口种种理由不及时理赔。为保护旅行社的合法权益,必须依法规定赔付时间及金额。

(二)旅行社合同保证保险

1. 旅行社合同保证保险的内容

又称为旅行社契约保证保险(台湾地区称旅行业履约保证保险)。它是指因被保证人(旅行社)不履行合同义务而造成权利人经济损失时,由保险人代被保证人进行赔偿的一种保证保险。

2. 开设旅行社合同保证保险的必要性

目前,由于旅行社违约责任引起的损害赔偿远远多于侵权责任的损害赔偿。究其原因,一是大部分交通工具为旅行社租赁,发生人身伤害时,游客为了获取最大利益,往往以违约之诉起诉旅行社,在司法实践中,几乎涉案旅行社都是败诉的。二是发生在旅游景区的人身伤害案,同样游客以违约之诉起诉旅行社,可想而知,败诉是必然的。三是旅行社与其他企业的违约之诉,也存在着败诉可能。所以,如果不设立此险种,旅行社将承担巨大风险。台湾地区旅行社业将履约保证保险作为法定保险来要求,有其一定道理。

二、我国旅行社保险现状

当越来越多的家庭把外出旅游当成度假的方式之一,旅游者在尽情地游山玩水的同时,往往忽视了其中存在的许多不确定因素,可能随时会有意外事故发生。那么,旅行社作为旅游活动组织者和专家,应当清醒地认识到在旅行社的经营中所遇到的风险,并采取相应的措施,把意外事故带来的经济损失降到最低限度。

2003 年突如其来的一场“非典”,暴露了旅行社行业的脆弱性和依赖性。饱受打击的旅行社意识到了“达摩克利斯之剑”时刻高悬头顶。为了提高旅行社经营的风险意识,避免旅行社在重大灾难面前遭受致命打击,各级旅游行政主管部门强制旅行社企业制定防范“非典”的应急预案。至此,旅行社开始重视旅游活动中意外事件所带来的风险,并制定自身的危机战略来规避这种风险。

目前我国旅行社行业的发展还不成熟,对于旅游安全问题、突发事件的研究才刚刚起步。与国外的信誉卓著的老牌旅行社相比,还存在很多差距。主要表现在以下几个方面:

(一)旅行社责任险难以落到实处

由旅行社代游客上保险经历了两个阶段:第一个阶段,旅行社的团费中包含了旅行社为参团游客的意外伤害保险。国家旅游局于 1997 年 3 月 1 日发布的《旅行社管理条例》规定旅行社组织团队旅游,必须为旅游者办理旅游意外保险。旅游意外保险是指旅行社在组织团队旅游时,为保护旅游者的利益,代旅游者向保险公司支付保险费,一旦旅游者在旅游期间发生意外事故,按合同约定由承保保险公司向旅游者支付保险金的保险行为。第二个阶段,旅行社只上旅行社责任险,但应当向游客推荐自费上意外伤害保险。2001 年 4 月 15 日由国家旅游局正式发布、2001 年 9 月 1 日起实施的《旅行社投保旅行社责任保险规定》第 2 条指出:“旅行社从事旅游业务经营活动,必须投保旅行社责任保险。”旅行社责任险的主旨是为了保护旅行社,解脱旅行社不该承担的责任,将其无限责任规范在有限责任的范围之内,把作为具有完全民事行为能力的游客所应当承担的责任与旅行社应当承担的责任区分开来。但是在实际操作过程中,旅行社责任险担负的职能难以得到落实,主要表现在四个方面:

1. 责任界定困难

由于旅行社责任保险所承保的风险事故必须是由于旅行社的责任造成,那么一旦发生风险事故,确定责任方至关重要。旅行社责任保险条款指出,在保险合同期限内,因被保险人的疏忽或过失造成被保险人接待的境内外旅游者遭受合同列明的经济损失,依法应由被保险人承担的经济赔偿责任,保险人负责赔偿。此处强调了“因被保险人的疏忽或过失”所致损失。而在《旅行社投保旅行社责任保险规定》的第二章中,对投保范围的界定为“旅行社依法应承担的责任”。由此可见,现行条款比《规定》中的保障范围要窄。

旅行社提供的服务涵盖食、住、行、游、购、娱,包括饭店、餐饮、景区、航空、铁路等多个服务提供商。旅行社直接承担的服务并不多。一旦由于服务提供商的责任造成游客损失,保险公司可能会以非旅行社责任所致而拒赔。但游客因只与旅行社有直接的合同关系,往往会要求旅行社进行赔偿。由此,旅行社夹在中间,容易产生扯皮,增加纠纷。

2. 可保责任狭隘

为了防范道德风险,更好地进行风险管理,在保险条款中都列明了免责条款。在旅行社责任保险条款中明确指出了其不保的范围,其中不乏高发事故的风险因素。首先,故意行为、政治原因、核相关、自然灾害所造成的损失不予赔偿。如因暴雨造成游客伤亡或行李损失,保险公司不予赔付。这尽管并不属于旅行社的责任,但却是旅行社应考虑的风险。其次,对旅行社的违规操作造成的损失不予赔偿。这有效地防范了旅行社的逆选择,同时也界定了责任保险只对旅行社合规操作造成的损失负责,而合规操作造成损失是十分有限的。再次,在符合可保风险条件下对旅客的财产损失仍有严格界定。金银首饰、珠宝、文物、软件、数据、现金、信用卡、票据、单证、有价证券、文件、账册、技术资料及其他不易鉴定价值财产的丢失和损坏是不予赔偿的。试想旅行中游客随身携带的物品大多为衣物、行李箱、现金,有的会佩戴首饰,而财产损失又多以现金、信用卡、首饰为贵重。这样看来,保险公司给予赔偿的财产损失是远远弥补不了实际损失的。

3. 费率限额缺乏弹性

现在旅行社责任保险的费率是统一的,并没有实行差别费率。《规定》第10条指出:“旅行社办理旅行社责任保险的保险金额不得低于下列标准:(一)国内旅游每人责任赔偿限额人民币8万元,入境旅游、出境旅游每人责任赔偿限额人民币16万元;(二)国内旅行社每次事故和每年累计责任赔偿限额人民币200万元,国际旅行社每次事故和每年累计责任赔偿限额人民币400万元。"经统计,各旅行社每年的保费不少于2万元。但是,旅行社面临的责任风险依照旅游期限、旅游地点、旅游项目等是千差万别的,根据公平原则应对高风险责任收取高保费、对低风险责任收取低保费。同时,旅行社的规模、业务范围、业务数量差异很大,对责任限额的统一规定有可能导致大型旅行社投保不足而小型旅行社超额投保。

4. 诉讼费列支需商榷

在现行条款的第19条指出:"该赔偿金额与事先经保险人书面同意的诉讼费用之和,不得超过本保险单明细表中列明的每人赔偿限额。"第20条指出:"保险人对被保险人为减少赔偿责任,抢救受伤的旅游者及施救旅游者的财产所支付的必要的、合理的费用,在规定的限额内予以赔偿。"一旦发生重大的责任事故,旅行社所承担的赔偿责任和诉讼费用往往都十分巨大。如果将诉讼费用与赔偿责任一并计入赔偿限额,则可能造成诉讼费挤占赔偿责任,无法切实减轻旅行社的赔偿负担,进而无法切实保障游客的利益。

作为我国为数不多的强制保险之一,旅行社责任保险在为旅行社分散责任风险、保护广大游客利益等方面都发挥了积极作用。但是与此同时,由于我国旅游保险尚属于新兴市场,没有实践经验和充分的统计数据,旅行社责任保险还处在"摸着石头过河"的起步阶段。随着强制实施的展开,一些问题的出现是不可避免的,重要的是要总结经验教训,对出现的突出问题及时加以解决。在旅游市场日益红火的背景下,旅行社责任保险及相关的旅游保险应及时跟进,实现旅游保险的和谐发展。

【案例5-4】

老翁随团游发病　旅行社未告知风险被诉

河南71岁的邓某在随旅行社组团到北京旅游时,因身体不适被护送回家,后经诊断为脑梗塞,瘫痪程度为二级残疾。邓某遂以旅行社未尽到风险告知义务,对邓某患病后未完全履行相应的救助义务为由,将旅行社诉至法院。一审法院判决旅行社担责15%后,邓某不服,于日前上诉至河南省三门峡市中级人民法院。

2003年3月25日,三门峡仰韶旅行社与詹某签订河南省国内旅游组团合同,邓某等14人参加该团首都北京七日游。在北京期间,邓某浏览了部分景点,2003年4月1日返回途中,邓某身体不适被同行人员发现后告诉了带团人员,次日上午在旅行社安排下,邓某被护送回家。当日,邓某被子女送往医院,经医院诊断为患脑梗塞、单发性高血压。经治疗,目前邓某左侧肢体瘫痪,其瘫痪程度经司法鉴定为二级残疾。后邓某以旅行社提供的服务低于行业标准,未尽到注意照顾义务及合同附随义务,在其出现病症前兆时,未能及时给予关注和陪同就医,发病后未将其送往医院治疗,延误治疗时间为由要求旅行社赔偿医疗费、护理费、交通费、残疾赔偿金、残疾辅助器具费等经济损失 118709 元的 60%,即 7.1 万余元。

一审法院审理认为,邓某与旅行社虽未签订旅游合同,但邓某已随团参加了旅游,并向旅行社缴纳了旅行费用,双方之间已形成事实上的旅游合同关系。根据《旅行社管理条例实施细则》"旅行社提供的服务不得低于国家标准或行业标准,应当为旅游者提供符合保障旅游者人身、财物安全需要的服务;对有可能危及旅游者人身、财物的项目,应当向旅游者做出真实的说明和明确的警示,并采取防止危害发生的措施"之规定,旅行社在组织邓某等人去北京旅游时,未尽到风险告知义务,邓某患病后也未完全履行相应的救助义务,作为经营者的旅行社应承担一定的责任。原告邓某年事已高,应当预见旅游活动中可能出现的与自己身体状况不相适应的情况发生却未预见,也未采取相应的措施,致使旅途中患病并造成损害后果,应承担主要责任。一审法院判决被告旅行社赔偿原告邓某经济损失 118709 元的 15%,即 1.78 万余元。

判决后,邓某不服,上诉称,他在 2003 年 3 月 29 日游长城时就感到身体不适,随后景点无力游览,导游仅做退票处理,并且无视其嗜睡、体力不支和 71 岁高龄,仍安排随旅游团乘车颠簸,而未将其送往医院以致错失治疗时机形成瘫痪。

(资料来源:http://www.newcq.com/info/35602-1.htm)

(二)意外伤害保险存在操作困难

旅行社责任险属于责任保险范畴,在组织旅游活动中,旅行社有义务向旅游者推荐旅游者自身购买的其他旅行保险。意外伤害保险是旅游者在旅游行程中,由自身疾病引起的各种损失或损害、由于旅游者个人过失导致的人身伤亡和财产损失以及由此导致的各种费用,旅游者可以获得保障。所以游客必须增强自我保护意识,在参团外出旅行时,一定要申请投保人身意外险,一般旅行社都给代办或者直接到保险公司购买。旅行社责任险保障程度较低,无过错即可不负责任,所以,游客若想得到真正的风险保障,就必须购买旅游意外险。但是旅游意外伤害保险在操作中存在一些困难:

1. 各大保险公司提供的产品种类繁多

"意外伤害保险"在美国友邦公司的条款中的特指是:"被保险人于本合同有

效期内，在境外旅行时因遭遇外来的、突发的、非疾病所导致的意外事故，并以此意外事故为直接原因导致其身体伤害、残疾或身故。"同类险种中包括有《友邦境外旅行意外伤害保险》《友邦附加境外旅行身故遗体送返医疗保险》《友邦附加境外旅行医药补偿医疗保险》《友邦附加境外旅行运送和送返医疗保险》等多种类型。我国的一些保险公司，如太平洋保险公司、人寿保险公司、太康保险公司等也有类似的产品，如中国人寿保险公司提供的人身意外伤害保险有："任我游——交通工具意外伤害保险""任我游——交通工具意外伤害保险(自助式)"，交通意外伤害保险，航空旅客人身意外伤害保险，人身意外伤害综合保险，住宿旅客意外伤害保险，旅游观光景点、娱乐场所人身意外伤害保险，乘客意外伤害保险，出境人员意外伤害保险，团体人身意外伤害保险，附加意外伤医疗费用保险等。各家保险公司的产品除内容繁复外几乎无一相同。以太康保险公司为例，其"亿顺"旅行保险计划中，"吉顺"是投保 60 元可最高获得 50 万元的 7 日境外旅行意外保障；"至顺"是投保 387 元，可保境外 7 天，总保额为 95 万元的紧急救援、紧急门诊和意外保障。

2. 旅行社操作过程的不规范

旅行社代售的各家保险公司的意外伤害保险，其最大问题是不规范的手工填写的保单。旅行社代售的保险公司的境外意外伤害保险，保单几乎全部都是由旅行社的业务人员手工填写，而非即时联网打印。手持旅行社代办的手工保单的游客，能否交对应的保险公司找到底单，即能否真正享受到保险公司的预期赔偿承诺，也不免让人们疑窦顿生。虽然现实生活中尚无听说有旅行社手填保单与保险公司理赔之间产生纠纷，但这种随意性极大的不规范操作程序，毕竟是已经为日后保险理赔制造了隐患。

3. 意外保险受到旅游者的冷落

据人保财险提供的数据，目前，由人保财险、太保产险和平安产险联合为某市近 80 家旅行社提供的责任险，累计保险金额已达 2.4 亿。相比之下，由个人自主投保的旅游意外伤害保险却乏人问津，游客在选定出游项目时，主动提出购买旅游保险的不到 10%。一般来说，意外伤害险国内游最高赔付金额可达 30 万元，境外游 50 万元，保费不过区区几十元，但是游客似乎都舍不得花。

绝大多数游客自我保护意识薄弱，对旅游中风险的认识不足。很多游客认为，出外旅游就那么几天，自己不会那么"倒霉"，根本没有必要花一笔钱来获得某种保障；也有一些游客不了解旅行社责任险和意外险的概念，认为旅行社已经买了责任险，所以自己不必再掏腰包买意外险。

保险公司的宣传力度不够以及旅行社没有尽全力介绍也是旅游意外险受到冷遇的原因。保险公司卖一份"旅游意外险"收入在 10 元左右，而推销出一份长期寿险保单的收入就是几千元，这种悬殊的差距难以激起保险公司的积极性。一些旅行社在接待游客咨询时，首先自己对旅游意外险就不是很了解，不能给游客作详细介绍。

（三）领队及导游的个人意外保险空白

领队及导游与全体游客一样，同样存在着受到意外伤害的可能。通常领队与导游坐在旅行车的前排，更容易受到伤害。领队及导游遇难，会使整个旅游团队处于群龙无首的境地，以致安定全团游客情绪、迅速与后方联络的事宜都无法得以迅速实现。

出境游的领队是作为旅行社派出的全权代表，以本职工作的形式出现在整个的旅行活动中的。虽然也有许多领队不能尽职尽责地担负起应该担负的责任，但是领队其独特的地位以及其作为劳动者的权益，仍然需要受雇方的旅行社给予尊重。对领队安全的保障问题，旅行社应该在组团的同时就进行认真的思索。领队所遭遇的意外伤害能否获得旅行社责任险呢？非常令人遗憾的是，旅行社责任险事实上并不包含对领队的意外伤害的保障。《旅行社责任险条款》中，第 6 条第一款明文规定：保险公司对旅行社所派领队，即“被保险人或其代表或其雇员的人身伤亡，以及上述人员所有的财产的损失”是“不予赔偿”的。

就目前的情形来看，对领队的意外伤害的保险尚是存在于许多旅行社当中的一个空白。通常的情形下，没有哪一家旅行社会主动为其领队去上境外意外伤害保险，也鲜有领队会想到自费为自己的旅行安全上这样一个保险。

由于领队其工作的性质及特殊风险，其意外伤害的保险理应由旅行社来为其投保。为领队投保意外伤害险，从某种意义上来看，其实正是旅行社在保护企业自身。

补充阅读资料 5-5

旅行社责任险≠旅游意外险

不少人认为旅行社已投保“旅行社责任险”，因此，自己不必再投保旅游意外险。对此，专家指出，游客往往以为只要旅行社投保了旅行社责任险，不管什么问题都能找保险公司索赔，其实不是这样，在旅行途中遇到意外情况时，旅行社只负部分责任。由于消费者对两种保险分辨不清，也发生了不少纠纷。

现在很多旅行社所说的保险其实都是指“旅行社责任险”，受益人是旅行社，保的是由于旅行社的原因导致的旅游风险，并非专门为旅游者投保。一旦旅游者在旅游活动中受到人身或财产的损害，如果损害结果是由于旅行社的过错造成的，那么旅游者可以得到赔偿，但是，如果旅游者的损害结果不是由于旅行社的过错,比如在自由活动中受到的损害,或者由于不可抗力受到的损害,那么,旅游者是没有赔偿可言的,因为,游客的损害结果并非是由旅行社的过错造成的。

而旅游意外险是旅行社向旅游者推荐购买,旅行社只能向游客介绍旅游意外险而不能强制旅游者购买。"旅游意外险"的投保人和受益人均是游客,旅行社只是代游客办理投保手续。一旦发生意外,游客的权益会受到保障。"旅行社责任险"与"旅游意外险"有几个地方极易混淆,需要提醒大家注意:

(1)以为旅行社送的旅游保险就包括了意外险。"旅意险"是人身保险,应是自愿的,投保与否以及投保多少,应由游客自定,而旅行社所买的是国家强制的旅行社责任险。

(2)以为一般人身意外险包括了所有的意外事故。其实一般人身意外险不包括高危险活动。如果要从事蹦极、攀岩、登山、滑雪等高危险活动,那么很有可能发生意外后得不到赔偿。

(3)以为保险的标的和承保的公司相同。"旅意险"按《保险法》应属于人身保险,由人寿保险公司承保,对财产责任是不承保的。但"责任险"规定既包括人身赔偿,又包括对行李物品的损失和第三者的责任等财产的赔偿。

(资料来源:2007 年 6 月 4 日《京华时报》)

三、旅游保险的种类

目前市场上常见的旅游保险主要有以下几种:

1. 旅游意外伤害保险

旅客在购买车票、船票时,实际上就已经投了该险,其保费是按照票价的 5%计算的,每份保险的保险金额为人民币 2 万元,其中意外事故医疗金 1 万元。保险期从检票进站或中途上车上船起,至检票出站或中途下车下船止,在保险有效期内因意外事故导致旅客死亡、残废或丧失身体机能的,保险公司除按规定付医疗费外,还要向伤者或死者家属支付全数、半数或部分保险金额。

2. 旅游人身意外伤害保险

现在多数保险公司都已开设这种险种,每份保险费为 2 元,保险金额 2 万元,一次最多投保 10 份。该保险比较适合探险游、生态游、惊险游等。

3. 旅游救助保险

保险公司与国际救援中心(SOS)联手推出的旅游救助保险险种,将原先的旅游人身意外保险的服务扩大,将传统保险公司的一般事后理赔向前延伸,变为事故发生时提供及时有效的救助。

4. 旅游求援保险

这种保险对于出国旅游十分合适。有了它的保障,旅游者一旦发生意外事故或者由于不谙当地习俗法规引起了法律纠纷，只要拨打电话，就会获得无偿的救助。

5. 住宿旅客人身保险

该险种每份保费为1元，一次可投多份。旅客因遭意外事故、外来袭击或随身携带物品遭盗窃、抢劫等而丢失的，保险公司按不同标准支付保险金。

四、旅行社保险策略

（一）制订风险预警方案

日本的JTB旅行社，在其海外旅游的实践中得出的研究数据是：每组织6万人出国旅游，就会遇到1人死亡。因而，其处理海外旅行死亡的预警方案可以随时启动。我国的旅行社应认真学习国外旅行社的危机处理的先进经验，建立起防范各种意外事件发生的预案，理应成为旅行社企业管理规章制度的要件之一。

企业应当根据自身财力，权衡应投保的险种和缴纳的保费，侧重总体保费支出和受益金额。充分了解各个险种情况并精心选择。由于投保主体可能不同，大多数由企业投保，有的需企业、职工共同缴付。有条件的企业可运用一些定量化的风险决策分析方法和工具，来精算优化保险方案。

（二）为旅游者的出行当好参谋

旅行社应主动推荐并耐心说明旅行者应当参险的内容，倡导游客学会保护自己的切身利益，针对现有的保险品种，建议游客根据自身的需要和经济条件，适当、科学地购买以下旅游保险，以期实现经济和享受的双赢。

1. 出境游

参加出境游的旅客，可以购买旅游救助保险。据悉，这类保险是由保险公司与国际救援中心联合推出的，游客在旅游时遭遇险情或其他不便情况时，都可拨打电话获得无偿救助，甚至可为游客安排看病、住院、翻译、法律等各方面援助，并在紧急情况下派专机将游客转运回国。

2. 探险游

参加探险游和惊险游的游客最好购买旅游人身意外伤害保险。当旅客因遭意外事故、急性病而致自身死亡、残疾或身体机能丧失，保险公司按不同标准支付保险金及医疗费用。

目前一般的旅游意外险，可按自己的旅游行程，根据所需保额和天数投保。这种短期险种价格便宜，一般一日游保费仅需1元，2～3天为3元，5～10天为6元，相应的保额从3万元至10万元不等。

3. 自驾车游

中国人保、太平洋、平安等公司的新车险中都包括"特约救助附加险"这项内容。如配备紧急救援车、组建紧急救援队、为保户提供拖车、简单抢修等延伸服务。因此,在您驾车出游时,一定要向所在保险公司认真咨询,对自己的汽车保单进行适当填补,以享受保险公司全方位的服务。此外,太平人寿还推出了自驾车意外伤害险,自驾车出游只需付出20元到40元钱,就可获得5～10天的意外伤害保险及意外伤害医疗保险的保障。

4. 跟团游

如果游客是跟团游,建议游客考虑保险公司为您提供的旅游险。根据国家旅游局目前的规定,正规的旅行社必须投保旅行社责任险,游客一旦参加旅行社组织的旅游活动,就可享有该项保险的权益。对于旅游意外险,旅行社只是向游客推荐,并不强制购买。在旅行途中遇到意外情况时,旅行社只负部分责任;自由活动时间发生的意外,旅行社概不负责。所以,出游者不要以为有了旅行社责任险就万事大吉,一定要有自我投保的意识。

此外,出门旅游住宿是免不了的,而住宿期间,突如其来的情况难以预测。这类保险每份1元,从住宿之日零时起算,保险期限是15天,期满后可以续保,每位游客可以购买多份。这类保险提供的保障有:住宿旅客保险金5000元,住宿旅客见义勇为保险金1万元。旅客随身物品遭意外损坏或被盗、被抢、丢失时,也可获取相应的补偿金。

【本章小结】

质量管理是旅行社管理的中心环节。旅行社是服务性行业,保证旅行社服务质量,不断提高旅行社服务质量水平,是旅行社经营管理的共同目标和基本要求。我国加入WTO后,旅游品牌已成为世界各国旅游经济发展的重要标志和核心竞争力。面对日益激烈的国际旅游市场竞争,中国的旅游企业面临严峻的挑战。如何应对挑战？当务之急就是要加强旅游企业的风险管理。

本章主要介绍了旅行社服务质量管理的内涵、基本标准、分类,及对旅游服务质量的管理实施,旅行社品牌的概念、功能和实施旅行社品牌管理的必要性和可能性,旅行社的风险管理和保险管理等内容;探讨了提高旅行社服务质量的方法、旅行社品牌的建设和管理途径,如何辨识旅行社的管理风险、经营风险、财务风险,追溯旅行社风险产生的原因,探索规避风险的方法和进行有效的保险管理。

【关键概念】

品牌　品牌标记　品牌内涵　品牌策略　品牌管理　旅行社风险管理　旅行社保险管理

【复习思考题】

1. 旅游品牌的功能有哪些?
2. 旅游品牌的构成要素有哪些?
3. 旅行社品牌的传播有哪些?旅行社风险管理的概念是什么?
4. 试述旅行社风险管理的现状。
5. 影响旅行社风险管理内外部因素有哪些?
6. 旅行社风险管理对策有哪些?

【课堂讨论题】

1. 根据国内外旅行社品牌管理方面的信息,谈一下你对旅行社品牌管理的新认识。

2. 你会如何为旅游者的出行出谋划策?

【案例分析】

夏令营再度劲爆登场,旅行社如何规避风险?

意外事故,该由谁来埋单?

某旅行社带领团队在省内旅游,在快速通道上,旅游车辆发生交通事故,其中一名9岁男孩伤势较重,治疗期间,其右臂被截肢。后来该旅游团成员到法院起诉这家旅行社,法院判决该旅行社对该受伤男孩赔偿90万元。据专家说,这是当时我国有史以来对未成年人赔付金额最高的案件。

[点评]

一般来说,旅行社组团出游,使用的旅游车辆和雇用的司机,都不是旅行社的,而是通过协议临时租用客运公司的,但出现交通事故后,游客的第一反应就是要求旅行社赔付,否则就到政府行政机关投诉或到法院起诉旅行社。据调查,旅游行程出现交通事故或意外事故时,如果将游客送往医院急救,99%的情况都是旅行社先行垫付医疗费用。既然交通事故是由客运公司的司机造成的,与旅行社并无直接关系,那么旅行社垫钱的做法到底是按规定办事还是出于人道主义呢?

根据现行法律规定,旅行社完全可以规避这一风险,无须承担主要责任。

2004年5月1日颁布的《道路交通安全法》明确规定，医疗机构对交通事故中受伤人员应及时抢救，不得因抢救费用未及时支付而延误抢救。也就是说，当游客被送往医院急救时，旅行社完全可以不必预先垫付押金等费用，这是有法律作为保障的。

另外，应及时明确造成交通事故的责任人。警方鉴定一般不会把旅行社作为事故责任人来处理，因为旅游车不是旅行社工作人员驾驶的。但根据以往案例，所有旅游团队发生交通事故后，其赔偿都是旅行社来承担的。根据《消费者权益保护法》，经营者所提供服务应当保障消费者人身财产不受侵害。旅行社不得不承担交通事故中的责任，所依据的就是这条法律。

但是，根据《合同法》第121条，当事人一方因第三人的原因造成违约的，应当向对方承担违约责任。因为旅行社承担的只是违约责任，最高人民法院《关于确定民事侵权精神损害赔偿责任若干问题的解释》就不能适用，受害人不能向旅行社主张精神损害赔偿。

2001年12月24日，国务院修改了1996年颁布的《旅行社管理条例》，对于其事实细则也作了相应修改，将旅行社为游客安排旅游服务，改为“代理”。这个词汇的转换就将旅行社定位更加明确了，换句话说，旅行社就是为游客“跑跑腿”，其所收款从一定意义上讲，就是综合劳务费。“跑腿”的旅行社为游客租用汽车，在旅途中，旅行社的导游也是一名乘客，出现问题，游客应向客运公司索赔。

举个例子，如果旅游团队乘坐飞机遇到事故，谁会让旅行社来赔付损失呢？而如果在旅游目的地所住酒店发生意外或被窃取，是需要酒店来作出赔偿的，这些和作为中介机构的旅行社并无关系。

在旅游行程中，旅行社应当在租用客运公司汽车、司机的同时，还应请客运公司提供一名乘务员，向游客提供服务，且与客运公司签订协议时，租用人应以游客的名义而非旅行社。这样一来，假如出现意外，旅行社在带团期间出现交通事故的风险将大大降低。

旅行社如何规避风险？

1. 租用合法车辆

当然，如果旅行社为游客租用的是“黑车”，那无论是否发生交通事故，旅行社都要受到相应处罚，并在事故中承担连带责任。

合法的旅游交通工具是保障游客和旅行社基本权益的必要条件。首先，旅行社自己购买的车辆不得用作旅游运输，其在客运公司租用的旅游车辆，要具备“道路运输许可证”“营运证”等相关证件；否则一律视为“黑车”。另外，旅游车辆还要悬挂相应的出发地、目的地标志牌。司机必须持合法驾照，导游在上车前，可以查看司机携带驾驶执照是否合法，如果不合法，完全可以拒绝乘坐该车。

包括夏令营在内的任何团队，交通事故都是风险的一大隐患。除了在交通事故中保护自己和游客的权益之外，旅行社还要学会在饮食、住宿、景点景区保护好双方利益。与各种合作当事人签订协议时，条目分得越细越好。

2. 保险赔付：未成年人不超过5万

夏令营出游，很多旅行社为最大限度地保护自己，往往为每名小游客购买多份保险，以期在赔偿时可获得较多金额。而事实上，对于未成年人来说，无论投保多少份保险，其最高赔偿限额是不得超过5万元的，因此旅行社在为其购买保险时，不要抱着多买多获赔付的错误观念。

（资料来源：2005年6月14日《大河报》）

[思考]

1. 旅行社在交通事故中承担的是违约责任，还是在履约过程中的侵权责任？

2. 将旅行社为游客安排旅游服务改为“代理”有什么意义？

3. 讨论旅行社就第三方的责任进行赔付是否合理。

【实训题】

1. 讨论一下我国目前在旅行社品牌建设和管理方面有哪些进步和不足？

2. 结合旅行社的风险案例，探讨风险产生的原因及如何防范和规避这种风险。

第六章　旅行社人力资源管理

【学习目的】

● 熟悉旅行社人力资源开发的内涵、内容与任务。

● 熟悉旅行社企业文化的构成和塑造方法。

● 掌握旅行社人力资源的培训、员工的选择与聘用及绩效的评估与管理程序和方法。

第一节　旅行社人力资源的开发

一、旅行社人力资源的内涵与素质要求

（一）旅行社人力资源的内涵

人力资源是指包含在人体内的一种生产能力，它是表现在劳动者身上的、以劳动者的数量和质量表示的资源，并对经济起生产性作用，使国民经济持续增长。它实质上是指具有一定的科学文化水平和技术水平的劳动者，它不是人口数量的全部，而是人口数量中具有劳动能力并作为生产力的部分。从广义上说，智力正常的人都是人力资源。从狭义上说，人力资源是指一定范围内的人口总体所具有的劳动能力的总和，或者说是指能够推动社会和经济发展的具有智力和体力劳动能力的人的总称。

旅行社是人才密集型的企业，人力资源不仅在其全部资源中所占比重最大，而且在其经营中所创造的效益也超过其他资源所创造的效益。与其他旅游企业相比，旅行社的人力资源在推动企业发展和实现企业预期经营目标方面所发挥的作用更加突出。因此，旅行社的人力资源除了具有一般人力资源的特征外，还应具有受教育程度高、知识范围广、专业技术强等特征，是一种高素质的人力资源。

（二）旅行社人力资源的素质要求

作为特殊的服务型企业，旅行社的经济效益是靠全体从业人员的劳动支出

换来的，因此，除了一般行业从业人员的素质要求之外，旅行社的从业人员还有适应这个行业的特殊要求。

1. 良好的素质基础

一个人的素质包括两方面的内容：一是原始素质，即未经专门培训和锻炼自然而就的要素，如肌体形态、智力体力、感觉反应、思维心理等等；二是行业素质，即适应某个行业特定劳动内容和劳动对象所需具备的要素，如知识、能力、智慧、技能、觉悟等。有了一定的原始素质，经过一定的培训锻炼，如学校教育、职前培训，就可具备一定的素质基础。对具备素质基础的人员，经过专业培训和锻炼，就可能具备行业素质。素质基础是一定的原始素质加以一定的学校和社会教育，具有适应行业素质要求的必要条件。没有良好的素质基础，就不可能培养成为旅行社的专门人才。严格而言，学校的教育只是素质基础教育，必须经过一段时间的实际锻炼，才能成为合格的专门人才。

2. 全面的行业素质

有一些行业或岗位，对从业人员的行业素质要求往往是比较单纯的，而旅行社从业人员的行业素质要求必须是全面的、综合性的。主要表现在：要有良好的思想政治素质，如爱国主义的政治立场，遵纪守法、乐于为社会奉献的品质；要有全面的业务素质，如精通本岗位的业务和技能；要有全面的文化素养，包括文化程度、文化修养、对中外文化的了解和正确认识；要有全面的工作能力，包括理解判断能力、社会活动能力、组织协调能力、应变应急能力、语言表达能力、适应引导能力、开拓创新能力等；要有健康的体魄；等等。只有这几方面都合格，才能成为一个称职的旅行社从业人员。

3. 广博的文化知识

旅行社的业务涉及广泛的知识，从业人员尤其是导游员需要政治、经济、文化、宗教、市场、人文、社会、心理等各种知识。旅游者来自不同的国家和地区，有着不同的宗教信仰、不同的生活习惯、不同的语言，旅行社工作人员具有广博的文化知识，才能面对不同的环境和不同的对象，灵活恰当地应答如流，提供高质量的服务。

4. 独立的工作能力

旅行社的工作有较强的独立性，工作人员往往既是一个具体的作业者，又是具体业务和作业的决策者，要求能够以独立的思维和行为去处理各种常规业务和突发性事件。旅行社的工作对象千差万别，各种各样有规律的或无规律的业务琐事需要处理，当事者必须在各种环境中作出正确的判断和决策。旅行社的作业不是大机器生产，劳动的数量和质量都由其个人的行为所决定，难以受到上级管理人员现场监督和群体作业的约束，行为准则、行为过程和行为结果只能自我控制、自我制约，符合规范要求。还要预先考虑到可能发生的事情，胸有成竹，做好应付各种不测情况的思想准备和物质准备。

（三）旅行社人力资源的类型

1. 领导型人才

领导型人才又称为“统帅型人才”，是指具有较强的决策、领导、组织、指挥和协调才能，能够驾驭全局的人。领导型人才是担任旅行社高层管理者的最佳人选。但是，旅行社对领导型人才的需求量并不大。一般来说，一家旅行社只需配备一名或两名具有此类素质的人员来担任旅行社的总经理或副总经理。

领导型人才的特点是：

(1)知识全面。领导型人才应具有比较广泛的旅行社业务知识、企业经营管理知识及旅行社经营管理所必需的各种相关知识，熟悉旅行社的主要业务类型和各个岗位的职责范围及运作程序，掌握旅行社行业的经营环境特点和旅游市场供需状况及其发展趋势。

(2)能力出众。领导型人才应具备较强的洞察能力、判断能力、决策能力和前瞻能力，能够根据旅游市场的发展趋势和企业所处的经营环境，为旅行社制定长远的发展目标及实施战略。

(3)品质优秀。领导型人才应善于团结各种类型的人士，虚心听取和采纳各方面的意见和建议，知人善任，调动下属的工作积极性，带领旅行社的全体员工为实现旅行社的长远目标而努力奋斗。

2. 参谋型人才

参谋型人才又称为“军事型人才”，是指在旅行社经营管理的某一方面或几个方面具有比较丰富的理论知识和实践经验，能够为旅行社的经营管理和企业发展出谋划策的人才。参谋型人才不必具备领导、组织、协调、指挥等方面的才能，他们主要充当总经理的咨询顾问。

参谋型人才的特点是：

(1)专业知识丰富。参谋型人才应是某个业务领域的专门人才，具有该领域的丰富理论知识，并熟悉该业务领域的业务特点、运行程序和发展趋势。

(2)分析能力卓越。参谋型人才具有卓越的分析能力，能够看出表面上互不相干的事物的内在联系，并能够从系统的角度进行分析。他们善于深入和系统地分析问题的本质。参谋型人才的逻辑思维能力较强，能够对事物作出符合常理的判断，使其向领导者提出的建议具有较大的可行性和有效性。

(3)说服能力强。参谋型人才具有较好的说服能力，注重表达意见的方式和方法，能够使领导者在较短的时间里了解自己的真实想法，说服他们接受自己的意见和建议。

3. 开拓型人才

开拓型人才是指旅行社内勇于和善于探索，能够不断地发现新的市场机会并积极进行开拓的专门人才。这类人才是担任旅行社市场开发和产品开发任务的合适人选。

开拓型人才的特点是：

(1)预测能力强。开拓型人才具有超群的预测能力，能够根据所掌握的信息和对市场的了解，迅速而准确地发现新的市场机会。由于他们比一般人更能够准确地预测到市场的发展趋势和旅游消费者偏好的变化，并且善于抓住稍纵即逝的市场机遇，所以往往能够成功地为旅行社开拓出新的市场或开发出新的产品。

(2)兴趣变化快。开拓型人才的兴趣变化快，而且从不满足于现有成就所带来的快感。他们往往“见异思迁”，不愿意经营现有市场和产品，而是根据自己的兴趣，不断地寻找新的机会，以显示自己的才能。

(3)个性鲜明。开拓型人才往往具有鲜明的个性，喜欢标新立异，独往独来，不善于交际和协调。然而，正是这种性格上的特点，使他们能够打破常规，不拘一格，不受现有观念的局限，出奇制胜，开发出充满新意的产品，开拓出新的市场。

4. 交际型人才

交际型人才，又称公关型人才，是指那些善于同各种人打交道，能够利用各种关系和手段为旅行社处理各种难题和建立协作网络的专门人才。交际型人才适宜担任旅行社的公共关系、旅游服务采购、旅游者投诉处理等项工作。

交际型人才的特点是：

(1)乐于求同。交际型人才的性格中具有较大的灵活性。他们愿意寻求与他人的共同点，而不愿意坚持原则。他们不喜欢同别人争论，遇到难题时，他们或者设法绕开，或者达成妥协。

(2)善于协调。交际型人才是处理棘手问题的高手，善于疏通和协调各种关系，能够使意见对立的双方最终达成妥协，实现合作。

(3)交往广泛。交际型人才喜欢与他人建立友谊和良好的个人关系。他们交往的范围广泛，愿意同各种性格的人交往。一般来说，交际型人才拥有相当广泛的关系网络，并能够利用这种关系网络为旅行社解决各种难题。

5. 管家型人才

管家型人才是指旅行社中具有较强的专业知识和管理能力，善于团结本部门的员工、维护本部门的利益、调动员工的工作积极性的专门人才。旅行社需要较多的此类人才，他们是部门经理的最适当人选。

管家型人才的特点是：

(1)业务知识丰富。管家型人才具备丰富的本部门业务知识及相关知识，是本部门的业务专家，能够具体指导员工进行业务活动，并能够承担业务培训的工作。

(2)管理能力较强。管家型人才具有较强的管理能力，能够充分调配现有资源达成本部门工作目标。在工作中采取主动的行动策略，善于在仍存在不确定因素的情况下，对环境作出客观、正确的判断，并采取积极的行动。

(3)部门意识浓厚。管家型人才具有浓厚的部门意识，能够团结和调动本部门的员工努力工作，关心本部门员工的工作和生活，得到本部门员工的衷心拥护。他们对于本部门的目标十分清楚，能够自觉维护本部门的利益，但缺少全局性意识，有时会为了本部门的利益而损害其他部门的利益，甚至损害整体利益。

6. 原则型人才

原则型人才，又称官僚型人才，是指那些坚持原则，严格按照规章制度办事，不肯通融的人才。原则型人才适宜担任财务、纪律检查、人事等部门的工作。

原则型人才的特点是：

(1)原则性强。原则型人才具有较强的组织纪律性和法制观念。他们能够认真履行岗位职责，一切照章办事，从不照顾私情。他们将现行的规章制度视为圭臬，从不怀疑其合理性与时效性。只要制度允许的事情，他们就予以办理；凡是制度不允许的，就坚决抵制。他们有时显得不近人情，却能够为旅行社堵塞各种“跑冒滴漏”。

(2)灵活性差。原则型人才的性格固执，工作一丝不苟，认真负责，严格按照工作程序履行职务。但是，他们缺少灵活性，不能够根据实际情况因地制宜地处理好问题。

7. 监督型人才

监督型人才是指习惯从悲观的角度看问题，对人对事十分挑剔，喜爱发表批评言论的人才。监督型人才适宜从事质量监督工作。

监督型人才的特点是：

(1)不满现实。监督型人才对现实抱不满和悲观态度，经常从反面看待旅行社的各种经营措施和产品开发构想，喜欢发牢骚、讲怪话。然而，他们的这种性格使其能够进行换位思考，从不同的角度对旅行社的相关决定和举措提出意见，从而完善旅行社的经营管理，避免出现“一言堂”的现象。

(2)喜欢挑剔。监督型人才的性格十分敏感，尤其喜欢对他人的工作进行评头论足式的批评，有些令人讨厌。但是，他们也能够发现和指出旅行社经营管理和产品质量方面存在的瑕疵之处，有利于旅行社提高产品质量和经营管理水平。

8. 技术型人才

技术型人才是指那些拥有一技之长，只喜欢钻研本专业的知识和技能，不关心本职工作以外事情的专门人才。这些人才构成了旅行社的主要专业技术队伍，是旅行社导游接待、旅游产品设计等岗位的最佳人选，也是旅行社需要大量引进和保留的专业人才。

技术型人才的特点是：

(1)专业技能强。技术型人才对于专业技能十分热爱，刻苦钻研，在业务知识的学习方面精益求精。他们以自己出色的专业技能而自豪，并且十分愿意在工作中加以展示。但是，他们的视野相对狭窄，对本专业以外的知识和技能不感兴趣，也不关心本职工作以外的事情。

(2)敬业精神好。技术型人才热爱自己的工作，将其视为自己生活中的一个重要内容，认为现在的工作岗位给他们提供了展示自己才华的机会。他们在工作岗位上兢兢业业，从不偷懒耍滑，是具有强烈敬业精神的优秀员工。

二、旅行社人力资源开发的内容与任务

(一)旅行社人力资源开发的概念

旅行社的人力资源开发，是指旅行社以本行业对人力资源的特殊要求为依据，运用科学的管理方法，对其人力资源进行最优化的组合和利用，以获得最佳的经营效果。旅行社应采取一系列方法和有效途径，系统而合理地开发员工的与工作有关的各种能力，使其工作的积极性、创造性和主动精神得到最大限度的发挥，进而使企业和个人的目标得以有效地实现。简单地说，就是要做到事得其人，人尽其才，才尽其用。人力资源开发的着眼点，是对员工个人能力的开发，即通过挖掘、利用和发挥员工个人内在的性格特征、气质和能力，以推动企业的发展。

(二)旅行社人力资源开发的内容

1. 制订科学合理的人力资源计划

人力资源开发部门应该以企业的经营管理目标为指导，研究旅行社经营管理和企业发展对人力资源的需求量和需求标准，做好旅行社人力资源数量的预测和质量评估，并制订人力资源开发计划。

2. 招聘和录用所需员工

人力资源开发部门应按照旅行社人力资源开发计划和相关部门或岗位对不同员工的基本素质、专业知识、专业技能和操作能力的要求，在旅行社内部或外部招聘和录用员工，达到人与岗位的最佳组合。

3. 建立完善的考核体系和奖惩制度

人力资源部门应按照旅行社的业务性质和岗位要求，制定出相应的考核制度和奖惩制度，作为科学地考核和评估员工的工作成绩的标准，作为员工提升、调职、培训和奖励的依据。

4. 建立科学的薪酬福利制度

人力资源部门应根据国家和地方的相应劳动法律法规及旅行社的具体情况，建立科学的薪酬福利制度，以有效地激励员工的工作积极性。

（三）旅行社人力资源开发的任务

1. 造就优秀的员工队伍

(1)根据旅行社经营发展的需要，广开才路，招纳贤才，组织符合旅行社经营业务要求的员工队伍。

(2)加强对员工队伍的培训。通过培训，不仅要提高员工队伍的业务素质，也要提高员工队伍的政治思想素质，强化服务观念，确保员工队伍从数量和质量上符合旅行社经营发展的需要。

(3)通过科学的管理和有效的激励方式，激发旅行社员工的主动性和创造性，使员工热爱旅行社，热爱本职工作，各尽所能地发挥出最大的作用，最终形成一支高素质的优秀员工队伍。

2. 建立科学的人力资源开发利用体系

(1)建立一套招聘员工的科学的程序和方法，为旅行社挑选一批事业心强、有培养前途的员工。

(2)建立一套科学的培训制度和方法，有效地提高旅行社员工的素质和能力。

(3)采取科学的定岗定员、优化结构的措施，以发挥员工队伍最佳的群体效应。

(4)运用科学的管理和激励方法，创造一个良好的人事环境，使员工安心工作，乐于工作，进取向上，最大限度地发挥员工的积极性和创造性。

三、旅行社的员工招聘

招聘指的是旅行社为了发展的需要向外吸收具有劳动能力的个体的全过程，实质上就是旅行社吸引人才的过程。旅行社是人才密集型企业，招聘到优秀的员工，并将其安排到合适的岗位上，充分发挥其潜能，这是旅行社制胜市场的关键。

（一）招聘的目的

1. 满足旅行社对人力资源的需要，使旅行社的各项工作都能由具有适当能力和工作热忱的人来担任，以提高各岗位工作的工作效率，从而提高整个组织的效率和效益。

2. 以适度的人事变动来促进员工的新陈代谢，改善员工的结构状况，使组织活动和员工素质不断地得到提高。

3. 通过招聘，对内可以激发员工向上的工作积极性，对外可以提升企业形象，有利于企业的长远发展。

（二）招聘的原则

1. 择优选拔原则

择优就是广揽人才，选贤任能，从应聘者中选择出优秀者。作出试用决策前要全面测评和考核，招聘者要根据综合考核成绩，认真比较，谨慎筛选，最后作出试用决定。为确保择优性原则，应制定明确而具体的录用标准。

2. 公平竞争原则

公平竞争原则主要包括两个方面：一方面是指所有的适用人选都必须经过前期招聘过程中各类严格的科学测评、考核程序，并有客观的测定成绩记录，为适用人选的确定提供参考依据；另一方面是指招聘者在确定适用人选时，要以前期选拔程序中应聘者的各项成绩为依据，尽量避免招聘者的成见、偏好、个人价值观、情感等因素的影响，也不能因应聘者的身份、种族、宗教、党派、性别、籍贯和容貌等条件的不同而造成对应聘者形成高低贵贱之分，影响决策的公平性。只有通过公平竞争才能使人才脱颖而出，吸引真正的人才，才能起激励作用。

3. 全面考核原则

全面考核原则不仅是指适用决策前的测评和考核应该兼顾德、智、体等多方面，对知识、能力、思想、品德进行全面考核，而且是指在作出适用决策之前，决策者必须对应聘者各方面的素质条件进行综合性的分析和考虑，从总体上对应聘者和适合性作出判断。特别值得注意的是，不能因为某些应聘者的现有能力非常符合工作岗位要求，就忽视其人格、思想、修养及其潜能等因素。因为这些因素对应聘者在工作岗位上的实际表现以及所产生的社会影响和社会效益往往起着重要作用。

（三）招聘的程序

员工招聘的过程根据行业的不同会有些变化，结合旅行社的特点，大致都有以下五个步骤。

1. 制订人力资源雇佣计划。人力资源雇佣计划是指在对预期设定的职位分析的基础上，以内部或外部的候选人作为人才库而制订的一个填补未来职位的人力资源计划。

2. 分析预测员工需求。对员工需求进行预测时，要根据旅行社行业的特点，把提供优质服务放在中心位置，这就要求雇员具备提供优质服务的技能，并能最大限度地满足客人的需求。可以通过趋势分析法、比例分析法来确定需招聘的员工数量,通过各部门经理的报告来确定职位的空缺情况。

3. 确定招聘方式。招聘员工的方式有两种:内部招聘和外部招聘。内部招聘的来源是旅行社原有的内部员工;外部招聘的来源是来自于旅行社的外部,如学校、就业服务机构、媒介信息或商业性的信息渠道。在填补职位空缺时,不论是内部提拔还是外部雇佣都各有利弊,其优缺点如下表所示。

	优　点	缺　点
内部招聘	可提高被提升者的士气; 对员工能力可进行更准确的判断; 在有些方面可节省费用; 可调动员工的工作积极性; 可促成连续的提升。	"近亲繁殖"(企业的视野会逐渐狭窄); 未被提升的人或许士气低落; 钩心斗角; 必须制订管理与培养计划。
外部招聘	"新鲜血液"有助于拓宽企业的视野; 比培训专业人员要廉价和快速; 在企业内没有已经形成的支持者小集团。	可能引来企业窥察者; 可能未选到适应该职务或企业需要的人; 可能会影响内部未被选拔的候选人的士气; 新员工需要较长的"调整期"或熟悉时间。

4. 选拔过程首先要填写申请表,接着根据具体职务需要对应聘者进行笔试,测试的类型有多种,如算术测试、心理人格测试、书写能力测试、管理能力测试、知识测试、职业技能测试等;然后再进行面试,面试的主要目的是能够对应聘者的性格和各方面能力有一个综合的评价,它的有效性取决于面试的方式和负责面试人的能力,是一种更深入的测试,通过面试,旅行社招聘人员可以获得笔试中所没有提供的信息;下一步就要对应聘者进行背景考察、体格检查;最后就是确定人选,旅行社在确定理想的人选后,发出确认通知书。

5. 评价分析招聘效果。将对招聘效果的客观评价与详细分析反馈到人力资源计划部门。

补充阅读资料 6-1

招聘中的困惑

人员招聘和选拔是人力资源管理工作中的重要组成部分,任何企业或者组织在人力资源管理中遇到的首先是人才招聘问题,用人首先要选人,而企业面临

头疼的问题是如何才能选到合适的人才。招聘和选拔人才远比我们考虑的复杂得多,在人才选拔中常遇到以下一些问题:

1. 不易获得合适的候选人才

目前人才普遍是供大于求,公司一发布出招聘信息,就会有大量的简历飞向公司,为了挑选合适的人才,首先要筛选简历,工作繁杂是一回事,最麻烦的是能不能找到合适的候选人才。比如专业性较强的职位或者是中高层管理职位就很难获得合适的候选人,因此不得不感叹:"伯乐常有,千里马不常有。"

2. 实际工作和面试的结果往往不一致

一方面是应聘者在简历中会放大自己工作中的成果;另一方面应聘者在面试时故意夸大某一方面的能力,而尽量掩饰自己的缺点,"豪言壮语"漫天飞,造成了公司对员工过高的期望。而一旦把他放在工作岗位上时,他的表现和面试判若两人,这往往使招聘者大失所望。

3. 人员流失过快

现在的情况是一方面找工作难,另一方面是人们选择的机会又很多,面临的外界诱惑很多,因此花了很大人力财力招聘来的员工很快就流失掉。因此,公司在招聘时既要考虑到选拔优秀的人才,也要考虑到如何才能吸引他们长期留在公司,为公司服务。

4. 招聘成本过高

由于合适的候选人不容易获得性和人员流失比较快,企业不得不在招聘方面花巨大的成本,不同的企业在竞争时为了显示自己企业的实力和吸引力,会花费大量的费用在公司的宣传上。在面试时,公司往往要借助先进的人才测评技术或者外请专家,无疑这些方法都在增加招聘成本。

5. 录用人员和公司的文化不能融合

在招聘时我们只能是测试应聘者的知识、技能、能力,而对应聘者是否具备公司文化所要求的一些工作特点和办事风格很难测试。我们要求员工往往是应该认同公司的使命,和公司的核心价值观一致。

(资料来源:http://masterwiner.blogchina.com/2665943.html)

第二节 旅行社人力资源的管理

一、旅行社人力资源的培训

(一)培训的目的

有效的、及时的培训是提高员工劳动生产率、改善组织经营效益的主要途径之一。同时，旅行社提供服务的特点也要求旅行社专业服务人员的知识应专而博、一专多能，因此不断地对员工进行培训是必要的。通过不断地对员工进行培训，可以提高员工的服务质量和接待水平。

培训的直接目的是使岗位需要而员工当前欠缺的素质得到迅速补充和提高，以适应和胜任新的变化了的任务。培训的终极目的是为了实现旅行社和员工个人的发展。

（二）培训的意义

旅行社业是劳动密集型的服务性行业，旅行社的产品是旅行社为满足旅游者旅游过程中的需要而向旅游者提供的各种有偿服务，它是以服务为基本特征的组合配套。旅行社的服务质量完全依赖于旅行社员工的主观能动性、创造性和工作热情，这是以旅行社工作人员的服务意识和服务技巧为基础的。因此，培养员工良好的服务意识、熟练的工作技能和技巧显得十分重要。

1. 培训是提高服务质量的需要。旅行社为旅游者提供的最主要产品是服务，服务质量的好坏会直接影响旅行社的声誉。培养旅行社员工具备良好的服务意识和熟练的服务技巧，是确保旅行社服务质量的根本措施。优质的服务质量来自旅行社员工的努力，为旅游者提供符合国际标准的服务，这就要求既要为旅游者提供良好的“硬件”服务，又要提供良好的“软件”服务。

2. 培训对旅行社走向国际化、规范化，与国际接轨起重要作用。随着旅游业的发展和加入 WTO 带来的变化，国际范围内旅行社业市场竞争将会日趋激烈，也要求我国的旅行社管理者应改变传统的工作方法和管理方法，向国际化、规范化的方向靠拢，这些都要求我们有高素质的员工队伍，这就使员工培训工作成为旅行社一项有战略意义的任务。

3. 培训有利于旅行社人才的开发。国内外一些著名的旅游企业都十分重视人才的培训，把培训高质量的人才作为重要的“经营战略”任务之一，并将其视为“智力资源开发”。旅行社之间的战争，本质是技术能力和管理水平的竞争，说到底是人才竞争。我们应将人才培训工作放在重要位置上，努力训练出一批有高尚的品德、过硬的业务能力、较强的管理能力的员工队伍。

（三）培训的内容

旅行社员工培训的基本内容可以概括为“ASK”。其中，“A”即 attitude，指员工的工作态度，主要包括思想素质和职业道德等内容；“S”即 skill，指员工的工作技能与技巧；“K”即 knowledge，指员工对相关知识掌握的深广程度。

1. 思想素质和职业道德培训

旅行社的员工经常是分散地、独立地、自主地开展工作，没有过硬的思想素质和较高的职业道德水准是难以胜任工作的。因此，员工的思想素质和职业道德培训，是旅行社培训工作的重要内容。通过这方面的培训，要使员工了解国家发展旅游业的意义，旅行社在旅游业中的作用，了解本企业的经营目标和经营理念，帮助员工树立主人翁意识和职业自豪感、荣誉感，培养员工敬业爱岗的精神，增强员工的团队意识与合作精神，自觉维护国家利益和企业形象。

2. 技能培训

通过技能培训，使员工掌握完成本职工作所必须具备的技能，如翻译导游、公共关系、谈判沟通、演讲技巧、应付突发事件的能力等。高超的技能除了通过培训掌握之外，更多地要靠平时用心积累。旅行社应当同时把技能培训当作员工技能创新的向导，当作员工之间进行工作经验交流的重要渠道。

3. 知识培训

旅行社是知识密集型企业，应当通过培训使员工掌握工作所必需的广泛的知识，如地理、历史、政治、经济、文化、社会、自然、科技、民俗等。此外，还应当让员工了解本旅行社的基本经营情况，如发展战略、目标、经营方针、经营状况、规章制度等，以便于员工参与企业的民主管理，增强员工的主人翁意识。

（四）培训的方式

旅行社员工的培训方法多种多样，主要有：

1. 岗前培训

岗前培训是提高旅行社员工素质的重要措施。国家旅游局提出在旅游行业中实行“先培训后上岗”的制度，对于新进旅行社的员工，都要进行岗前培训。岗前培训的课程有旅行社介绍、敬业精神、服务观念、服务意识、操作规范、业务知识、导游知识、外事纪律、旅行社规章制度等。导游还应当参加专门的导游培训班，学习有关专业知识，通过考试，获取上岗证书。

2. 岗位培训

岗位培训的对象一般是有一定业务知识和操作实践经验的职工，培训时不脱产，边工作、边培训或短期脱产。岗位培训的内容基本上贯穿于整个旅行社工作的过程。开展岗位培训能提高现有员工的业务素质，不断提高现有水平。

3. 文化学历教育

学历反映了一个人接受教育的程度，并大体反映着一个人的综合素质和专业知识水准。在职称评定中，学历和文化程度也相当重要。旅行社有相当一部分员工是从社会上招聘的，有些人学历不高。积极动员各级员工参加学历考试，从总体上提升旅行社员工的文化素质，是旅行社人事部门的重要职责。旅行社还可同相关院校协商，进行委托培养或联合办学，使旅行社员工的整体学历水平有所提高。

4. 适应性专题培训

所谓适应性,也就是应用性、迫切性。例如导游员在导游过程中要掌握的外语、地方语、地理知识、历史知识等,都需要进行专题培训。另一种情况是旅行社职工由于工作需要,从一个岗位转向另一个岗位,工作内容完全变了,因此对转岗人员进行培训,要求转岗的员工在短时间内掌握新的工作知识和技能。具体方法可请专家上门讲课,也可走出去集中听课、观摩等。适应性培训的特点是灵活、实用,随时可安排调整。这种培训方式是旅行社主要的培训方式。

【案例 6-1】

肯德基:培训无止境

“立足中国,融入生活”对于世界闻名的连锁快餐巨头肯德基而言,绝不仅仅是句口号,而是实打实的扎根行动。肯德基隶属于全球最大的百胜全球餐饮集团,自 1987 年 11 月进入中国在北京开设了第一家餐厅起,至今已在全国 260 多个城市开设了 1200 多家连锁餐厅。随着公司管理经验的逐渐丰富,员工队伍的不断壮大和经营体系的日趋完善,目前在中国的员工总数已超过 7 万人,且实现了 100%本地化的战略目标。“正是因为肯德基一贯坚持‘以人为核心’的人力资本管理机制,才能将 7 万多名员工凝聚在一起,大家为着一个共同的事业目标和理想而努力。”中国百胜餐饮集团大中国区公共事业部资深总监王群在接受记者采访时说,肯德基在人力资源开发和管理方面并没有什么秘密,而是累积多年发展的经验,步步提高——顾客满意、沟通合作、奖惩分明、提供机会。员工在感受到企业的诚意、活力和价值以后,更加忠诚。

2.4 亿元培训 20 万人次

肯德基公司进入中国 17 年来,累计培训员工 20 万人次,基本培训资金投入超过 2.4 亿元。

“肯德基独特的人性化管理方式,让员工实实在在地感受企业所给予的家庭般的关怀,从而热忱地提供服务。”王群说,先进的管理依靠优秀的人才才能实现,人才培训则是造就优秀人才的必然途径。肯德基不断投入资金、人力对员工进行多方面各层次的培训。从餐厅服务员、餐厅经理到公司职能部门的管理人员,这些培训不仅帮助员工提高工作技能,同时还丰富和完善了员工自身的知识结构和个性发展。

新员工从踏进公司大门的那一刻起,就被量身制订了培训与发展策略,以配合整个系统的发展和营运。

之后每一次职位的升迁都有不同的培训发展课程。品质管理、产品品质评估、服务沟通、有效管理时间、领导风格、人力成本管理、团队精神等管理技能培训，不同的管理职位会有不同的学习内容。从最基本的人际关系管理技巧，到岗位基础培训、分区管理技巧，乃至高级知识技能培训……每一项课程均针对特定人群，起到事半功倍的作用。《如何同心协力做好工作》《项目管理》《七个好习惯》《谈判与技巧》等是每个员工的必修科目。

“在其他国家可能只有部分餐厅担任训练餐厅的角色，但在中国，由于业务上的快速发展，我们经常会面临餐厅成倍增长的状况。要保证餐厅营运标准的提升及维持，我们必须保证在中国的每一家肯德基店都是训练餐厅。”王群告诉记者，餐厅不仅是员工实战训练的基地，更是肯德基锻炼和培养人才的“企业学校”。

系统培训打造精英员工

作为世界最大的餐饮连锁企业，肯德基自进入中国以来，带给中国的不仅是异国风味的美味炸鸡、上万个就业机会，还有全新的国际标准的人员管理和培训系统。按王群的话说，“培训就是让员工得到尽快发展，并贯穿其整个职业规划。因此，在肯德基，培训是永无止境的”。

肯德基的人才体系像棵圣诞树，你能力足够大，就会让你升一层，成为一个分枝，再上去又成一个分枝，你永远有升迁的机会。可以说，肯德基的阶梯形职业发展道路，使每一位具有潜质的员工都能看到攀登的希望点。目前，肯德基的餐厅经理个个都具有良好的教育背景，都是一步步从基层餐厅成长起来。

餐厅是肯德基的基本业务单元，因此针对餐厅管理人员的“教育培训系统”是肯德基人力培训战略的重要环节，这套系统被某些业内人士称为“制造核心竞争力的永动车”。1996 年，肯德基专门建立了为餐厅管理人员进行训练的专业基地——教育发展中心，每年为来自全国各地的 2000 多名肯德基餐厅管理人员提供上千次的培训课程。

从一个丝毫不了解餐饮行业、不了解餐厅管理的外行人，发展到餐厅经理中的精英，在这个过程中，企业提供的不同培训课程以及度身定制的长远规划功不可没。

新进公司的餐厅服务员，每人会有一个平均 200 小时的“新员工培训计划”；餐厅管理人员不但要学习入门的分区管理手册，还要接受公司的高级知识技能培训，并会被送往其他国家接受新观念以开拓思路；餐厅经理因是直接面对顾客的最重要管理人员，公司便会安排参加各种有趣的竞赛和活动，如每年的“餐厅经理年会”“餐厅经理擂台赛”等，使得餐厅经理们既有机会交流学习，同时也昂扬积极向上的风气。

20 万元培养一名餐厅经理

肯德基最重要的企业文化之一就是：餐厅经理第一，一切围绕一线餐厅服务展开良性竞争。

所谓“餐厅经理第一”，即餐厅经理被充分授权，在经理、主管层提倡自主管理。也就是说，经理层面在营运中要主动思考问题，然后再充分授权给下级。

“在肯德基，每个餐厅经理的培养成本约是20万元人民币。因为餐厅经理是餐厅的核心人物，是餐厅经营成败的关键，更是餐饮企业品牌成功的根基。因此，肯德基培养餐厅经理从来就是不遗余力。”王群介绍说，按照肯德基对餐厅管理人员的职责要求，每一位餐厅经理必须熟悉并详细了解餐厅内的全部运作流程，从介绍产品、库存管理，到人员管理、危机处理，以及品质控制和人力成本，都要了然于胸。

“通常培养一名称职的餐厅经理至少需要1～4年的时间，在此期间他们要学习很多的知识和专业技能，一般采取内部晋升机制。因为只有从基层做起的员工，才能切身体会肯德基的企业文化理念。”

除了培训，肯德基还有温情激励的一面。每年，百胜全球餐饮集团旗下的3万多家肯德基、必胜客、Taco Bell（墨西哥式食品）餐厅按照全球统一标准共同举办一项竞赛活动，百胜则派出专家从服务、顾客、利润收益三个方面对所属各餐厅进行综合测评。经过严格筛选，在以上三个方面的综合成绩都达到最优秀的餐厅经理将获得全球冠军俱乐部大奖。

在百胜集团中国区年会上，上百位来自全国各地的餐厅经理会因他们出色的成绩被授予优秀奖牌。中国百胜总裁会向取得优异业绩的资深员工颁发刻有飞龙的金牌——“金龙奖”，极富中国特色和激励性。对于每年在餐厅销售和管理上出色完成公司“冠军检测”考核要求的餐厅经理，公司都会给予特别礼遇，他们会从世界各地飞到百胜集团总部，由名贵轿车接送与总裁共进晚餐。

“给我最简洁的简历”

“我们需要‘为客疯狂’的人。”王群笑着说，餐饮服务除了要求从业人员认真负责之外，更要具备服务热忱、喜欢与人沟通的特质。

以餐厅见习经理为例，作为各肯德基分店的基层干部，未来有机会掌管一家分店，因此，除大专学历为基本门槛外，头脑必须清晰、条理分明。展现在简历上，除了要清楚表达自己的学习经历过程之外，自传上最好能够清楚表达自己，这包括个人的性格、价值观、学习态度、未来的目标和工作理念等，并以过去的经验来佐证。比如说：之前做过哪些专题，获得哪些启发，或是曾经遇过哪些问题，如何解决等。

团队合作、沟通协调能力以及亲和力也很重要。如果应聘者在简历上能详细注明社团经验和社会实践经验，都有加分效果；最好是能够详述之前当过哪些干部、办过什么样的活动，并从中展现自己乐于与人互动的特质。

作为应聘的第一关，简历除了内容之外，“门面”也很重要。“就是要跟别人不一样，最好能达到让我们很想见你、希望尽快了解你的效果。”王群表示，撰写方式和版面编排上带点创意的简历容易在众多应聘简历中脱颖而出。

据悉，今年肯德基还将以平均3天开2店的速度递增，届时，以每家店平均70名员工计算，至少需要1.5万名员工加盟，对于有意进入肯德基工作的求职者来说绝对是个利好消息。

（资料来源：中国人力资源开发网 http://www.chinahrd.net/）

二、旅行社人力资源的绩效考评

（一）旅行社绩效考评的性质及其目的

1. 旅行社绩效考评的性质

绩效考评，又称人事评估、绩效考核、员工考核等等，是指主管和相关人员对员工的工作作出的系统评价，以此来揭示员工工作的有效性及其未来工作的潜能，从而使员工本身、企业乃至社会都受益。

绩效具有多重性的特点，这种多重性主要表现为多因性、多维性和动态性。绩效的多因性是指工作绩效的优、劣受制于多种主、客观因素的影响，如激励、技能、环境、机会等四个方面。其中，激励、技能是属于员工自身的、主观的、直接的影响因素，而环境、机会是客观的、间接的影响因素。绩效的多维性，是指绩效要从多个角度和方面进行分析和评价，全面评价员工的工作。绩效的动态性，是指员工的工作绩效是会随着环境、时间、条件发生变化的，不是一成不变的。因此，旅行社管理者对员工的评价应全面和客观。

应该看到，绩效考评并非是一次性的考核行为，而是一个全面的、连续的循环过程，它不是仅仅强调事后的评价，而是更注重事前订计划、事中有指导和事后有管理。

2. 旅行社绩效考评的目的

定期对员工的工作表现进行评估是对员工工作的监督和促进手段。通过绩效考评要达到以下目的：

(1)通过绩效考评，能充分肯定员工的工作成绩及良好的表现，这是对员工所做工作的尊重，能激发员工的进取心。

(2)通过绩效考评，有助于发现员工工作中的失误和不足，以利于及时指导和帮助员工总结经验，认识不足，改进工作。

(3)通过员工绩效考评，有助于为旅行社发现人才，培养、重用有潜质的员工担任更重要的岗位的工作打好基础。

(4)进行绩效考评，有助于改善员工与管理人员的关系。在考评中，员工与管理人员进行着双向沟通，能加深互相的了解。

(5)对员工的绩效考评也是对部门管理工作的检查,从员工的工作表现中可以看出部门管理工作的状况。这对部门管理工作是一个促进。

(二)旅行社绩效考评的原则

绩效考评是每个员工在工作中都要面对的。每一位员工都希望自己的工作成绩能够得到上级的承认,得到应有的待遇,希望通过自己的努力取得事业上的进步,同时也希望了解自己的不足,希望上级能够对自己今后的努力方向给予指导。因此,为了满足员工渴望得到公正评价的愿望,发挥绩效考评的积极作用,在绩效考评工作中应当遵循以下原则:

1. 明确公开的原则

在绩效考评工作中,考评的标准、程序和责任都应当有明确的规定,并且在考评工程中严格遵守这些规定。同时,考评的标准、程序和责任还应当向全体员工公开,这样才能使员工对考评工作产生信任感,才能理解、接受考评的结果,才能保证考评的权威性。

2. 客观考评的原则

考评应当依据明确规定的考评标准,针对客观考评资料进行评估,尽量避免掺入主观因素和感情色彩。也就是说,首先,一定要把考评建立在“以客观事实说话”的基础之上;其次,要把“客观事实”与既定的考评标准进行比较,而不是在员工之间进行比较。

3. 反馈的原则

考评的结果一定要反馈给被考评者本人,否则就起不到考评的教育作用。在反馈考评结果的同时,应当向被考评者就评语进行必要的解释说明,肯定成绩和进步,指出缺点和不足,为今后的努力方向提供参考性意见。

4. 差别的原则

差别的原则主要体现在两个方面:一是考核标准的不同等级之间,应当有鲜明的差别界限;二是针对不同的考评结果,在今后的工资、晋升、使用等方面要体现明显的差异,即考评结果要与员工的发展前途挂钩,要能够鼓励先进、鞭策落后、带动中间。

(三)旅行社绩效考评的种类与内容

1. 旅行社绩效考评的种类

旅行社绩效考评常见的种类有以下几种:

(1)职务考评。职务考评从两个方面进行:一是考察员工对自己所从事的本职工作的熟练程度;二是考察员工的工作能力和适应能力。

(2)奖金考评。通过对员工工作成绩的客观考评,以奖金的形式对员工超额劳动予以补偿。

(3)提薪考评。提薪考评是对被考评员工过去工作成绩和工作能力的评估，预计被考评者今后可能发挥多大的作用，以决定未来相应的工资水平。

(4)晋升考评。晋升考评是对晋升对象的特殊考评，是对被考评者的全面、综合的考评，考评资料来自平时的积累。

2. 旅行社绩效考评的内容

(1)工作质量。工作质量就是员工完成任务的质量，即工作的完美程度。包括是否采用了理想的工作方法和程序，是否达到了预期的工作目标等。

(2)工作数量。工作数量就是在特定时间内完成的工作量，可以用货币价值量来表示，也可以用其他单位来表示。不同的部门和工种有不同的数量指标。

(3)工作效率。工作效率就是指员工完成某项工作的时限，即是否在最短时间内完成要求的任务，实现预定目标。

(4)成本有效性。成本有效性就是充分地利用人力、资金、技术、材料等组织资源以实现收益最大化的程度，以最小的投入获最大的收益。

(5)监督管理需要。监督管理需要就是指员工在执行自身任务中，是否需要靠上级监督和帮助才能顺利完成，即独立工作能力的评估。

(6)对他人的影响。对他人的影响就是要评估被考评者与其他员工的合作关系和协作精神，其工作、态度对同事的影响。

当然，旅行社对某一项工作进行评估时，不一定都会涉及以上六方面的内容，但是管理人员必须从多个方面综合判断和衡量决定工作业绩的各方面的指标，切忌片面强调某一方面。

(四)旅行社绩效考评的方法

绩效考评方法直接影响着考评结果的正确与否。一项好的考评方法应该具备可信度和普遍性，能够为人所接受，并能够真实客观地鉴别出员工的行为差异。旅行社员工进行绩效考评，可以采取以下几种方法：

1. 量表平等法

量表平等法是应用最广泛的绩效评估法。它首先要设立明确的评估项目，如评估中级管理人员的工作实绩时，一般制定的评估项目有政策水平、责任心、决策能力、组织能力、协调能力、应变能力和社交能力等，然后对每项设立评分标准，最后把各项得分相加，即得出每个人的绩效评分。需要注意的是，每项评估项目都不应是对员工个性的评价，而应是对员工工作行为方式的评价。

2. 关键事件法

主管人员应该努力搜集两次评估之间的员工工作情况资料，以使评估建立在尽可能公平客观的基础之上。J. F. 弗兰根的“关键事件法”，就是一种以搜集关键事件作为评估资料，对员工绩效进行客观考评的方法。其所搜集的事件资料，都是明确易观察且对绩效好坏有直接关联的。“关键事件法”分为三个步骤：一是当有关键事件发生时，填在特殊设计的考核表上；二是摘要评分；三是与员工进行评估面谈。采用这种方法，主管必须从正、反两面的事实着手；否则，评估会有偏差，员工也无法公正地对待和接受评估。

3. 指数评估法

一般来说，指数评估法分为定性评估和定量评估两个方面。定性评估包括接待服务质量状况、旅游者满意度、有无重大责任事故等，定量评估包括接团人数、外联天数、销售总额、销售利润和旅游者投诉量。在指数评估法中，以定量评估为主，定性评估为辅，当员工的工作成果完全量化为指数时，绩效评价也就有了客观依据。

补充阅读资料 6-2

绩效考评结束之后干什么？

又到财政年的年末，A 公司除了忙着做今年的会计决算和来年的财政预算外，经理和员工们又开始了一年一度的被他们称之为“表演”的绩效考评了。

王经理直接管着 16 名员工，因此他又将忙于填写 16 份内容相差不多的绩效考核表。由于人事部已经催了很多次了，所以他必须在周末的时候完成这些表格。否则，下周一又要接到人事经理的催“债”电话了。

他确实想到了一个好办法。他把表格发给每位员工，让员工自己在上面打分，然后派人收齐，在上面签上名，再交给人事部。乌拉，问题解决了，纸面上的工作都按人事部要求完成了，人事部也很满意，于是每个人都又结束“表演”回到了“现实的工作”中去。

忙碌一时的绩效考评工作就这样“完成”了。

王经理的绩效考评工作是不是真的完成了呢？如果你是王经理的老板，你会对他的这些表现满意吗？

我相信你不会！因为他的工作完成得并不出色。

实际上，在绩效考评结束后，作为直线经理，仍有大量的工作需要做，因为绩效考评的完成并不代表着绩效管理的结束！

作为一个完善的绩效管理系统，仍有大量工作等待着经理们去处理，去完善。其实，绩效管理到绩效考评这个环节不是结束，而是刚刚渐入佳境。如果后期的工作不能及时跟进，不做或者不尽心去做，那么前面的工作都将徒劳无功，白费时间。那么，在绩效考评结束之后，直线经理还要做哪些工作？

我想，主要有三个方面的内容：一是研究绩效考评结果的使用，使绩效考评结果得到有效的使用，为企业的人事决策提供信息来源和决策依据，这是一个重要的方面。二是绩效反馈，绩效考评作为经理和员工双向沟通的结果，经理必须与员工绩效考评沟通，将员工的绩效考评结果通知员工，并与员工就绩效考评的内容和结果达成一致。三是绩效管理系统的诊断，这可能是许多直线经理比较忽略的一个方面。任何一个绩效管理系统都不是最完善的，都需要调整和改善。所以，直线经理必须有针对性地对其进行系统的诊断，找出其中存在的问题和不足，加以改善和发展，使绩效管理系统不断保持活力，在未来的管理工作中发挥更大的作用。

（资料来源：http://www.aubs.com.cn/index.asp）

第三节 旅行社企业文化塑造

企业管理不仅是一门科学，而且是一种文化。随着人们对企业管理本质认识的不断深化，企业文化作为一种崭新的管理文化成为我们的共识。实施科学的企业形象管理，需要企业文化的支撑，企业形象管理的成果又会凝结成企业文化，融化在员工的思想中，支配着员工的行为。企业文化建设是名牌之魂，是企业面临的共同课题。企业形象的竞争、培育特色的企业文化、对企业形象进行科学的管理，已经成为企业生存和持续发展的关键。

一、旅行社企业文化的构成要素

旅行社企业文化是旅行社在长期的生产经营中形成的管理思想、管理方式，以及能够长期推动本企业发展壮大的群体意识和行为规范。其本质特征是“以人为本”，核心内容是企业的价值观，即企业职工对自己、对别人、对与企业有关的各种事物价值的共同判断。

1. 企业宗旨

企业宗旨，就是一个企业的主要目的和意图。旅行社的宗旨，就是旅行社为了保证其生命运行而产生的主要意图和要达到的主要目的，即“游客至上，质量第一，全心全意为游客服务”。

旅行社企业的生命运行，取决于以自己良好的旅游服务来换取外部各种养育生命的资源：旅游服务是不断提供的，而且要求服务质量必须日益优良，从而不断地吸引更多的游客。

旅行社企业的宗旨，应该在下列几方面得到体现和贯彻：

(1)在旅行社员工中不断倡导企业的奋斗目标。

(2)在旅行社员工中牢固树立其工作方向和要达到的目的。

(3)在游客中逐步树立旅行社企业的形象，创造品牌效应。

总之，旅行社企业宗旨无论在何时何地，国内乃至国外都是必不可少的，而且必须重视、倡导和宣传。

2. 企业精神

企业精神，即为职工群众所认同并努力付诸实践的道德观、价值观和行为准则。它通常以高度概括的几个字或几句话，或以口号、标语等形式表达出来。这种口号有的是总结本企业的优良传统，有的是针对目前存在的缺点而倡导树立的新风尚，也有的是适应形势发展需要而提出的奋斗方向等。

3. 企业道德

企业道德，是指员工在工作过程中，调整内外关系的特定职业行为规范的总和。它以善良与邪恶、正义与非正义、公正与自私、诚实与虚伪等相互对立的道德范畴为标准来评价旅行社及其员工的各种行为，从而调整企业与员工、员工与员工以及企业与社会等方面的关系。旅行社作为服务性企业，要特别注意在员工中提倡职业道德，以维护旅行社的声誉和旅游者的权益。无论是旅行社还是员工，均不得为自身利益而采取违反职业道德的行为。

4. 企业民主

企业民主即企业的民主管理。它作为旅行社制度的一个方面，包括职工的民主意识、民主权利、民主义务等一系列参与企业经营管理的措施和活动。企业在强调总经理负责制的同时还必须发扬企业民主。我国《企业法》规定，职工有参加企业民主管理的权利，还规定职工代表大会是企业实行民主管理的基本形式。旅行社应当按照《企业法》的规定，通过发扬民主和民主管理，调动职工的积极性，提高旅行社的经营管理水平。

5. 企业制度

企业制度是旅行社企业文化的基本要素之一。广义地说，它不仅包括硬性的或有形的管理制度，如管理体制、组织机构、社规社纪等，还包括职工在实际工作岗位上所形成的思想准则、习惯方式、道德规范等软性的或无形的、固定化的行为模式。

6. 企业环境

广义的企业环境包括竞争对手、顾客、相关单位以及政府的影响等，可以分为政治环境、经济环境、文化环境、工作场所和人的心理环境。旅行社应当努力创造条件，改善职工工作环境和生活环境，激发职工对企业的忠诚和工作热情。

7. 企业形象

企业形象是指旅行社及其行为在人们心目中留下的印象和获得的评价。旅行社的形象表现在四个方面：一是服务形象，如经营能力、服务质量、工作效率等方面的印象。二是环境形象，如企业的办公楼、营业厅和社区环境等，它反映了企业的管理水平、经济实力和精神风貌。三是从业人员形象，如接待人员的职业道德、价值观念、文化修养、精神风貌、言谈举止、仪容仪表、服务态度等，是企业形象人格化的表现。四是社会形象，是指企业对公众负责和对社会贡献的表现。

8. 团结一致的协作意识

团结一致是旅行社生存、开拓、发展的必备条件，依据旅行社工作的特点，旅行社的团结一致可以分为四个方面：

(1)齐心协力，密切配合。旅行社的各项工作，如导游、票务、计划、通联、人事、财务、秘书、宣传等，各有程序、目标，理应有序协作、互相支持，形成一体化。

(2)实事求是，分清是非。团结一致是有原则的，在涉及旅行社企业根本利益、企业形象和领导、职工的名誉等原则问题上，一定要实事求是，分清是非。分清是非后，应该开展严肃认真的批评和自我批评，总结经验教训，进一步加强团结。

(3)铁面无私，除恶务尽。铁面无私，除恶务尽，打击的是小人和坏人，其结果是使旅行社全体职工更加团结。

(4)坦诚相待，胸有爱心。坦诚相待，就是心底没有阴暗的东西，不虚伪狡诈，不文过饰非，不盛气凌人，不暗箭伤人，给别人的都是一片真心。胸有爱心，就是心情宽松，不嫉妒人，能宽容人，不怀恶意，能念人之功，谅人之过。

二、旅行社企业文化的主要特点

我们知道，旅行社企业与工业企业不同，它没有物质产品的生产过程；旅行社也不同于商业企业，它不销售物质产品。旅行社的产品是非物质形态的服务产品，因此旅行社的企业文化是服务经营型文化。由于旅行社的经营活动以服务为中心，其服务能否适应旅游者的文化需求与其提供的服务质量有着密切的关系。因此，旅行社企业文化的特点集中体现于以下几方面：

1. 服务意识

旅行社的产品是旅游服务，旅游者评价其产品优劣的基本标准是满意程度。而影响客人满意程度的因素是多方面的，如旅游者的期望值、旅游者的文化背景与旅游目的地文化背景的差异、接待设施情况和社会环境等。其中最主要的是旅行社员工的服务意识、服务态度等。“客人永远是对的”之类流行于旅游行业的口号，反映出大家一个共同的价值观——向旅游者提供满意的服务是旅游业的生命力。因此，培养员工的服务意识是旅行社企业文化建设的一项中心任务。

2. 文化意识

旅游既是一种物质享受，也是一种文化享受。旅游者到异国他乡旅游，其动机常常包含着强烈的文化色彩。为满足旅游者的文化需求，旅行社员工应对本国文化有深入的了解。由于旅游者来自不同的国家和地区，对中国文化的理解和欣赏角度不同，为了向旅游者提供有针对性的服务，满足他们旅游目的，旅行社员工还应了解不同国家、民族的文化背景和价值观。因此，旅行社员工应具有强烈的文化意识，努力提高文化素养。这是旅行社企业文化建设的一项重要内容。

3. 协作意识

旅行社的产品具有高度的综合性，涉及旅游者旅游过程中食、住、行、游、购、娱等诸方面。其中许多服务是旅行社自身所不能提供的，需要通过旅游服务的采购来满足其产品组合的需要。其中任何一个环节的服务质量，都会影响旅行社最终产品的质量和旅行社的形象。这就要求旅行社的各级管理人员和全体员工应具有强烈的协作意识，以确保各个环节的服务质量和整个服务过程的顺利完成。

4. 经营意识

经营意识是每个企业都需要培养和树立的基本意识，对旅行社这样的企业尤其重要。旅行社业务的特点决定了旅行社经常面临市场供求关系不断波动和激烈市场竞争的强大压力，经营难度很大。为了保证生存与发展，旅行社需要在全体员工中树立明确的市场导向观念、市场竞争观念和经济核算意识，即要求全体员工具有强烈的经营意识。

总之，旅行社企业文化要素的有机组合及其与旅行社行业特点的紧密结合，构成了旅行社企业文化的全部内容。

三、旅行社企业文化的重要作用

1. 观念导向

旅行社企业文化建设对弘扬优秀文化传统和推陈出新、标新立异发挥着重要作用。它可以帮助旅行社员工树立正确的世界观与价值观，引导员工自觉地按经济规律办事，为实现企业的目标而努力。

2. 制度完善

旅行社仅仅依靠科学的世界观和价值观是不够的，为了保证企业的正常运转，还需要一整套适合本企业特点的规章制度作为保证。旅行社企业文化建设通过民主与集中的形式，鼓励职工参与制定和修订企业的各项制度，从而实现企业制度的完善与落实。

3. 群体意识

企业作为市场经济活动的主体，在激烈的市场竞争中必须练好两种功夫，即内功与外功。内功,主要是指一个企业应加强内部团结与合作,提高企业自身的凝聚力和战斗力;外功,则是指在千变万化、错综复杂的市场竞争中,企业应当拥有自己的特色与个性。旅行社企业文化建设在上述两个方面都可以有所作为。

4. 员工激励

生产力的解放归根到底是人的解放。为了充分调动旅行社员工的积极性与创造性,管理者不仅要用先进的世界观去教育每一个员工,而且还应该用生动活泼、丰富多彩的企业文化去熏陶每一个员工。旅行社企业文化建设不仅要用先进的观念去鼓励员工,还应充分运用有效的物质刺激来激励员工。总之,旅行社企业文化建设立足于国家、企业、个人三者利益的正确结合,激励员工为企业的生存与发展做出自己最大的努力。

四、旅行社企业文化的塑造方法

优秀的企业文化是企业精神风貌的充分体现,是企业发展的精神动力,对企业的持续、稳定、健康发展将起到重大的推动作用。如何解决企业发展中的文化问题,积极培育和建设有中国特色的企业文化,以优秀的企业文化促进企业改革、发展,同时以企业改革、发展带动企业文化建设,具有重大而深远的意义。

美国学者迪尔和肯尼迪在《企业文化》一书中分析指出:建设企业文化的基本方法有三种,即塑造企业榜样人物、建立企业文化仪式、重视和利用企业内的非正式沟通网络。结合旅行社企业的特点,旅行社企业文化塑造的基本方法除了以上三种之外,还应包括企业文化氛围的创造。

1. 塑造旅行社企业的榜样人物

旅行社中的榜样人物,既可以是高层管理人员,也可能是旅行社内的普通员工。无论职位的高低,成为榜样人员的相同点是,他们是本社员工一致认同和仿效的对象,是企业文化的楷模。旅行社榜样人物的作用具体体现在:

(1)榜样作用。旅行社的模范人物是企业文化的人格代表,广大员工对他们由敬佩、爱戴到学着去做的过程,也就是旅行社企业文化认同和实践的过程。

(2)聚合作用。榜样人物源于员工之中,其理想、信念、追求具有现实的基础,易于广大员工的认同,吸引周围的员工。

(3)舆论导向作用。榜样人物的言行能影响舆论导向,起到引导员工言行、强化企业价值观的作用。

(4)调节、融合作用。榜样人物以自身的声望和地位,在解决旅行社内部各类矛盾和冲突时能起到调节、融合作用。

造就旅行社榜样人物并不是一件很容易的事,旅行社应注意:

(1)管理人员严于律己,成为全体员工的楷模。旅行社管理人员应该率先成为旅行社的模范人物和广大员工的榜样。这要求管理人员严于律己，努力成为员工普遍认同和仿效的楷模。

(2)注意从广大员工中培养、造就榜样人物。从旅行社的基层员工中树立榜样人物，最易得到其他员工的认同。因此，旅行社要注意从员工中培养和造就模范人物。但由于工作条件或其他因素的限制，基层榜样人物的先进事迹往往集中在某一方面，旅行社应注意从不同的侧面塑造单项“标兵”。

(3)给予榜样人物奖励，激发员工的仿效心理。旅行社对员工公认的榜样人物既要给予表扬、颁发荣誉证书等精神激励，也要给予他们足够的物质激励，如奖金、住房、奖励旅游等。这样才能激发广大员工争做模范人物的心理。

2. 建立企业文化礼仪

旅行社既是工作组织，又是生活组织。任何一个企业都有一定的礼仪活动。对旅行社来说，礼仪活动主要有三种：

(1)工作惯常礼仪。工作惯常礼仪主要是发生在员工工作中接待时的礼仪，如部门例会、培训会、职代会、工作动员会等。工作惯常礼仪是塑造企业习俗的重要形式，要创立好的旅行社的行为模式和规范性礼节。

(2)纪念性礼仪。纪念性礼仪是指那些对旅行社具有重要意义的纪念活动中的礼仪，如社庆等活动。

(3)生活惯常礼仪。生活惯常礼仪指在工作之余，旅行社开展的与广大员工生活直接相关的多种活动，如文体活动、联谊会等。

在纪念性礼仪和生活惯常礼仪中，员工接触增加，有助于培养他们对旅行社的自豪感和归属感。增进相互之间的感情和友谊，协调内部人际关系。旅行社企业文化礼仪一经创立，就要保持稳定性和连续性。

3. 重视和利用企业内的非正式沟通网络

旅行社企业文化的塑造过程实际上是群体通过沟通而实现价值观一体化的过程。旅行社内的群体沟通按沟通的组织系统可划分为正式和非正式两种沟通。凡是通过组织明文规定的渠道进行信息的传递和交换，都属于正式沟通；而在正式沟通渠道之外的信息传递和交换就属于非正式沟通。在现实生活中，人们几乎不会在正式沟通渠道中把自己真实思想和动机表露出来。因此，非正式沟通渠道起着补充正式沟通网络不足的作用。所以，旅行社在企业文化的塑造中，要以积极的态度重视和充分利用企业内的非正式沟通网络，并正确引导和培养正常的、体现企业价值观念的非正式沟通网络的发展，警惕“闲聊者”“传瞎话”等情况。

4. 营造企业文化氛围

营造企业文化氛围就是要营造旅行社良好的气氛和情调，使员工能深刻体会到旅行社的整体精神追求、价值观念，从而使其思想得到升华并成为自觉意愿。旅行社企业文化氛围由物质氛围、制度氛围和感情氛围构成。对于旅行社来说，营造企业文化氛围，重点是营造旅行社文化的感情氛围，建立使员工之间相互信任、工作配合的新型人际关系。

【案例 6-2】

罗森柏斯旅行社的企业文化

美国罗森柏斯旅行管理公司(Rosenbluth Travel)的企业文化由表层、里层、深层三部分组成。

1. 大马哈鱼(salmon)——罗森企业文化的表层部分

企业文化的第一个层次是指可见于形、闻之于声、触之有觉的物质文化，如旅行社的社歌、社旗、员工的制服等。罗森把大马哈鱼作为该公司的吉祥物，寓意深刻，因为大马哈鱼的特点是逆流而上，不跟随潮流，不跟在别人后面亦步亦趋。罗森以此吉祥物鼓励员工在创新中不要怕犯错误，而要善于从错误中学习，不犯同样的错误；鼓励员工不能仅停留在为顾客服务的层次，要事事为客人提前设想，主动去了解每位客人的需要。

2. 顾客第二——罗森公司的制度文化

企业文化的里层是制度文化，即企业文化的领导体制、组织结构、规章制度等反映出来的指导思想。罗森的制度文化集中体现在罗森现任老板 Hal Rosenbluth 写的一本书中，书名为《顾客第二》。其基本思想是：仅仅强调为顾客服务是不够的，因为没有幸福的员工，就很难有快乐的顾客。只有当公司将员工置于首位，员工才会将顾客置于首位。

罗森的制度文化包括以下政策：

(1)严厉的爱。罗森一旦发现所雇佣的员工不称职，就尽快解雇，认为不解雇就是对顾客以及其他员工的不负责任。罗森认为，我们不可能培训人们怎样心地善良，但我们可以选择心地善良的人。罗森把人品放在一个很重要的位置上。

(2)门户开放政策。当员工与上级主管再三商量主管听不进时，员工可直接到主管上一级那里，并且每一名员工都可以直接找总经理。

(3)注重团队精神、团队荣誉。“罗森分布在世界各地的员工们都富有集体主义精神，彼此配合默契，工作协调，像在一个大家庭里工作，环境充满乐趣……”罗森强调每一个员工都重视团队荣誉，敬业爱业，绝不以一己不当行为而使集体受损。

“我们对员工今天的投资就是对企业未来的投资”，罗森十分注重对员工的培训和员工素质的提高。比如,每一位新员工都要到费城总部接受为期三天的培训,接受企业的哲学、价值观以及服务思想。三天中有一项安排老板亲自为新员工倒下午茶,使员工感到自己是主人翁,且首先从老板那里学到了敬业、服务的精神。罗森对员工的重视使得罗森在旅游业转业率平均高达50%的情况下,除第一年外转业率仅有6%。"正因为我们强调要使员工生活在一个满意的、促人积极上进的环境里。反过来,他们也同样时时为客人着想。"

3. 领先群体,不断超越自我——罗森文化的深层部分

企业文化的核心是深层文化。深层是指积淀于心灵的意识形态,即精神文化,它包括理想信念、价值取向、经营哲学、行为准则等,是企业之魂,支配着企业及其员工的行为趋向。

罗森的精神文化是:求新、求变、求精,创造需求,永远保持领先。

罗森创造需求的含义是一直走在市场前面。罗森认为,麦当劳进入中国之前,吃汉堡包的人寥寥无几,而麦当劳进入中国后则有许多人在吃汉堡包。所以,需求原来是没有的,是创造出来的。麦当劳成功的经验是:引入当地缺乏的制度、管理、品质控制,再掺入当地特色。罗森也本着这种精神,在罗森成立的100多年里,依靠员工的创造力,把变化看作机遇,先后开发出几十种产品和服务项目,使罗森一直是旅游界有创建的带头人。而每一种创新,都代表着旅游产业的新思路,都使客户从这些成果受益,并改写着"旅游管理"这个名词的含义。罗森管理的独到之处是"优秀服务,公司素质,技术水平,客户至上,全球实力"。

如果我们充分利用企业文化对全体员工的激励作用,发挥企业文化的导向力、凝聚力、约束力的作用,就能形成旅行社依靠快乐而又有创造性工作的员工为客户提供超值服务的鲜明形象。

(资料来源:李云霞《旅行社经营管理》,重庆大学出版社2002年版)

【本章小结】

本章主要介绍了旅行社人力资源开发和管理的重要作用、旅行社绩效评估的方法及旅行社企业文化建设的重要性。

旅行社是人才密集型的企业,人力资源是旅行社最为宝贵的资源,旅行社人力资源开发与管理的水平,直接关系到旅行社的生存与发展。因此,旅行社需要合理配置和管理人力资源,为旅行社培养各种人才,为旅行社的发展积累经营管理经验,有效地招聘和培训员工,科学系统地对员工进行考评,最大限度地调动员工的创造性和积极性,创建自己独具特色的企业文化,进而创造旅行社在激烈市场竞争中的人力资源优势。

【关键概念】

人力资源　招聘　绩效考评　企业文化

【复习思考题】

1. 旅行社人力资源的内涵是什么？
2. 旅行社人力资源的素质要求有哪些？
3. 旅行社招聘员工的原则有哪些？
4. 简述旅行社培训的内容及其方式。
5. 什么是绩效考评？旅行社员工绩效考评的目的有哪些？
6. 什么是企业文化？旅行社企业文化的特点有哪些？
7. 旅行社企业文化的内容有哪些？
8. 塑造旅行社企业文化的基本方法有哪些？

【课堂讨论题】

在网上收集国内外旅行社企业文化方面的信息，谈一下你对企业文化的新认识。

【案例分析】

案例1:核心员工跳槽引发经营危机

某知名饭店集团非常重视员工培训，并成立了员工培训中心，新招来的员工一到饭店就被送到培训中心接受长达一年的业务培训，全部费用由饭店承担。至2004年，该培训中心已先后培训了五届员工。然而。由饭店花大本钱培训的员工，特别是核心员工在近两年先后跳槽。在第一届参加培训的40人中只10人留在饭店时，并没有引起饭店管理者的关注，他们认为这是偶然现象，以至于第二届、第三届也只剩下7人。在问及离职原因时，离职员工大都认为：自身价值得不到体现、缺乏晋升机会、绩效与薪酬不挂钩、工资和福利待遇差，致使员工在工作中常常心不在焉、工作绩效下降、服务态度差等。面对大量人才的流失，饭店现在已无心培训员工，害怕培训后的员工翅膀硬了，饭店留不住，白白为他人作嫁衣，于是取消了员工培训中心，员工服务水平与技能每况愈下，饭店口碑大不如前，致使人才流失更为严重，饭店经营陷入危机。

案例2:“回聘”使他死心塌地

A旅行社员工李明，1999大学毕业后就在一家知名的旅行社做总经理助理，其间，有不少公司想挖他，而且薪水开得很高，但是，都遭到了他的拒绝。这么好的机会，他为什么放弃呢？原来，早在2000年，该旅行社就已针对主动辞职员工设立“回聘”制度。2001年，李明曾向旅行社主动提出辞职。他临走前，总经理对他说：“你是名优秀的员工，只要你想回来，我们永远欢迎你，以后若有什么困难，尽管来找我。”这些话，使李明倍感温暖，铭记于心。第二年，他又回到了A旅行社，并且比以前更加努力地投入工作。他常常对同事说，他喜欢这里的工作环境。总经理待人和气，对于下属的工作从不多加指责，如果有不同意见和建议，总经理总是非常委婉地提出来，然后一同商量解决，给员工的承诺也能一一兑现；公司的同事非常热情，如果在工作中遇到困难，他们都尽心尽力地提供帮助。在这种良好的环境下工作，谁又愿意离开呢？

[点评]

以上两个案例分别从正反两方面揭示了企业人才流失的危机管理问题。案例1中，饭店员工接受培训后，知识、技能都有了不同程度的提高，为饭店创造的价值比以往有了成倍甚至数倍的增长。而此时，饭店却没有意识到这些改变，仍以从前的价值观来衡量这些员工，没有向员工提供较好的福利待遇和发展空间，薪资与绩效没有挂钩，于是，对饭店越来越失望的员工纷纷离职；还有一些经过培训、能力有了明显提高的饭店管理人员，希望自己有升迁的机会，但是没有得到饭店的赏识，因此，这些核心人才的流失也就成为必然。参加第一届培训后的人才大量流失和员工的消极服务态度，并没有引起饭店管理人员的关注与思考，表明饭店没有人才流失的危机意识，更谈不上建立人才危机预警机制；饭店面对员工离职时，没有采取任何积极的挽留措施，以致饭店人才大量流失，危及饭店的经营、财务以及信誉等各个方面，使饭店陷入全面危机。

案例2中的旅行社面对人才流失，则采取了积极的挽救措施，针对主动辞职员工设立“回聘”制度，这从人力资源管理制度上体现了一种开明的态度，更多地表现了一种对人才的渴望，及时挽留了企业人才，避免了企业危机的发生。

(资料来源:21世纪管理培训网 http://www.21emr.com/)

[思考]

1. 你如何看待旅行社人员的跳槽?

2. 如果你是旅行社人事部门的主管，你将如何留住员工并发挥旅行社员工的积极性?

【实训题】

请你在班里组织一次模拟某旅行社招聘导游活动。

第七章　旅行社财务管理

【学习目的】

- 熟悉旅行社资产和收入成本的内容构成。
- 掌握旅行社流动资产、固定资产和无形资产的管理方法。
- 掌握旅行社收入和成本费用管理。
- 掌握旅行社财务核算的基本方法。
- 掌握旅行社财务分析的内容。

第一节　旅行社资产管理

一、流动资产分析

(一)概述

1. 流动资产的概念和构成

流动资产是企业在生产经营过程中短期置存的资产,是指可以在一年内或者超过一年的一个营业周期内变现或者运用的资产。这里实际上包含两层含义:一是该资产可以在一年内变现,例如企业的应收账款,在一年以内能够回收过来,因而它属于流动财产。二是该资产在一个生产经营周期内循环一次,表现为在一个营业周期内可以变现或者耗用,这是衡量资产流动性的主要标志。

流动资产的主要构成项目有:货币资金(又通称现金)、短期投资(有价证券)、应收和预付款项、存货。流动资产有一个不断投入和收回的循环过程,这一过程没有终止的日期,这就难以直接评价其投资的报酬率。因此,旅行社在财务管理活动中,必须根据自身的特点,对流动资产的性质及运动规律进行深入细致的研究,并且按照财务制度的规定,加强流动资产的管理,以最低的成本满足生产经营周转的需要。

2. 流动资产的主要特点

(1)流动性大

流动资产是企业资产中最具有流动性的一类,它在企业再生产过程中是不断循环着的。它的循环表现在流动资产各种占用形态的统一。了解认识流动资产的流动性大的特点,一方面要加速流动资产的周转,提高流动资产的变现能力;另一方面,有助于合理配置各种流动资产的占用形态,提高流动资产的使用效率。

(2)波动性大

流动资产在企业生产经营过程当中,随着供产销的变化,占用的数量有高有低,起伏较大,具有波动性的特点。研究流动资产的这一特点,有利于企业综合考虑流动资产的资金来源和供应方向,合理安排资金的需要,做到供需平衡。

(二)货币资金

1. 货币资金的内容及特点

货币资金是旅行社拥有的处于货币形态的经营资金,它包括现金、各种银行存款和其他货币。现金是存放在旅行社随时可以动用的那部分货币资金,主要是指存放在旅行社的库存现金和存放在各部门为了支付零星开支的备用金;银行存款是指旅行社存放在开户行的那部分货币资金,其收支需要经过银行结算,包括各种存款;其他货币资金是指有特定用途的各项货币资金,包括外埠存款、银行汇票存款和在途货币资金等。

货币资金在流动资产中有其突出的特点:一是有极强的流动性,在企业经营活动过程中,货币资金的变现速度最快,随时有增减的变化;二是货币资金收支活动频繁,它的收支数额的多少在一定程度上反映着企业业务量的多少和企业规模的大小。

2. 管理货币资金的意义

(1)有利于保证企业生产经营活动顺利进行

企业持有现金是为了满足日常经营管理和服务支付的需要,例如用于支付职工工资、购买有关材料等。为满足企业交易性需要和日常经营服务活动对现金的需求,企业一定要持有相当数量的现金。此外,公司每天的现金支出和收入不大可能相等,因而企业若不持有一定数量的现金余额,企业的经营管理服务活动等就很难正常地进行下去。

(2)有利于提高企业的应变能力

企业持有现金,便于应付意外事件对现金的需求。企业预测的现金需求量一般是正常情况下的需求量,可是许多不可预见的意外事件往往会影响企业现金的收入与支出。例如,水灾、火灾等自然灾害及一些偶然事故等都打破了企业正常的现金收支计划,使现金收支不平衡。企业持有现金,可以当作安全存量,从而保持企业资产结构的流动性,并提高企业偿债能力,维护企业信誉。

(3)有利于提高企业流动资金的利用效果

公司持有现金,便于开展投机活动,从中得到收益。现金管理的目的,是在保证企业经营服务所需现金的同时,节约使用资金,并从暂时闲置的现金中获取更多的利息收入。对企业而言,现金除可获得存款利息外不能为公司创造任何价值,且将现金放在金融机构的存款利率大大低于公司的资金利润率。现金过多,会降低公司收益;但现金过少,又会影响公司的正常经营和服务活动。因此,现金管理应力求既能保证企业正常开支需要,降低风险,又能使公司没有过多的闲置现金,以增加收益。

总之,货币资金流动性大,而且它又涉及各方面经营管理活动。当该项目数额较大时,企业的支付能力较强,对债权人、供应商的债务偿还和产品购买有较强的保障。但货币资金的留存不仅仅是为了还债付款,更重要的是投入生产,周转增值。当货币资金数额较大时,对企业的盈利能力会产生不利影响,即丧失了货币资金的增值能力。当该项目数额较小时,企业的支付能力受到影响,面临偿债和支付货款的巨大压力。国际上一些知名企业破产的原因之一就是其短期偿债能力不足。企业的良好现金管理系统应该是既能满足日常开支对现金的需要,同时适当保留应付紧急情况所需的安全储备,保证及时偿还还债付款,并对于多余的现金及时投资以增加收益。

3. 货币资金管理的内容

(1)编制货币收支计划,以便合理地估计未来的现金需求

现金计划是为了合理安排好货币资金收支,确保货币资金的正常周转,根据对未来一定时期企业货币资金净流量的预测,调节现金平衡的计划。货币资金净流量是指货币资金流入量减去货币资金流出量的差额。货币资金流入量主要是企业经营过程中为他人提供劳务所得货币资金收入和其他方面货币资金收入两部分,其他方面货币资金收入主要包括证券投资的利息收入、股利收入等经营管理活动以外的收入。货币资金流出量包括企业经营活动的支出和其他货币资金支出,前者是指企业在经营活动中支付采购款、职工工资以及其他费用等,其他货币资金支出主要是固定资产投资支出、债务本金和利息支出、税收支出等。

对于货币资金净流量,根据企业有关货币资金管理的规定,确定筹措或运用的资金数额。如果货币资金净流量为正,说明货币资金在支付日常收支以外还有剩余,那么可将多余的货币资金用于投资等领域,以获取更大的收益;如果货币资金净流量为负,说明企业持有的货币资金不足以满足货币支出的需要,那么可通过筹资方法补足,以免影响企业的正常经营活动和企业信誉。

(2)对日常的货币资金收支进行控制,力求加快收款、延缓付款

企业对日常的货币资金收支进行控制包括加快收款和延缓付款两个重要方面。加快收款是指企业应缩短应收账款的时间,加快货币资金周转速度,从而提高货币资金的使用效率。企业尽快收款不仅要尽快将到期应收款收齐,而且还

要通过各种方式尽可能将这些应收款转化为可用货币资金，比如减少应收款的邮寄时间，减少公司收到的支票兑现的时间，加快应收款进入企业往来银行的过程等。延缓付款是指企业尽量推迟支付时间，包括三个方面：首先，在应付款项和应付账款方面，在不影响自己声誉的情况下，尽量推迟应付款的支付时间和使用现金浮游量。现金浮游量是指从企业开出支票，收票人收到支票并存入银行，至银行将款项划出账户所需要的时间。在这段时间里，尽管企业已开出了支票，却仍能动用在活期存款账户上的这笔资金。其次，在工资支付方面，减少支付工资的频率，可选择按月而不选择按周发放工资，以便延期付款。最后，在银行存款方面，透支使用银行贷记卡，当支出大于存款账户实际余额时，银行可以自动贷款给存款人以弥补暂时的不足，但往往有限额和时间。这也是一种减少现金占用量的方法。

(3)力争现金流入和现金流出同步

企业确定最佳现金余额，尽量使它的货币资金流入和货币资金流出发生的时间趋于一致，使其所持有的效益性货币资金余额降到最低水平。

4. 货币资金管理的重要指标应用

货币资金的管理和控制主要从两方面着手，从货币资金结存量和货币资金周转率两个方面进行分析，借以评价企业货币资金的支付能力和使用效率。

(1)货币资金结存量分析

货币资金结存量分析的基本方法是将货币资金结存量与近期支付款项净额加以比较，分析其结存量水平与当时的支付需要是否相适应。二者比例关系形成了货币资金支付能力指标，其公式如下：

$$\text{货币资金支付能力}=\frac{\text{货币资金结存量}}{\text{近期支付款项净额}}\times 100\%$$

如果货币支付能力大于100%，说明企业支付能力强；货币支付能力小于100%，说明支付能力不足。对于企业来讲，货币资金既不能太多，也不能太少。太多表明资金没有及时参加循环周转，不能在生产经营中发挥作用；过少会造成偿付债务上的困难，企业财务运转情况不良。所以，企业应当保持适当的货币支付能力。

(2)货币资金周转率分析

货币资金周转率是每期收到的销售款与期初货币资金结存量的比值。其公式为：

$$\text{货币资产周转率}=\frac{\text{每期实际收到的销售款项}}{\text{期初货币资金结存量}}$$

从公式中可以看出，企业提高货币资金使用效率，主要通过扩大销售，加快收取回款和降低货币结存量两条途径来实现。

（三）应收及预付款

1. 应收及预付款的内容

应收及预付款的内容主要包括应收账款、应收票据、其他应收账款和预付账款等。

应收票据是企业采用商业汇票结算方式时，因销售商品、提供劳务而收到的商业汇票。按国家会计制度规定，应收票据即商业汇票的有效期最长不超过6个月，通常为3～6个月。商业汇票有明确的承兑人背书承兑，收不回票款的可能性极小。特别是银行承兑汇票其信用程度更强，收款更有保证。

其他应收款是指应收票据、应收账款之外的应收或者暂付给其他单位的个人的款项，包括应收的各种赔款、罚款以及应向职工收取的各种暂付款项等。其他应收款一般与企业主营业务没有直接关系，但也是其他单位的个人占用本企业的资金，企业也应及时组织结算、催收。另外，其他应收款的数额不大，期限较短，若其他应收款数额过大，属于不正常现象，容易产生一些不明资金占用，如通过其他应收款转移销售收入，达到偷税漏税的目的。

预付账款是指企业预付给供应商单位的采购订金。由于是外单位占用本企业的资金，预付账款越少越好，预付账款过多表明企业供应方面有问题。

应收账款是企业对外销售商品产品、提供劳务等所形成的尚未收回的被采购单位以及接受劳务的单位所占有的本企业资金。应收账款过多，一方面企业资金被购买方占用多，不能补偿企业在生产经营中的各种耗费，影响企业资金的循环周转，另一方面还要为购买方代交增值税等税金，并且一旦应收账款收不回来，对企业造成的损失更大，对企业的财务状况产生不良的影响。但应收账款的性质是销售收入，其数额与企业的销售规模、销售政策有密切关系。销售规模越大，销售政策越宽松，应收账款就越多；反之，销售规模小，销售政策紧，应收账款数额越少。

2. 应收账款管理的意义

（1）有利于企业利润最大化。企业发生的应收账款是为了扩大销售、增强竞争力的一项资金投放，目的是求得更多的利润。因此，应收账款控制不是尽量减少应收账款的数额和投放时间，也并非使坏账损失愈少愈好，而是要使企业利润达到最大化。不过分回避风险，避免出现坏账损失，而是要全面权衡，既要考虑坏账损失、机会成本，也要考虑公司利润大小，以利润最大为决策原则。

（2）符合企业的长远利益。应收账款管理是动态的，不仅要看目前利益，而且更要注重企业的长远利益，以便在市场上占有地位，同业主或客户建立长期的良好关系及网络，这对企业在市场上的生存和发展也非常重要。

【案例 7-1】

旅行社应收账款管理现状

旅行社应收账款基本情况：

(1)应收账款的比重与坏账准备计提调查显示，44%的受访旅行社应收账款数额占营业收入的20%以下，38%的受访旅行社应收账款数额占营业收入的20%～40%之间，6%的受访旅行社应收账款数额占营业收入的40%～55%之间，6%的受访旅行社应收账款数额占营业收入的55%～70%之间，6%的受访旅行社应收账款数额占营业收入的70%以上。

另外，调查了解的旅行社中，所有旅行社对应收账款计提的坏账准备都在5%之内。

(2)应付账款书面凭证掌握情况调查显示，70%受访旅行社掌握合作旅行社应付账款、欠款的所有数据资料；18%的受访旅行社掌握大多数合作旅行社应付账款、欠款的所有数据和资料；10%左右的受访旅行社只掌握少数合作旅行社应付账款、欠款的所有数据和资料，也就意味着这些旅行社将来追讨欠款没有书面凭证，无法进行投诉或法律诉讼。

(3)账款催收投入成本情况调查显示，30%的旅行社认为投入的催收成本比较高，30%的旅行社认为不太高，30%的旅行社认为较低，10%的旅行社认为投入成本很低。

(4)对逾期账款的财务成本追加情况，本次调查显示，在问及是否对逾期的账款追加收取利息和追账成本时，受访旅行社只有一家回答“是”，其他旅行社都认为能追回欠款就已经很高兴了。

(资料来源：《旅行社拖欠账款投诉项目调研报告》，http://travel.veryeast.cn/travel/97/2006-3/2/063220530362118_5.htm)

3. 应收款项管理的内容

应收款项的管理主要是应收账款的管理。应收账款的管理主要包括两个方面：制定合适的信用政策以及实施有效的收账政策。

(1)制定合适的信用政策

信用政策包括信用标准、信用期间和现金折扣。

①信用标准

所谓信用标准是指顾客获得企业商业信用应当具备的基本条件。如果顾客达不到企业要求的基本条件，便不能享受公司的赊销优惠。如果公司向顾客提出的赊销条件严格，即信用标准严格，说明公司只愿意向信誉好的顾客提供赊账销售，这时公司遭受坏账损失的几率降低。信用标准严格，必然丧失一定的潜在客户，公司的销售收入也会相应减少。相反，公司的信用标准比较宽松，销售收入会增加，但应收账款的数额增加，应收账款的机会成本和管理成本以及坏账损失就会相应增加。因此，制定合理的信用标准必须在增加的收益和增加的成本之间作出权衡。制定信用标准可根据顾客有关信用状况的资料进行定性和定量分析。

定性分析法主要是采用"5C"评估法。所谓"5C"评估法即从品质(character)、能力(capacity)、资本(capital)、抵押品(collateral)和条件(conditions)五个方面评估顾客信用品德的方法。这五个方面英文的第一个字母都是"C"，故称之为"5C"评估法。

品质是指顾客的信誉，即履行偿债义务的可能性。企业必须设法了解顾客过去的付款记录，看其是否有如期付款的一贯做法，以及与其他供应商的关系是否良好。这一点是评价顾客信用的首要因素。

能力是指顾客的偿债能力，即其流动资产的数量和质量以及与流动负债的比例。顾客的流动资产越多，其转换为现金支付款项的能力越强。同时，还应注意流动资产的质量，看其是否存在影响其变现能力和支付能力的情况。

资本是指顾客的财务实力和财务状况，表明顾客可能偿还债务的背景。

抵押品是指顾客拒付款项或无力支付款项时能被用作抵押的资产。这对于不知底细或信用状况有争议的顾客尤为重要。一旦收不到这些顾客的款项，可以用抵押品抵补。

条件是指可能影响顾客付款能力的经济环境。比如，万一出现经济不景气，会对顾客的付款产生什么影响。一般要预计一下顾客的未来情况，并对比其付款历史。

定量分析法通常采用对客户引用等级评分办法。步骤如下：

第一步：搜集与顾客"5C"有关的财务比率，比如流动比率、资产负债率、信用评估等级、付款历史等。

第二步：根据顾客的各项重要财务比率，对"5C"逐项评价打分，分数区间为0～100分。

第三步：根据"5C"的重要程度确定其各自的比重，以此作为权数。

第四步：计算顾客加权平均的综合信用分数。其基本公式是：

$$S = \sum_{i=1}^{n} x_i a_i$$

式中：S 为顾客的信用评分，x_i 为顾客对 i 种信用标准的评分，a_i 为事先确定的对第 i 种信用标准加权计算的权数。

②信用期间

信用期间是指企业允许顾客从购买到付款的时间，或者说企业给顾客付款的期间。比如，企业允许购买方在2个月以内付款，则信用期间为2个月。信用期间长，可吸引更多的顾客，提高产品竞争力，增加销售收入，从而增加企业收益。但只顾销售增长而盲目放宽信用期，会增加应收账款投资，增加管理费用，甚至造成公司资金紧张，不得不再去筹措资金而增加资金成本；另一方面，增加公司坏账准备的几率，使得所得的收益会被增长的费用抵消。信用期间过短，会丧失一部分潜在客户，减少企业的销售额。因此，企业必须多方权衡利弊，制定适当的信用期。

信用期的确定，主要分析改变现行的信用期间对收入和成本的影响。延长信用期，会使销售额增加，产生有利的影响；但同时，应收账款、收账费用和收账损失会增加，产生不利影响。当前者大于后者时，可延长信用期，否则，不宜延长。若缩短信用期，情况则相反。

③现金折扣

现金折扣是指公司给予顾客提前付款的优惠，即公司对于提前付款的顾客在价格上所作的扣减。向顾客提供这种价格上的优惠，主要目的在于吸引顾客为享受优惠而提前付款，缩短企业的平均收款期。另外，现金折扣也能招揽一些视折扣为减价出售的顾客前来购买，借此扩大销售。如"5/10，3/20，N/30"就是一项现金折扣的信用条件。其含义为："5/10"表示10天内付款，可享受5%的价格优惠，即只需付原价的95%；"3/20"表示20天内付款，可享受3%的优惠，即只需付原价的97%；"N/30"表示付款的最好期限为30天，此时付款无优惠。

企业采用什么样的现金折扣，要与信用期间结合起来考虑。希望顾客提前付款，能给予多大折扣，或给予多大折扣，能使顾客提前多少天付款。不论是信用期间还是现金折扣，都可以给企业带来收益，如加快企业的平均收账期，减少坏账损失与应收账款投资额。但现金折扣也会同时增加企业成本，它使企业增加的成本主要指的是价格上的折扣损失。当企业给予顾客某种现金折扣时，应当考虑折扣所能带来的收益与成本孰高孰低，权衡利弊。

(2)应收账款的收账政策

应收账款的收账政策，是指顾客未按规定的信用条件支付货款时，企业采取的一系列收款的对策。应收账款发生后，企业应随时掌握应收账款的情况，密切监督应收账款的回收，采取各种措施，尽量争取按期收回款项，否则会因拖欠时间过长而发生坏账，使企业蒙受损失。

①应收账款收回的监督

一般情况下，公司应收账款拖欠的时间愈长，账款收回的可能性愈小、形成坏账的可能性就愈大。企业应编制账龄分析表，随时掌握账款回收情况，减少坏账损失。账龄分析表编制方式如下表所示：

应收账款账龄	顾客数量	金额(千元)	百分率(%)
信用期内	200	200	50
超过信用期 1～20 天	100	60	15
超过信用期 21～40 天	50	30	7.5
超过信用期 41～60 天	30	30	7.5
超过信用期 61～80 天	20	30	7.5
超过信用期 81～100 天	15	20	5
超过信用期 100 天以上	5	30	7.5
合　计	420	400	100

利用账龄分析表，可以了解以下情况：

第一，有多少欠款尚在信用期内。上表中，有 200000 元的应收账款还在信用期内，占全部应收账款的 50%。这些欠款未到偿付期，欠款是正常的。但到期是否能够收回，还不能肯定，故及时监督仍是必要的。

第二，有多少欠款超出了信用期，超出的时间及数额所占的百分比，有多少欠款因拖欠时间过长而可能成为坏账。上表中有 200000 元的应收账款已超出了信用期，占全部应收账款的 50%。其中，拖欠时间较短的(1～20 天)有 60000 元，占应收账款的 15%，这部分欠款收回的可能性很大；拖欠时间较长的(21～100 天)有 110000 元，占应收账款的 22.5%，这部分欠款收回有一定难度；拖欠时间很长的(100 天以上)有 30000 元，占全部应收账款的 7.5%，这部分欠款有可能成为坏账。对不同拖欠时间的欠款，企业应采取不同的收账方法，制定出经济、可行的收账政策；对于可能发生的坏账损失，则应提前做好准备，充分估计这一因素对损益的影响。

②收账政策

收账政策是指公司为了催收已过期的应收账款所遵循的程序，包括打电话、派专人催款和采取法律行动等。比如：对过期较短的顾客，不过多地打扰，以免将来失去这一市场；对过期稍长的顾客，可措辞委婉地写信催款；对过期较长的顾客，频繁地信件催款和电话催款；对过期很长的顾客，可在催款时措辞严厉，必要时提请有关部门仲裁或提起诉讼等。不同的收账政策会有不同的收账费用支出。一般说来，在一定的范围内，收账费用开支愈大，收款措施越有力，平均还款天数就越短，那么坏账损失就愈小。通过收账费用支出与减少坏账损失和减少应收账款后带来的利润相比较，可以选择收账政策。

4. 主要指标应用

在总资产或流动资产中，企业对应收账款的控制力最弱，其变为货币资金需要债务人实际履行才能实现。应收账款金额占总资产、流动资产的比率，可以反映企业风险的大小。

分析应收账款金额占总资产、流动资产比率的具体方法是，取得企业最近连续三年企业的资产负债表，用资产负债表中的应收账款金额分别除以资产总额和流动资产总额，计算出三年应收账款金额分别占总资产、流动资产的比率指标，来判断企业的风险大小。

$$总资产应收账款比率=\frac{应收账款}{总资产}\times 100\%$$

$$流动资产应收账款比率=\frac{应收账款}{流动资产}\times 100\%$$

在主营业务收入波动不大时，若企业最近连续三年应收账款金额占总资产、流动资产的比率变化不大，则说明企业的风险较前几年变化不大；若企业最近连续三年应收账款金额占总资产、流动资产的比率呈逐年上升，则说明企业的风险也呈逐年上升；若企业最近连续三年应收账款金额占总资产、流动资产的比率呈逐年下降，则说明企业的风险也呈逐年下降。

例：某旅行社连续三年的相关指标如下：主营业务收入，2001 年比 2000 增长 0.125%，2002 年比 2001 年增长 0.125%，属于波动幅度不大的情况；应收账款，2001 年比 2000 年增长 20%，2002 年比 2001 年增长 25%，逐年增加；应收账款占流动资产的比率，2000 年为 12.5%，2001 年为 13.33%，2002 年为 15.79%，逐年增加；应收账款占资产总额的比率，2000 年为 5%，2001 年为 5.45%，2002 年为 6.52%，逐年增加。由以上分析得知，该公司在主营业务收入变化不大时，应收账款占流动资产、资产总额的比率呈逐年上升，说明企业的风险逐年增大。

二、固定资产分析

（一）固定资产的概念和特征

固定资产是指企业为经营管理而持有的使用期限在一年以上，单位价值在规定标准以上，并且在使用过程中保持原来物质形态的资产，包括房屋及建筑物、机器设备、运输设备、工具器具等。

相对于流动资产来说，固定资产一般具有以下主要特征：

1. 循环周期较长

固定资产的循环周期是指从固定资产投入使用到报废后重新购建固定资产为止的整个过程的时间，这个时间通常至少一年以上。固定资产可长期服务于企业经营过程中，它能连续在若干生产周期内发挥作用而不改变其原有的实物形态。

2. 价值存在具有双重性

固定资产价值一般表现为双重存在：一部分存在于原实物形态上，是逐年递减；另一部分则脱离原实物形态，转为货币准备金，是逐年递增。一方面固定资产在有效的使用年限内，物质形态没有改变，但使用效率和获利能力随时间的推移呈递减趋势，其账面价值因不断地转化为成本费用而不断减少；另一方面，固定资产价值会随着使用磨损而逐步以折旧的形式转移到产品成本和有关费用中，再随同产品的出售转化为企业的货币资金。

补充阅读资料 7-1

为什么固定资产定义未明确给出其价值判断标准？

首先，如果在固定资产的定义中给出一个非常具体的价值判断标准，就难以避免极大的主观性。

第一，随着社会经济的发展、技术的进步、市场因素以及币值的变化，某一具体的价值判断标准有可能会经常调整，这样就无法保持国家统一的会计制度的相对稳定性。

第二，不同的企业有其不同的经营规模和资产管理方式，强制规定一个价值判断标准并将此标准适用于所有的企业，在会计实务中也缺乏合理性，最终不利于企业资产的核算和管理。

第三，在我国，有些资产项目即使满足固定资产定义中的前两个特征，也不一定能作为固定资产进行核算和管理。比如：施工企业中对类似资产（如模板、挡板、架料等）就只能作为周转材料而不能作为固定资产进行核算和管理。

所以，《企业会计准则——固定资产》中只强调了固定资产的单位价值较高，没有明确给出其价值判断标准，是有其充分的理由的。

（资料来源：中国会计网）

（二）固定资产管理的意义

固定资产是企业资产的主要构成部分，也是企业财务管理的重要内容。固定资产管理是企业财会管理的一个重要组成部分，其主要职能是通过对固定资产的管理核算，反映和监督固定资产的置入、调出、保管、使用以及清理报废等情况，保护企业财产的安全完整，正确计算固定资产的折旧，是准确计算产品成本的前提；及时反映和监督固定资产的变动情况，才能保持固定资产的良好状态，以延长其使用寿命，提高固定资产的使用效率，正确进行固定资产投资。

（三）固定资产管理的内容

固定资产同时满足以下两个条件时，才能加以确认：

（1）该固定资产包含的经济利益很可能流入企业；

（2）该固定资产的成本能够可靠地计量。

企业对固定资产确定时，应当按照固定资产的定义和确认条件，考虑企业的具体情形加以判断。

对固定资产的分析应注意以下方面：

1. 规模分析

一个企业固定资产多少，通常代表一个企业生产经营规模的大小和生产经营能力的高低。只有具备了一定的生产规模的企业，才能在激烈的市场竞争中生存和发展；只有具备一定的生产规模的企业，才能创造更大的效益。不同的行业其固定资产的比重应达到行业要求的标准，才能够减少经营风险，保证长远发展。

2. 新旧程度分析

企业固定资产的数量代表了一个企业的规模。企业固定资产的新旧程度在一定意义上来说代表企业的发展。这是因为一个企业发展的必要条件就是固定资产不断更新改造，以新的生产线不断补充旧的生产线，以新的性质优良的设备逐渐替换旧设备，不断生产出新的适合市场需要的高质量产品。只有不断推出高质量的新产品，才能不断扩大企业的盈利。所以当一个企业设备较新时，一般表现为企业的生产率较高，产品质量较好，能够巩固占领市场，获得更大的盈利，反之，则会逐渐被市场淘汰。因此，应根据固定资产的新旧程度合理地安排企业的更新改造。

3. 折旧分析

固定资产的价值是以折旧的方式逐渐转移到产品成本和有关费用中去的，因此，各期折旧额的多少，直接关系到企业的盈利水平。为此，我们应分析折旧额高低的影响因素。

影响折旧的因素主要有：固定资产原值、固定资产使用寿命和固定资产的折旧方法。固定资产原值的大小取决于购置固定资产时发生的支出多少。通常固定资产原值中包括购置时支付的价款，安装、运输、调试等费用，以及为使固定资产达到预定可使用状态前所发生的可直接归属于该资产的其他支出等。与固定资产有关的后续支出，如果使可能流入企业的经济利益超过了原先的估计，或者使产品成本实质性降低，或者使产品质量实质性提高，则应当计入固定资产账面价值，其增计金额不应超过该固定资产的可收回金额。应计入固定资产账面价值以外的后续支出，应当确认为费用。原值减去净残值就是固定资产的应提折旧额。固定资产的净残值是指固定资产报废时收回的残料价值减去清理费用的差额，这个差额与固定资产原值相除即净残值率。按照企业会计制度和税法的规定，企业任何固定资产都有一个使用寿命，企业可以根据自身情况，再确定一个明确的年限作为该项固定资产的使用寿命，企业应当根据固定资产的性质和使用情况，合理确定固定资产的使用寿命和预计净残值。企业应当定期对固定资产的使用寿命进行复核。如果固定资产使用寿命的预期数与原先的估计有重大差异，则应当相应调整固定资产折旧年限，除此之外，固定资产的使用寿命、预计净残值一经确定，不得随意调整。

企业在确定固定资产的使用寿命时，主要考虑下列因素：

(1)该资产的预计生产能力或实物产量。

(2)该资产的有形损耗，如设备使用中发生的磨损、房屋建筑物受到自然侵蚀等。

(3)资产的无形损耗，如因新技术的出现而使现有的资产技术水平相对陈旧、市场需求变化使产品过时等。

(4)有关资产使用的法律或类似的限制。

使用寿命的长短影响折旧周期和固定资产的年折旧额。

折旧方法分作两类，一是直线法(也称平均年限法)，二是加速法。直线法的特点是在每期(或每个折旧单位)内的折旧额是相等的；加速法的特点是在每期内的折旧额不等，即从折旧开始到提足折旧为止，每期的折旧额逐渐减少。因此，在相同的使用年限内，采用两种折旧方法在每期的折旧费用不等，也就是说，计入每期成本、费用中的折旧额不等，这样对企业的每期利润影响也不同。

除进行上述分析外，还要结合“固定资产明细表”对固定资产的构成进行分析，即生产经营用和闲置的固定资产各占多大比例，从而分析对企业盈利能力的影响。

三、无形资产

(一)无形资产的概念

无形资产指企业长期使用且价值较大的没有实物形态的非货币性长期资产。旅行社的无形资产包括两类：可辨认无形资产和不可辨认无形资产。可辨认无形资产包括专利权、非专利技术、商标权、土地使用权、特许权等。不可辨认无形资产是指商誉。

专利权是指一国政府或专利局依法授予发明创造人或其权利受让人在一定期限内对该发明创造所享有的独占或专有的权利。任何企业或个人未经许可不得擅自使用其发明方法或生产、销售其产品。它构成企业在一定时间内独享某项技术的独占权。

商标是指由文字、图形、字母、数字、三维标志和颜色组合,以及上述要素的组合,适用于一定的商品或者服务项目,是用以区别商品使用者与同类商品的生产经营者或者同类服务业经营者的显著标志。商标权是指商标所有人对其商标拥有的独占的、排他的权利。由于我国在商标权的取得方面实行的是注册原则,因此,商标权实际上是因商标所有人申请,经政府主管部门确认的专有权利,即因商标注册而产生的权利。这种权利和所有权一样,属于绝对权利的范围,即权利主体对其注册商标享有完全的使用权和排他的权利。

土地使用权是指企业按照国家规定取得使用土地的权利。我国的城镇土地一律归国家所有,但在一定时间和一定条件下使用权归属于某个单位和个人,这就客观上形成了企业的一定资产。

非专利技术是指尽管不构成或未达到申请专利权的某项技术,却由于使用这项技术能为企业带来一定收益的一种技术。

商誉是指企业由于其长时间的精心经营或由于其优越地理位置而在顾客心目中形成了特殊的声誉,是为企业带来高于同行业经济效益的一种商业荣誉。

(二)无形资产的管理

无形资产不像房屋、设备等有形的固定资产那样具有一定的形态,它是存在于顾客心目中的形象、观念。无形资产和有形资产一样,是企业苦心经营建立起来的,它能使企业在竞争中处于优势地位,为企业带来高于同行业的经济效益。但无形资产给企业带来的经济收益带有不确定性和不成比例性,不是大投入必有大产出,也不是有一定投入必有一定产出,其产出的多少与投入的多少有联系但不成比例。

无形资产在满足以下两个条件时企业才能加以确认:(1)该资产产生的经济利益很可能流入企业;(2)该资产的成本能够可靠地计量。

企业应能够控制无形资产所产生的经济利益,比如,企业拥有无形资产的法定所有权,或企业与他人签订了协议,使得企业的相关权利受到法律的保护。在判断无形资产产生的经济利益是否很可能流入企业时,企业管理部门应对无形资产在预计使用年限内存在的因素作出稳健的估计。企业自创商誉不能加以确认。

这类资产不具有实物形态,具有较大的经济价值,但其经济价值又具有高度的不确定性。无形资产的特点要求企业加强对无形资产的保护，如申请注册商标、保护商标等。

按企业会计制度规定，企业取得的无形资产应按使用期逐期摊销，计入管理费用，因此要分析无形资产摊销是否合理。企业可以用无形资产作为出资，按企业财务制度规定，无形资产出资额不得超过注册资金的20%，因此要分析无形资产出资额是否真实，是否超过规定比例。

第二节　旅行社收入和成本管理

一、收入分析

（一）收入的概念及组成

收入是指旅行社在销售商品、提供劳务及让渡资产使用权等日常活动中所形成的经济利益的总流入，包括主营业务收入和其他业务收入。收入中不包括为第三方或者客户代收的款项。

旅行社大多是多功能的，经营项目繁杂，收入也来自于多方面，主要由以下几个方面组成：

1. 组团外联收入：组团社自组外联，收取旅游者住房、用餐、旅游交通、翻译导游、文娱活动等的收入。

2. 综合服务收入：接团社向旅游者收取的包括市内交通费、导游服务费、餐饮费、组团费、接团手续费、杂费及宣传费、一般景点门票费等在内的包价费用收入。

3. 零星服务收入：各旅行社接待零星旅游者和承办委托事项所得的服务收入。

4. 劳务收入：非组团社为组团社提供境内全程导游翻译人员所得的收入。

5. 票务收入：旅行社办理代售国际联运客票和国内客票所得的手续费收入。

6. 地游及加项收入：接团社向旅游者收取的按旅游者要求增加的计划外当地旅游项目的费用、保险费及不可预见的费用等。

7. 房费收入：旅行社为旅游者在旅游目的地代订的客房费用。

（二）收入的特点

收入有以下特点：

1. 收入从旅行社的日常经营活动中产生，而不是从偶发的交易或事项中产生。有些交易或事项也能为企业带来经济利益，但不属于企业的日常活动，其流入的经济利益不是收入，而是利得。例如，出售固定资产，因固定资产的持有是为满足旅行社经营的需要而不是为了出售，出售固定资产并不是旅行社的经营目标，也不属于旅行社的日常经营活动，出售固定资产取得的收益不作为收入核算。

2. 收入能导致企业所有者权益的增加。因为随着收入的实现，可能是旅行社资产的随之增加，如增加银行存款、应收账款等；也可能是旅行社负债的随之减少，如以商品或劳务抵偿债务；或二者兼而有之，例如商品销售的货款中部分抵偿债务，部分收取现金。不管是那种情况，根据“资产－负债＝所有者权益”的公式，收入一定能增加所有者权益。

3. 收入只包括本企业经济利益的流入，不包括为第三方或客户代收的款项，如增值税、代收利息等。代收的款项，一方面增加企业的资产，一方面增加企业的负债，因此不增加企业的所有者权益，也不属于企业的经济利益，不能作为本企业的收入。

【案例 7-2】

80%旅行社报亏　暴露行业黑洞

因为拖欠外地接待旅行社和景点 2000 多万元债务，昔日的“百强旅行社”南航国旅已于近期暂停了旗下 20 多家营业点的收客业务，游走在关门边缘。南航国旅这个依附着南航这棵“大树”的广州老牌旅行社，在一个年淘汰率不足 5%的行业里遭遇滑铁卢，堪称“奇迹”，因为许多小旅行社甚至从注册之日起就连年亏损，但又都屹立不倒。

利润与数量增长背道而驰

国家旅游局本月公布的 2005 年度全国旅行社业年检结果显示，去年旅游业务毛利率只有 6.12%，全国 1.6 万家旅行社中有近 1.3 万家旅行社的旅游业务营业收入、毛利率等判定旅行社经营状况的指数评定都“在平均值以下”。国家旅游局有关人士告诉记者，这组数据可以解读为“全国近 80%的旅行社都处于无利或亏损状态”。

“行业利润下降的同时，旅行社主体数量却在持续增多。这明显违背一个行业的正常发展规律。”北京第二外国语学院旅游管理学院教授戴斌说。去年新增国内社 1389 家，国际社 118 家，增速惊人；与此同时，因年检不合格而被强行“劝退”的旅行社仅有 436 家，占总数的 2.59%。

北京市统计局此前发布的一组数据曾披露，北京旅行社今年前2个月的行业亏损额已达到3000万元。但记者在就此数据进一步向市统计局求证时，却得到“此数据不具代表性”的答复。市统计局有关人士表示，此数据是根据一部分旅游企业自己上报的数字计算出来的，与其行业主管部门即北京市旅游局得出的统计数据不能完全吻合。

“旅游业上市公司屈指可数，绝大多数旅行社的财务制度都不健全，因此上报数据必然存在失真现象。”戴斌表示，避税动机促使旅行社负责人在经营业绩特别是经营利润方面有报假账的冲动，加上大量存在的部门承包产生经营利润的账外流转等因素，旅行社主动上报数据的准确性有待确定。

多种经营方便税上做手脚

“如果细究每家旅行社的财务报表，那北京旅行社行业说不定就会‘扭亏为盈’。”某旅行社财务部人士说。因为很多旅行社都只是账面亏损，“穷庙富方丈”的现象在行业内并不鲜见。

据税务人士透露，北京很多小旅行社在税务登记时显示的经营项目都不止旅游一项，还有餐饮、宾馆等。有的小旅行社甚至将餐饮或宾馆等经营报成“主营”项目。这样做的好处何在？业内人士揭露，多种经营可以让不规矩的旅行社更方便地在偷税、漏税上做手脚。

据了解，开设旅行社要交的税主要有营业税、企业所得税和个人所得税等。其中，企业所得税是根据企业的赢利状况不同而分税率征收的。“多个经营项目就可在账面上增加企业的税前扣除成本，实现降低利润进而少缴税。”业内人士表示，因为税务部门只有在企业连续两年以上亏损才会“上门查账”，所以旅行社只要掌握好时间，即可达到少缴税的目的。此外，尽管法规明令禁止旅行社以承包、挂靠或变相承包、挂靠方式非法转让经营权，但事实上，旅行社尤其是经营出境游业务的国际社，靠部门转包挣取租金的经营方式在行业内普遍存在。

“这就不难理解，为什么在遇到像‘非典’那样的突发性事件，即便出现旅行社全行业亏损后，仍没有一家旅行社破产倒闭，当年旅行社数量反而增加了1746家。”一位旅游业资深人士说，这同时也能解释为什么中国的旅行社业会常年存在只进不出的局面。

（资料来源：2006年6月21日《北京日报》，作者：张迪、黄玉迎）

（三）旅行社收入管理

旅行社应分清收益、收入和利得的界限。旅行社经济利益的增加包括两个方面，即所有者的投入和收益。所有者投入的经济利益形成实收资本，收益包括收入和利得。收入是指旅行社在提供劳务、销售商品及让渡他人使用本企业资产等日常活动中形成的经济利益的总流入，包括劳务收入、商品销售收入、利息收入、使用费收入、股利收入等。“日常活动”是指企业为完成其经营目标而从事的所有活动，以及与之相关的其他活动。因此，收入属于企业主要的、经常性的业务收入。

利得是指收入以外的其他收益，通常从偶发的经济业务中取得，属于那种不经过经营过程就能取得或不曾期望获得的收益，如企业接受捐赠或政府补助取得的资产、因其他企业违约收取的罚款、处理固定资产净损益、流动资产价值的变动等。利得属于偶发的收益。

旅行社应正确确认和计量收入。旅行社的收入中，代收代支的款项占了很大比重，这是旅行社在业务经营方面区别于其他旅游企业的一个重要特点。旅行社在核算其营业收入时应根据这一特点，加强管理，准确地对其进行确认。

1. 旅行社收入确认的原则

根据国家的有关规定，旅行社收入必须同时符合以下两个条件时，才能加以确认。

(1)总收入与总成本能够可靠地确定。旅行社已经向旅游者完成了合同上所规定的服务，合同总收入和总成本的金额能够确切地计量。

(2)与交易相关的价款能够收回。旅行社已经从旅游者或者组团旅行社收到价款或取得了收取价款权利的证据。在存有重大不确定性时不得确定收入。一般而言，下列情况下不应确认收入：销售商品时所有权上的风险和报酬没有转移；客户有可能取消合同；买方有可能拒绝付款；交易涉及未解决的问题或还需要进行协调；借助于第三方签订“卖断收益权”的协议；顾客还拥有退货或终止合约的选择权。

2. 旅行社收入的核算方式

在实际工作中，由于结算方式和价款回收方式不同，营业收入的确认时间也有所不同。旅行社的主要业务是以提供劳务为主，由于其经营的特殊性，其价款收取方式主要有现收、预收和事后结算几种。根据采用的价款收取方式不同，确认营业收入的实现时间也有不同，主要分以下三种：

(1)现收方式

企业在提供劳务后即可收取价款，因此即可确认营业收入实现。

(2)预收方式

企业在向旅游者提供劳务之前，先预收部分或全部账款，待实际提供劳务后再与其结算。这种方式一般在旅行社组团和饭店住宿服务中采用。在这种方式下，预收账款时，由于还没有提供劳务，因此不能确认营业收入的实现，预收款项只能作为一种结算款项，待实际提供劳务后再确认营业收入实现。

(3)事后结算

在业务较多的客户或企业，事先确定结算期，一次或定期进行结算。这种方式多用于单位之间的结算，如组团社与接团社之间通常都是先接团后结算。采用这种结算方式，提供劳务后一般即确认营业收入实现，尚未收到的账款作为结算款项核算。

3. 旅行社收入时间界定

我国会计制度规定，旅行社在确认收入时应采用权责发生制，根据旅行社收入确认原则，旅行社不论采用什么样的结算方式，一般应以提供了劳务，不管是否收到款项，即将已实现的劳务收入按时入账。按照旅行社经营的产品不同，收入的实现时间各异，主要可分为：

(1)入境旅游

旅行社组织境外旅游者到境内旅游，应以旅行团队离境（或离开本地）时确认营业收入实现。

(2)境内旅游

旅行社组织境内旅游者在境内旅游，接团时应以旅行团队离开本地时确认营业收入实现，组团时应以旅行团队旅行结束返回原出发地时确认营业收入实现。

(3)出境旅游

旅行社组织境内旅游者到境外旅游，以旅行团队旅游结束返回原出发地时确认营业收入实现。

旅行社应及时结转与收入相关的成本，记录与收入相关的税金。为了正确反映每一会计期间的收入、成本和利润情况，根据收入和费用配比原则，旅行社应在确认收入的同时或同一会计期间结转相关的成本。结转成本时应注意两个问题：第一，在收入确认的同一会计期间，相关的成本必须结转；第二，如一项交易的收入尚未确认，相关的成本也不能结转。企业的收入种类很多，如商品销售收入、劳务收入、利息收入、使用费收入等，为取得这些收入均需发生相关的税金。为了便于管理与分析，应严格按规定做好与收入相关的税金的记录工作。

4. 旅行社收入的计量

按收入的总金额确定收入金额，不扣除现金折扣等项目。现金折扣在实际发生时计入财务费用，销售折让和销售退回在实际发生时冲减发生当期的收入。

销售折扣，是指销售单位依据购货方支付货款的时间快慢或采购量的多少而给购货方的一种价格优惠。销售折让，是指销货单位在已销商品和发出商品质量或数量等与合同规定不符时，在价格上给予购货方的一种折让。旅行社为了取得更多的收入，往往采用让利的办法销售自己的产品。这里主要介绍有关销售折扣的核算方法。

折扣分商业折扣和现金折扣两种。

商业折扣，是指可以从商品价格单规定的价格中直接折减的一种折扣，这项折减数一般用百分数来表示，折减后的净额体现为实际销售价格。由于商业折扣是从商品中直接扣减，购货方和销货方都按扣减的销售折扣的售价来计算，所以这种折扣对企业会计记录没有影响，在会计核算上不必专门反映。

现金折扣，是指企业为鼓励客户在一定期限内早日偿付货款而给予的一种折扣。这种折扣一般是在赊销方式下采用，即在销售时标明折扣条件，通常缩写成"3/10，2/20，N/30"（其含义是：10 天内付款可享受 3%的折扣；20 天内付款可享受 2%的折扣；30 天内付款不享受折扣，按原价付款）。

5. 重要指标

分析全部主营业务计划额完成情况，要重点分析企业主营业务计划的完成情况，在实际工作中，通常是根据会计报表中反映的实际主营业务收入同销售计划中的计划主营业务收入相比较。但应指出，计划主营业务收入是以计划价计算，实际主营业务收入是以实际价格计算。如果由于客观原因调整价格时，则利用以上两个指标计算的主营业务量完成计划百分比，包括了价格变动因素的影响，这样，就不能真实反映主营业务量计划的完成程度。因此，在分析销售量计划完成情况时，就必须采用按计划价格计算的实际主营业务收入同计划主营业务收入进行比较，并确定其完成计划的百分比。

其计算公式为：

$$主营业务量计划完成率=\frac{按计划价格计算的产品实际主营业务收入}{产品计划主营业务收入}\times 100\%$$

销售量和销售价格对主营业务收入影响，可以用下述因素分解式表示，用连环代替法（或差额计算法）分析计划。

已知：主营业务收入＝销售数量×单位产品售价。因此，销售数量对主营业务收入的影响为：（实际销售数量－计划销售数量）×计划单位售价；销售价格对主营业务收入的影响为：（实际销售售价－计划单位售价）×实际销售量。

例：某企业的主营业务资料如下表：

产品名称	计划数		实际数		计划完成(%)	
	销售数量	主营业务收入	销售数量	主营业务收入	销售数量	主营业务收入
A	300000	1500000	300000	1500000	100.00	100.00
B	170000	1700000	200000	2000000	117.65	117.65
C	9000	1800000	100000	1900000	111.11	105.56
合计		5000000		5400000		108.00

A种主营业务量和单位售价,实际和计划完全相同;B主营业务量实际大于计划,但单位售价实际与计划相同;C产品的销售量实际大于计划,但单位售价实际小于计划,按上述公式计算其影响如下:

(1)销售量变动对主营业务收入的影响

B产品:(200000－170000)×10＝300000(元)

C产品:(100000－90000)×20＝200000(元)

销售量增加使主营业务收入总计增加500000元。

(2)销售价格变动对主营业务收入的影响

C产品:(19－20)×100000＝－100000(元)

销售价格的降低使主营业务收入减少100000元。

以上两种因素变动共使主营业务收入增加400000元。

主营业务计划完成情况分析,还要在上述分析的基础上,有效利用各种核算和其他有关分析资料,深入调查研究,查明各因素形成的具体原因,以便制定消除缺陷的方案,从而使各方面存在的缺陷尽快得到克服。

二、成本项目分析

(一)成本概念及其组成

成本是指旅行社为了达到特定目的所失去或放弃的资源。这里成本的概念揭示了三个方面的含义:第一方面,所谓“资源”,不仅包括作为生产资料和生活资料的天然资源,还包括经过人类加工的物质资源以及人力资源。第二方面,所谓“特定目的”,是指需要对成本进行单独测量的任何活动,即成本对象。第三方面,所谓“失去或放弃”,失去是指资源被消耗,如材料的耗用、设备的损耗等;放弃是指资源交给其他企业或个人,如用货币购买其他企业的服务、发放职工工资等。

旅行社成本主要由营业成本、营业费用、管理费用和财务费用所构成。

1. 营业成本

旅行社的营业成本,是指在经营过程中发生的各项直接支出,包括房费、餐费、文娱费、交通费、行李托运费、票务费、门票费、专业活动费、签证费、陪同费、劳务费、宣传费、保险费、机场建设费等代收、代付费用。

有关内容解释如下：

(1)房费：为旅游者支付的房费、夜房费、房差费、退房费。

(2)餐费：为旅游者支付的餐费、风味餐费、游览途中饮料费等。

(3)交通费：为旅游者支付的交通费。

(4)文娱费：为旅游者参加文娱活动而支付的费用。

(5)票务费：支付给交通部门的订票手续费、包车费用及退票手续费等。

(6)陪同费：陪同人员的房费、交通费、伙食补贴等。

(7)宣传费：对外报价中支付的宣传费。

2. 营业费用

营业费用，是指旅行社各营业部门在经营中发生的各项费用。它包括：运输费、装卸费、包装费、保险费、燃料费、水电费、展览费、广告宣传费、邮电费、差旅费、洗涤费、清洁卫生费、低值易耗品摊销、物料消耗、经营人员的工资(含奖金、津贴和补贴)、职工福利费、服装费及其他营业费用。

有关内容解释如下：

(1)运输费：旅行社营业中发生的运输费用。

(2)物料耗用：旅行社营业部门领用物料用品而发生的费用。

(3)经营人员的工资及福利费：旅行社直接从事经营的营业人员的工资、福利费、其中工资包括工资、奖金、津贴、补贴等。

(4)工作餐费：旅行社按规定为职工提供工作餐而支付的费用。

(5)服装费：旅行社按有关规定为职工制作工作服而在成本费用中列支的费用。

3. 管理费用

管理费用，是指旅行社组织和管理经营活动所发生的费用，以及由旅行社统一负担的费用，包括公司经费、工会经费、职工教育经费、劳动保险费、待业保险费、劳动保护费、董事会费、外事费、租赁费、咨询费、审计费、诉讼费、排污费、绿化费、土地使用费、土地使用损失补偿费、技术转让费、研究开发费、税金、燃料费、水电费、折旧费、修理费、无形资产摊销、低值易耗品摊销、开办费摊销、交际应酬费、坏账损失、存货盘亏和毁损、上级管理费及其他管理费用。有关内容解释如下：

(1)公司经费：旅行社行政管理部门的行政人员工资、福利费、工作餐费、服装费、办公费、差旅费、会议费、物料消耗以及其他行政经费。

(2)劳动保险费：旅行社支付的离退休人员的退职金、退休金及其他各项经费。

(3)税金:旅行社在费用中列支的房产税、车船使用税、土地使用税、印花税等。

(4)交际应酬费:旅行社在业务交往过程中开支的业务招待费用。

(5)坏账损失:计提坏账准备金的旅行社提取的坏账准备和不计提坏账准备金的旅行社不能收回的应收账款而发生的坏账损失。

(6)上级管理费:旅行社上交集团公司和管理公司的费用。

4. 财务费用

财务费用,是指旅行社为筹集资金而发生的费用。它包括旅行社在经营期间发生的利息净支出、汇兑净损失、金融机构手续费及筹资发生的其他费用。

(二)成本的特征

1. 成本以货币计量的特性

旅行社经营管理过程同时也是资产的耗费过程,这种耗费是以货币计量的,它们若不是过去已经支付了货币,就是将来需要支付的货币。没有支付货币的耗费,不能计入旅行社的成本,如旅行社的经营活动损害当地的环境,由于旅行社不用对此支付货币,就不能计入到成本当中。

根据成本流转的观念,旅行社购进各旅游协助单位相关的服务、凭借设施设备、购买人力资源,将这些整合成旅游产品,在给旅游者提供服务的过程中,资源实现流转。当资源被耗用之后,它们的原始购置成本就随之归属产出物,成为产出物的成本,成本实现了流转。追溯成本的流转过程,最初购置资产的货币支出逐步归属到产品上。

2. 成本针对特定对象的特征

旅行社资源的耗费总要针对特定对象或目的。成本的流转过程同时也是产出物价值的转移过程,最初资源的价值被转嫁到产出物上,形成产出物的价值。成本的归集和核算是针对一定的产出物的,这个产出物称为成本的计算对象。在旅行社成本核算中,主要以接待的每一个旅游团核算对象和以接待的旅游团的批量为核算对象以及以接待的旅游团的等级为核算对象。

(三)旅行社成本费用管理

1. 旅行社成本费用管理的意义

(1)确定资源耗费的补偿尺度

成本是以货币形式对某项经济活动的劳动耗费的衡量。通过成本可以明确为某项经济活动耗费了多少资金,为维持企业简单再生产,提出资金的补偿标准。如果没有这种补偿,企业就不能在原有的基础上进行简单再生产,更谈不上扩大再生产。企业在生产经营中,通过销售产品,不断地取得收入,如果在扣除税金和弥补资金耗费外还有余额,则称为利润。如扣除税金外的收入不足以抵补成本,其差额为亏损。企业利润或亏损的发生,主要决定于成本的高低。因此，成本作为补偿尺度的作用对经济发展具有重要影响。

(2)提高旅行社经营管理水平

成本是用于某一经济活动有关活劳动和物化耗费的综合反映。通过成本，可以了解产品设计的好坏、企业劳动生产率的高低、生产能力的利用程度、产品质量变化、企业营销能力、企业生产经营管理水平等。加强成本管理，可以向经营者提供许多重要信息，有利于经营者进行计划、控制和业绩评价，提高经营者的经营决策能力。

(3)为制定产品价格提供重要依据

产品价格制定需要考虑多方面的因素，其中成本是旅行社制定价格的直接依据，因为任何企业的经营都是以保本为前提的，企业只有满足生存的需要，才能为顾客提供更好的服务。

(4)增加旅行社盈利的根本途径

在不考虑税金的情况下，企业的利润可以简单地理解为收入扣除成本，所以增加企业利润的方式无外乎三种：增加收入、减少成本、既增加收入又减少成本。

增加收入是企业创收最传统和直接的方式，然而不可忽视的是，增加收入的代价也是惊人的，并且伴随着巨大的不确定性。面对未知的市场，除了需要投入大量的财力、物力、人力在自己的产品上，其间更要经历一个漫长而多变的被市场接受的过程，最终才能转化成实际的利润。尤其在成熟市场中，每挤占一分市场份额往往需要付出十分、二十分的代价。

而减少成本给企业创收的模式则完全不同。减少成本所需要面对的是比未知市场确定得多的企业内部环境。确定自身企业的状况比起确定一个市场的状况偏差率要低得多，因此对症下药而却收效甚微的情况也会小很多。而更重要的区别是，在这个过程中企业几乎不需要考虑竞争对手的因素。

2. 旅行社成本核算

旅行社成本费用的核算通常是根据经营规模和业务范围的情况由旅行社自行决定的。目前，我国旅行社采用的成本费用核算方法主要有三种类型。

(1)单团核算

单团核算是指旅行社按接待的每一个旅游团(者)为核算对象进行经营盈亏的核算。即按照旅游团进行成本费用的归集和分摊，并按团归集营业收入，计算每个团的总成本、单位成本、毛利。采用单团核算法时，应对不同支出采取不同的归集和分摊方法。对房费、餐费、车费等直接支出应逐项核算，并按团登记；对订票手续费、行李搬运费等按人数分摊；对营业费用、管理费用等间接支出按人天数分摊。

单团核算有利于消除不同旅游产品在地区、季节、等级、人数方面的差异，使不同规模的旅行社能够进行横向和纵向比较；单团核算有利于促进业绩的考评，它如实、详细地反映某一旅游团的经营成果，所提供的数据是最直观的，便于考察有关责任人的业绩，从而有利于旅行社作出正确的决策。由于单团核算法采用一团一价，有利于旅行社之间的款项结算，减少工作中的差错。单团核算可以考核每个旅游团的经济效益，有利于各项费用的清算和考核，从而有利于降低成本。但单团核算的工作量较大。

【案例 7-3】

单团核算表

<table>
<tr><td>团　号</td><td colspan="2"></td><td>组团社</td><td></td><td>人　数</td><td></td></tr>
<tr><td>行　程</td><td colspan="6"></td></tr>
<tr><td>团　费</td><td colspan="2"></td><td colspan="2">组团社付款情况</td><td colspan="2"></td></tr>
<tr><td>项　目</td><td>科　目</td><td>预支</td><td>实际支出</td><td>结　算</td><td>金额</td><td>备注</td></tr>
<tr><td>房　费</td><td></td><td></td><td></td><td>此团收入</td><td></td><td></td></tr>
<tr><td>餐　费</td><td></td><td></td><td></td><td>客户回佣</td><td></td><td></td></tr>
<tr><td>车　费</td><td></td><td></td><td></td><td>实际成本</td><td></td><td></td></tr>
<tr><td>门　票</td><td></td><td></td><td></td><td>税　收</td><td></td><td></td></tr>
<tr><td>火车票</td><td></td><td></td><td></td><td>提成前毛利</td><td></td><td></td></tr>
<tr><td>订票费</td><td></td><td></td><td></td><td>经营费用</td><td></td><td></td></tr>
<tr><td>飞机票</td><td></td><td></td><td></td><td>业务提成</td><td></td><td></td></tr>
<tr><td>机场税</td><td></td><td></td><td></td><td>实际毛利</td><td></td><td></td></tr>
<tr><td>边境证</td><td></td><td></td><td></td><td></td><td></td><td></td></tr>
<tr><td>保　险</td><td></td><td></td><td></td><td></td><td></td><td></td></tr>
<tr><td>地接社</td><td></td><td></td><td></td><td></td><td></td><td></td></tr>
<tr><td>地接社</td><td></td><td></td><td></td><td></td><td></td><td></td></tr>
<tr><td>其　他</td><td></td><td></td><td></td><td></td><td></td><td></td></tr>
<tr><td>合　计</td><td></td><td></td><td></td><td></td><td></td><td></td></tr>
<tr><td>备　注</td><td></td><td></td><td></td><td></td><td></td><td></td></tr>
</table>

制单：　　　　　　　　审核：　　　　　　　　年　　月　　日

(2)部门批量核算

部门批量核算是以旅行社的业务部门为核算单位,以业务部门每月接待的旅游团的批量为对象进行经营盈亏的核算,即按部门归集和分摊各项收入和成本费用,计算出各部门盈亏。

按部门批量核算有利于考核各业务部门完成经济任务指标的情况,提高部门及其职工的工作积极性,增强竞争意识,从而提高企业的经济效益。但部门核算法不利于单位成本的考核和横向比较。

(3)等级核算

等级核算是按照接待的旅游团(者)的不同等级为核算对象进行经营盈亏的核算,如豪华等、标准等、经济等,即按等级进行费用的归集和分配,并根据营业收入、各等级的总成本计算出各等级的单位成本和盈亏。

等级核算可以提供不同等级的旅游团的盈亏状况,但不能直接揭示出成本升降的原因,不利于同等级中各旅游团之间经营成果的比较。

3. 旅行社成本降低

(1)旅行社成本降低的原则

①以顾客满意为目标的原则

成本降低绝不能片面地为了降低成本而忽视产品的品种和质量,更不能为了片面追求眼前利益,采取偷工减料、冒牌顶替或粗制滥造等歪门邪道来降低成本;否则,不但坑害了顾客,最终也会使企业丧失信誉,甚至破产倒闭。成本控制必须以顾客为中心,在保证和提高产品质量的前提下,努力做到更好、更快和更便宜。

②全过程控制的原则

成本控制不仅是对生产成本的控制,还要包括企业其他作业的成本,如研究与开发成本、产品设计成本、营销成本、接待成本、售后服务成本等。由于高科技的发展,非生产成本的比重越来越大,甚至有些企业的非生产成本已经超过了生产成本。成本的控制不仅在于本企业的成本,还要考虑到供应商的成本和客户的成本。如果企业自身的成本降低了,而客户或供应商的成本增加了,就像U形管中的水银,压缩这边的成本,那边的成本就会增加,不会给企业带来长远的利益。

③全员参与的原则

企业的任何活动,都会发生成本,都应在成本控制的范围之内。任何成本都是人的某种活动的结果,只有参与或有能力控制这项活动的人都具有成本控制的愿望和成本控制的意识,养成成本控制的习惯,关心成本控制的结果,才能真正达到成本控制的目的。成本控制的实质就是设法影响企业活动的执行人或对企业活动有权干预的人,使他们能够形成自我控制。

补充阅读资料 7-2

成本降低与成本控制有区别

1. 成本控制以完成预定成本限额为目标，而成本降低以成本最小化为目标。

2. 成本控制仅限于有成本限额的项目，而成本降低不受这种限制，涉及企业的全部活动。

3. 成本控制是在执行决策过程中努力实现成本限额，而成本降低应包括正确选择经营方案，涉及制定决策的过程，包括成本预测和决策分析。

4. 成本控制是指降低成本支出的绝对额，故又称为绝对成本控制。成本降低还包括统筹安排成本、数量和收入的相互关系，以求收入的增长超过成本的增长，实现成本的相对节约，因此又称为相对成本控制。

（资料来源：财政部注册会计师考试委员会办公室编《财务成本管理》，经济科学出版社 2004 年版）

(2)成本降低的途径

①利用规模经济

成本常常受到规模经济或规模不经济的影响。规模经济是适度经济规模所带来的经济性，它是以经济规模的变化为基础的。规模经济改变成本。规模的扩大可以使企业的经营活动在更大的规模和更高的效率基础上进行，企业的销售量增大，固定成本被分摊到更多的销量上，单位产品的成本变得更低。另外，规模经济改变收益。扩大的销售量可以为企业带来更多的收入，即使企业成本没有发生变化，也可以使企业的利润增加，而成本的进一步降低则使企业的盈利进一步提高。这种由于经济规模的扩大而给企业带来更多的经济利益的特性，称为规模经济。

②利用学习和经验曲线

学习是指通过经验的积累和总结，以及专有技术的开发而提高效率。学习常常是许多小改进的积累而不是重大突破。企业经营活动会由于学习和经验的积累提高其效率，从而其成本可能会随时间的推移而下降。这种随着过去工作量和经验的积累而使未来成本逐步下降的机制，称为成本的学习曲线或经验曲线。由于学习和经验的积累，可以做到更好地改变接待安排、改进进度、提高资产利用率、提高劳动效率等，这些改进有助于效率的提高和消耗的降低，从而使成本降低。

③选择恰当的时机

时机的选择会影响成本。如开发新产品投放市场，率先行动者可以获得许多优势，若是首创品牌，别人难以模仿，竞争压力比较小，维持品牌形象所需的成本便可能比较低；同样，率先行动者也会遇到一些不利因素，后来者反而可以获得某些后到的好处，如后来者可以避免先行者所承担的高昂的产品开发和市场开发费用。这里的“时机”是经济周期或市场条件有关的时机而不是选择绝对意义上的时间。在经济低谷时大量采购，可以获得价格上的优惠，从而降低成本。

④维系合适的质量水平

成本和质量之间相互制约，存在着抉择关系。一般而言，维系特定的质量标准需要支付特定的成本，成本和质量之间这种相互制约的关系成为质量标准影响成本的重要因素。产品的质量有赖于顾客需要，产品质量定位应该是不断向顾客的需要靠近或适当超越顾客的现实需要，反映顾客的未来趋向，但成本因素是制约产品质量的决定性因素。成本与质量存在依存关系，而质量与价格也存在依存关系。一般说来，成本投入越多，质量就越有保证，在市场上的售价就会越高，或者占有的市场份额越大，企业可以获得较多的收入，这样企业就可以用因此而增加的收入补偿增加的成本。但顾客在市场上追求的是以较低的价格获得较为满意的质量标准的产品，顾客对价格的敏感性及竞争限制了价格的上行空间。

第三节　旅行社财务核算与财务分析

一、旅行社财务核算

旅行社财务核算相对于工业、商业企业而言有其独特的特点。主要表现在会计科目的使用、收入成本的确认与计量等方面。

（一）主要会计科目

旅行社提供的产品主要是团体包价旅游，通过大力宣传旅行社产品，吸引顾客前来报名，游客到旅行社报名参加旅游，首先应支付全额或部分旅游款，顾客的旅游款构成企业的销售收入。旅行社组织客人到目的地旅游，需要支付当地旅行社接待费以及租车费、机票费、住宿费、餐费、保险费、门票费等，这些费用构成了旅行团队的成本。由于行业特点，旅行社基本上不存在存货核算的问题，因此在财务核算方面，涉及资金收付的会计科目成为旅游业会计最常用的科目。

1. 应收账款

旅行社接待的顾客有两种，一种是团队游客，一种是散客。就团队游客而言，旅行社开拓的一些大型企业客户，为了给员工提供较好的福利政策，以体现企业的凝聚力，一般都会定期组织员工外出考察，委托旅行社组织员工进行观光旅游或度假旅游活动，由企业承担全部或大部分的旅游费用。这些企业多属于旅行社的固定客户，为了维系和这些大客户的良好关系，扩大产品销售量，大多数旅行社会先组织员工出游之后才收款，因此形成企业的应收账款。核算时：

借：应收账款

　贷：主营业务收入

等到收到该项应收账款时：

借：现金（或银行存款）

　贷：应收账款

旅行社在营业厅接待的散客，一般情况下不存在应收款项的问题。核算时：

借：现金

　贷：预付账款

预付账款核算主要是组团旅行社支付当期组团出游的旅游费用。支付旅游款时：

借：预付账款

　贷：现金（或银行存款）

月末结转时：

借：主营业务成本

　贷：预付账款

2. 应付账款

该科目核算本企业支付前期及当期应付而未付的旅游团款。核算本期应付未付的旅游团款时：

借：主营业务成本

　贷：应付账款

当应付账款兑现时：

借：现金（或银行存款）

　贷：应付账款

3. 预收账款

该科目核算本期收到的旅游团款。当旅行社作为地接社，收到组团社部分旅游款，作为组团社预付款项。收到本期旅游团款时：

借：现金（或应收账款）

　贷：预收账款

月末结转收入时：

借:预收账款

　　贷:主营业务收入

(二)收入、成本的确认和计量

一般情况下,旅行社会计的收入是根据与客户签订的旅游合同来确定的,成本的确认则是根据旅游实际发生的费用及与目的地接待旅行社签订的合同来确定。旅游过程中遇到由于种种原因造成的给予客人的折扣等,则按照实际情况按照销售折扣来处理。值得注意的是,在实际工作中,为了简化财务核算的工作量,旅游企业一般在期末确认销售收入及销售成本。

1. 旅行社收入的核算

为确保如实反映经营情况,旅行社财务应设置"主营业务收入"会计科目。该科目核算企业各项主营业务的收入,借方反映结转本年利润的数额,贷方反映取得的营业收入。结转后本科目应无余额。旅行社主营业务收入分散客收入和团队收入两种,分别进行核算。

(1)接待散客收入,一般以现金结算。其核算方法为:

收到旅游款项:

借:现金(或银行存款)

　　贷:主营业务收入

期末结转利润:

借:主营业务收入

　　贷:本年利润

(2)接待团队包价旅游。

旅行社接到部分旅游款作为预付款,其余的旅游款项作为欠账时:

借:现金

　　贷:预收账款

当旅行社接待的团队旅行结束后已离境,有关企业已将旅游费用结算清单送旅行社。旅行社应按规定结转营业收入。

借:预收账款

　　应付账款

　　贷:主营业务收入

等到收到有关的欠款时:

借:现金(或银行存款)

　　贷:应付账款

期末结转本年利润:

借:主营业务收入

贷:本年利润

2. 旅行社成本的核算

旅行社的成本核算,通过"主营业务成本"这个科目,"主营业务成本"账户属于损益类账户。其核算内容应按权责发生制和配比原则的要求。旅行社成本的核算分为向相关协助旅游企业现付和欠款两种情况。

(1)旅行社对有关费用现付时:

借:主营业务成本

贷:现金(或银行存款)

期末时,结转本年利润:

借:本年利润

贷:主营业务成本

(2)旅行社对有关费用一部分预付,一部分以欠款的方式支付时:

借:预付账款

贷:现金(或银行存款)

旅行社接待任务完成,旅游者顺利离开本地,有关单位送来结算单时,按收入和成本相配比原则,结算主营业务收入的同时,必须结转相应的主营业务成本。

借:主营业务成本

贷:应付账款

预付账款

旅行社支付前期欠款时:

借:应付账款

贷:现金(或银行存款)

期末结转本年利润时:

借:本年利润

贷:主营业务成本

需要注意的是,在具体运用应收账款、预付账款、应付账款及预收账款科目时,需要设置二级科目进行明细核算。鉴于旅游企业的客户非常多,而且很多客户在一个会计年度可能只有一次业务发生。因此,在当前大部分企业均已经实行电算化的情况下,如果在财务软件中各科目下分别设置二级科目,则随着时间的推移,二级科目将不可胜数。因此旅行社应设置手工明细账进行辅助核算,这也是旅游业企业独特的较为繁琐的工作。

(三)旅行社其他费用的核算

旅行社的其他费用是指在经营管理过程所耗用的但却不能直接归集到某一

成本对象的那部分，包括营业费用、管理费用和财务费用。随着科技的发展，它们在旅行社的经营支出中占有的比重越来越大，是成本费用中变化最大的一部分。对此，必须正确核算这部分内容，以便找出这些费用并加以控制。这将对降低消耗，提高经济效益有非常重要的意义。

1. 营业费用的核算

营业费用是指旅行社各营业部门在经营业务过程中发生的各项费用。对营业费用的核算是通过“营业费用”这个科目进行的，分以下几种情况：

(1)当旅行社直接支付营业费用时：

借：营业费用

　贷：现金(或银行存款)

(2)转账摊销由本期应当承担的费用，如营业部门本期提取的固定资产折旧：

借：营业费用

　贷：累计折旧

(3)按权责发生制原则，预提本期应当承担的但并未发生的费用，如营业部门预提的大修理费用：

借：营业费用

　贷：预提费用

等到实际支付时：

借：预提费用

　贷：现金(或银行存款)

2. 管理费用的核算

管理费用是指旅行社管理部门为经营活动的顺利进行而发生的各项费用。管理费用的核算通过“管理费用”这个账户，分三种情况：

(1)当旅行社直接支付管理费用时：

借：管理费用

　贷：现金(银行存款)

(2)转账摊销由本期应当承担的费用，如管理部门本期提取的固定资产折旧或摊销公司的无形资产：

借：管理费用

　贷：无形资产(或累计折旧)

(3)按权责发生制原则，预提本期应当承担的但并未发生的费用，如管理部门预提的大修理费用：

借：管理费用

贷:预提费用

等到实际支付时:

借:预提费用

贷:现金(或银行存款)

3. 财务费用的核算

财务费用是旅行社在筹资过程中发生的费用,通过“财务费用”这个科目核算,分两种情况:

(1)当旅行社直接支付财务费用时:

借:财务费用

贷:现金(银行存款)

(2)按权责发生制原则,预提本期应当承担的但并未发生的费用,如预提的借款利息:

借:财务费用

贷:预提利息

等到实际支付时:

借:预提利息

贷:现金(或银行存款)

4. 旅行社税务的核算

旅游企业属于服务行业,涉及的税种主要有营业税、教育费附加、城市维护建设税、企业所得税、个人所得税、印花税、车船使用税、房产税等。其中营业税的处理方法按照销售收入扣除销售成本后的毛利额乘以适用税率确认,在财务处理时要引起注意。其余税种的核算与其他行业相同。

当税费发生时:

借:应交税金

贷:现金(或银行存款)

二、旅行社财务分析

财务分析,就是将错综复杂的会计数字转化为简单明了的财务信息,以增强财务会计资料对经营者的有用性。

企业经营管理是一个复杂的系统工程。经营者往往由于许多客观的和主观的因素使企业经营发生不良后果,如资金没有适度地调配,生产组织控制不佳,销售过程工作失误等。要避免这种情况发生,经营管理者必须连续不断地进行财务分析,以期迅速获得企业的重要财务信息,随时了解企业的经营成果和财务状况以及引起经营成果和财务状况变动的原因,以便采取必要的措施和有效方法，应付瞬息万变的不同情况。

（一）财务分析的目标

财务分析的目标是指财务分析者通过对企业财务状况和经营成果进行分析，研究想要达到的或应该达到的预期效果和目标。

（1）评估企业过去的经营绩效。通过财务分析，经营者了解企业过去一段时期的经营绩效，如企业的净利多少、投资报酬率高低、销货量大小、现金及营运资金流量的流动速度快慢等。通过与同行业相互比较，总结企业的经营得失，对企业有一个正确的定位。

（2）衡量企业目前的财务状况。通过财务分析，经营者扼要地观察企业目标完成得如何，企业目前财务状况怎样，掌握企业目前的财务状况，如企业现在所拥有的资产价值是多大，各项资产的投资比例是否合理，对外债务是否过多，可使用的现金数额、存货数额以及负债与权益的比例关系是否恰当。展示企业目前财务状况的真相，并进一步了解影响企业经营目标完成得好与坏以及财务状况优劣的具体原因，估计企业未来发展的潜在能量，以便经营者采取措施，改进工作。

（3）预测企业未来发展的前景。经营者通过对企业现实的财务状况和经营成果进行深入细致的分析研究，并针对目前的情形，科学地预测未来的发展趋势，拟定未来发展方案，作出正确的经营决策。发展方案一经确定，将影响企业未来的发展，尤其对财务方面的影响更为深刻。

补充阅读资料 7-3

传统财务指标的局限性

McKenzie & Schiling(1998)指出，财务指标评价体系有其明显的缺陷：财务指标评价体系会导致管理者作出一些有利于短期利益却对公司长远发展不利的决定，管理者为获取短期利益往往以牺牲对研究的投入为代价。Chakxavarthy(1986)也认为，传统的利润指标评估的是公司过去的绩效，而战略性的长期绩效需要评估更多前瞻性的指标。Ittner & Larcker(1998)总结了财务指标的局限性：(1)财务指标是滞后性指标，是组织过去经营状况的反映，对未来的盈利能力不具备预测性。(2)以财务指标为主的评价体系容易导致经营管理层的短视行为，为了追求短期的财务效益而不顾牺牲组织的长远利益。(3)财务指标评价体系是一种以结果为导向的评价体系，对驱动财务效益产生的因素缺乏考虑。(4)以财务指标为主的评价体系往往会掩盖组织在运营过程中存在的问题，不利于管理的监控。(5)缺乏对人力资本、信息资本、组织资本等无形资产的评估，而无形资本被许多学者认为是组织核心竞争力的源泉。Fisher & Braneato(1995)在案例研究中补充分析了财务指标的几个限制:(1)财务指标对发现管理中问题的本质及解决方案上提供的信息非常有限;(2)它不利于捕捉关键的商业机会;(3)它是种高度总结、概括性的指标,不利于指导管理行为;(4)它没有反映公司内部交叉职能的运作过程。

(资料来源:鄢志晖《财务指标的选择与分析》,载《山西煤炭管理干部学院学报》2005 年第 2 期)

(二)财务分析的内容

1. 企业经营业绩分析

(1)主要内容

企业经营业绩分析包括分析企业收入的构成情况和企业的盈利能力以及成本费用对企业利润的影响。企业的收入主要包括主营业务收入和其他业务收入。其中,主营业务收入是企业最重要的收入指标,对该指标的分析,可采用本期收入和以前年度同期相比较,一般使用最近三年的数据为好。在主营业务收入分析过程中还要注意各收入项目在收入总量中所占的比重,以便了解企业主营业务在同行业中的地位和发展前景。主营业务收入应占有企业总收入的绝对份额,否则,该企业被认为是处于非正常经济状态或主营业务不突出。对企业盈利能力分析主要采用利润指标,通过对该指标的分析,可以了解企业的盈利水平和企业发展前景。通过观察营业利润、投资收益、补贴收入及营业外净收入在企业利润总额中所占的份额,还可以评价企业利润来源的稳定性。成本费用是影响企业经营利润的重要因素,在收入一定的条件下,成本费用越低,企业的利润就越大,反之亦然。这可通过销售利润率或成本费用利润率来验证。同时,需要对成本费用作进一步的分解,以便了解各成本费用项目所占的比重,从而使企业管理者可以有的放矢地压缩有关开支,达到以最小的投入取得最大的产出。

(2)主要分析指标

①销售净利率

$$销售净利率=\frac{净利润}{销售收入}\times 100\%$$

这里的净利润是指税后利润。该指标反映每一元销售收入带来的净利润是多少,反映销售收入的收益水平。企业在增加销售收入的同时,必须要相应获取更多的净利润才能使销售净利率保持不变或有所提高。销售净利率可以分解成为销售毛利率、销售税金率、销售成本率、销售期间费用率等指标逐项进行分析。

②销售毛利率

$$销售毛利率=\frac{销售收入-销售成本}{销售收入}\times 100\%$$

表示每一元销售收入扣除销售成本后，有多少钱可以用于各项期间费用和形成盈利。销售毛利率是企业销售净利率的最初基础，没有足够大的销售毛利率便不能形成盈利。企业可以按期分析销售毛利率，据以对企业销售收入、销售成本的发生及配比情况作出判断。

③资产净利率(总资产报酬率)

$$资产净利率=\frac{净利润}{(期初资产总额+期末资产总额)/2}\times 100\%$$

把企业一定期间的净利润与企业的资产相比较，表明企业资产的综合利用效果。指标越高，表明资产的利用效率越高，说明企业在增加收入和节约资金等方面取得了良好的效果，否则相反。资产净利率是一个综合指标。净利的多少与企业的资产的多少、资产的结构、经营管理水平有着密切的关系。影响资产净利率高低的因素有：产品的价格、单位产品成本的高低、产品销售的数量、资金占用量的大小。

④净资产收益率(权益报酬率)

$$净资产收益率=\frac{净利润}{(期初所有者权益合计+期末所有者权益合计)/2}\times 100\%$$

净资产收益率反映公司所有者权益的投资报酬率，也叫净值报酬率或权益报酬率，具有很强的综合性。它是最重要的财务比率。杜邦分析体系将这一指标分解成相联系的多种因素，进一步剖析影响所有者权益报酬的各个方面，如资产周转率、销售利润率、权益乘数。另外，在使用该指标时，还应结合对"应收账款""其他应收款""待摊费用"进行分析。

2. 资产管理效率分析

(1)主要内容

对于企业来说，各项资产运转能力的强弱，体现了管理者对现有资产的管理水平和使用效率。资产使用效率越高，周转速度越快，反映了资产的流动性越好，偿还债务的能力越强，企业的资产得到了充分的利用。对资产管理效率的分析，主要是通过以下指标来进行，即应收账款周转率、投资报酬率、固定资产周转率、流动资产周转率和总资产周转率。

对应收账款周转率，通常可采用账龄分析法，重点分析应收账款的质量状况，评价坏账损失核算方法的合理性，对于呆账和坏账，还要具体分析其产生的原因。对投资报酬率的分析主要是看投资期限和投资回收期，从而可知企业的投资是否有效，投资风险的程度有多大。对三大资产(流动资产、固定资产和总资产)周转率的分析,主要是看企业对资产的使用效率,是否有不良资产。

(2)主要分析指标

①应收账款周转率

$$应收账款周转率=\frac{销售收入}{(期初应收账款+期末应收账款)/2}$$

应收账款周转率表示在指定的分析期间内应收账款转为现金的平均次数。应收账款周转率越高,说明其收回越快。反之,说明营运资金过多呆滞在应收账款上,影响正常资金周转及偿债能力。应收账款周转率,要与企业的经营方式结合考虑。以下几种情况使用该指标不能反映实际情况:第一,季节性经营的企业;第二,大量使用分期收款结算方式;第三,大量使用现金结算的销售;第四,年末大量销售或年末销售大幅度下降。应收账款周转率反映应收账款的周转速度,也就是年度内应收账款转化为现金的平均次数,它说明应收账款流动的速度。用时间表示的应收账款周转速度是应收账款周转天数,也叫平均应收账款回收期或平均收现期。

$$应收账款周转天数=\frac{360}{应收账款周转率}$$

$$=\frac{(期初应收账款+期末应收账款)/2}{销售收入}$$

应收账款周转天数表示企业从取得应收账款的权利到收回款项、转换为现金所需要的时间。应收账款周转率越高,说明其收回越快。反之,说明营运资金过多呆滞在应收账款上,影响正常资金周转及偿债能力。

②投资回收期

$$投资回收期=\frac{原始投资额}{每年现金净流入量}$$

投资回收期是指投资引起的现金流入累计到与投资额相等所需要的时间。它代表收回投资所需要的年限。回收期越短,对企业越有利。

③会计收益率

$$会计收益率=\frac{年平均净收益}{原始投资额}\times100\%$$

会计收益率计算简便,应用范围很广,它在计算时使用会计报表上的数据,以及普通会计的收益和成本观念。这个指标越高,对企业越有利。

④流动资产周转率

$$流动资产周转率=\frac{销售收入}{(期初流动资产+期末流动资产)/2}$$

流动资产周转率反映流动资产的周转速度。周转速度越快,会相对节约流动资产，相当于扩大资产的投入，增强企业的盈利能力；而延缓周转速度，需补充流动资产参加周转，形成资产的浪费，降低企业的盈利能力。流动资产周转率要结合应收账款一并进行分析，和反映盈利能力的指标结合在一起使用，可全面评价企业的盈利能力。

⑤总资产周转率

$$总资产周转率=\frac{销售收入}{(期初资产总额+期末资产总额)/2}$$

该项指标反映总资产的周转速度，周转越快，说明销售能力越强。企业可以采用薄利多销的方法，加速资产周转，带来利润绝对额的增加。总资产周转指标用于衡量企业运用资产赚取利润的能力，经常和反映盈利能力的指标一起使用，全面评价企业的盈利能力。

3. 偿债能力分析

(1)主要内容

偿债能力是企业偿还到期债务的能力，包括偿还短期和中长期债务的能力。偿债能力是债权人最关心的，鉴于对企业安全性的考虑，也越来越受到股东和投资者的普遍关注。企业的偿债能力主要是通过流动比率、速动比率、资产负债率、股东权益比率和利息保障倍数来进行。

(2)主要指标

①流动比率

$$流动比率=\frac{流动资产合计}{流动负债合计}$$

流动比率体现企业的偿还短期债务的能力。企业能否偿还短期债务，要看两个方面：短期债务的多少和可变现流动资产的多少。短期债务越少，则流动比率越大，企业的短期偿债能力越强。如果用流动资产偿还全部流动负债，企业剩余的是营运资金(流动资产－流动负债＝营运资金)，营运资金越多，说明不能偿还短期负债的风险越小。一般情况下，营业周期、流动资产中的应收账款数额和周转速度是影响流动比率的主要因素。

②资产负债率

$$资产负债率=\frac{负债总额}{资产总额}\times 100\%$$

资产负债率表示债权人提供的资本占全部资本的比例。该指标也被称为举债经营比率。负债比率反映企业面临的财务风险和获取利润的能力。比率过低，说明企业负债经营的意识不强；比率过高，则企业的财务风险太大。如果企业资金不足，依靠欠债维持，导致资产负债率特别高，偿债风险就应该特别注意了。

③产权比率

$$产权比率=\frac{负债总额}{股东权益}\times 100\%$$

产权比率是债权人与股东提供的资本的相对比例，反映企业的资本结构是否合理、稳定，同时也表明债权人投入资本受到股东权益的保障程度。一般说来，产权比率高是高风险、高报酬的财务结构，产权比率低是低风险、低报酬的财务结构。从股东来说，在通货膨胀时期，企业举债，可以将损失和风险转移给债权人；在经济繁荣时期，举债经营可以获得额外的利润；在经济萎缩时期，少借债可以减少利息负担和财务风险。

④有形净值债务率

$$有形净值债务率=\frac{负债总额}{股东权益-无形资产净值}\times 100\%$$

有形净值债务率是产权比率指标的延伸，更为谨慎、保守地反映在企业清算时债权人投入的资本受到股东权益的保障程度，不考虑无形资产包括商誉、商标、专利权以及非专利技术等的价值，它们不一定能用来还债，为谨慎起见，一律视为不能偿债。从长期偿债能力看，较低的比率说明企业有良好的偿债能力，举债规模正常。

⑤已获利息倍数

$$已获利息倍数=\frac{息税前利润}{利息费用}$$

$$=\frac{利润总额+财务费用}{财务费用中的利息支出+资本化利息}$$

通常也可用近似公式：

$$已获利息倍数=\frac{利润总额+财务费用}{财务费用}$$

利息保障倍数说明企业利润偿还借款利息以后还有多大盈余。只要已获利息倍数足够大，企业就有充足的能力偿付利息，企业的经营风险就越小。企业要有足够大的息税前利润，才能保证负担得起资本化利息。该指标越高，说明企业的债务利息压力越小。

4. 现金流量分析

现金流量用来反映企业创造净现金流量的能力。对现金流量的分析，有助于经营者了解企业在一定时期内现金流入、流出的信息及变动的原因，评价本期收益质量，预测未来期间的现金流量，揭示企业的财务结构和偿还债务的能力，判断企业适应外部环境变化对现金收支进行调节的余地，揭示企业盈利水平与现金流量关系。由于现金流量的客观性和与其他指标的相关性，对现金流量的分析，可以对其他指标的分析起到很好的补充作用。

对现金流量分析包括财务弹性分析、收益质量分析等。

(1)资产的流动性分析

①现金到期债务比

$$现金到期债务比=\frac{经营活动现金净流量}{本期到期的债务}$$

$$本期到期债务=一年内到期的长期负债+应付票据$$

以经营活动的现金净流量与本期到期的债务比较，可以体现企业的偿还到期债务的能力。企业能够用来偿还债务的除借新债还旧债外，一般应当是经营活动的现金流入才能还债。

②现金债务总额比

$$现金流动负债比=\frac{经营活动现金净流量}{期末负债总额}$$

这个比率同时也体现企业的最大付息能力。比率越高，企业承担债务的能力越强。只要能按时付息，就能借新债还旧债，维持债务规模。计算结果要与过去比较，与同业比较才能确定高与低。

(2)获取现金能力分析

①销售现金比率

$$销售现金比率=\frac{经营活动现金净流量}{销售额}$$

销售现金比率反映每元销售得到的净现金流入量，其值越大越好。计算结果要与过去比，与同业比才能确定高与低。这个比率越高，企业的收入质量越好，资金利用效果越好。

②全部资产现金回收率

$$全部资产现金回收率=\frac{经营活动现金净流量}{期末资产总额}$$

这个指标说明企业资产产生现金的能力，其值越大越好。把上述指标求倒数，则可以分析全部资产用经营活动现金回收需要的期间长短。因此，这个指标体现了企业资产回收的含义。回收期越短，说明资产获现能力越强。

(3)财务弹性分析

①现金满足投资比率

$$现金满足投资比率=\frac{近五年累计经营活动现金净流入}{同期内的资本支出+现金股利}$$

现金满足投资比率说明企业经营产生的现金满足资本支出、发放现金股利的能力，其值越大越好。比率越大，资金自给率越高。达到1，说明企业可以用经营获取的现金满足企业扩充所需资金；若小于1，则说明企业部分资金要靠外部融资来补充。

②现金股利保障倍数

$$现金股利保障倍数=\frac{每股营业现金流量}{每股现金股利}=\frac{经营活动现金净流量}{现金股利}$$

该比率越大，说明支付现金股利的能力越强，其值越大越好。分析结果可以与同业比较，与企业过去比较。

(4)收益质量分析

收益质量分析通常用净收益营运指数来进行：

$$净收益营运指数=\frac{经营净收益}{净收益}=\frac{净收益-非经营净收益}{净收益}$$

通过净收益营运指数的历史比较和行业比较，可以评价一个企业的收益质量。这个指标越高，说明企业的收益质量越高；越低，则反映企业的收益质量不够好。

【本章小结】

本章首先分析了旅行社的资产管理，共分为三部分：旅行社的流动资产管理、固定资产管理和无形资产管理。分别介绍了各部分的概念、特征、项目构成、进行管理的意义和必要性、管理的内容和主要指标分析。

第二节介绍了旅行社的收入和成本管理。在旅行社的收入管理中，明确了收入的概念及组成、收入的特点及旅行社如何进行收入管理。首先，旅行社应分清收益、收入和利得的界限；其次，旅行社应正确确认和计量收入的时间；再次，旅行社应及时结转与收入相关的成本，记录与收入相关的税金；最后，旅行社要选用正确的计量方法。在旅行社成本管理中，旅行社要了解旅行社成本费用管理的意义和必要性、旅行社进行成本核算的方法，最后落脚在旅行社如何降低成本。

第三节是关于旅行社财务核算与财务分析。在旅行社财务核算中，要清楚主要会计科目，最重要的是对收入、成本的确认和计量的核算和旅行社其他费用的核算；在旅行社财务分析中，首先是财务分析需要达到的目标，其次是财务分析的内容，包括企业经营业绩分析、资产管理效率分析、偿债能力分析和现金流量分析等。

【关键概念】

资产　成本　收入　财务分析　财务核算

【复习思考题】

1. 旅行社资产管理的内容包括哪些？
2. 如何对旅行社流动资产进行管理？
3. 如何对旅行社固定资产进行管理？
4. 如何对旅行社无形资产进行管理？
5. 如何对旅行社收入进行管理？
6. 如何对旅行社成本进行管理？
7. 旅行社财务核算有哪些重要的会计科目？
8. 旅行社财务分析的内容包括哪些？

【课堂讨论题】

1. 结合实际，谈谈你对旅行社“三角债”的认识。
2. 举例说明旅行社有哪些成本核算的方法。

【案例分析】

诚信是金　旅行社呼唤信用制度

资料显示，自1989年国际旅游业已经由卖方市场转为买方市场，我国旅行社间的市场客源竞争也日趋激烈。为了争取客源，我国旅游市场出现了恶性的削价竞争、延期收款的竞争，一时间“先接待，后收费”似乎成了行规，旅行社不得不被动地参与到这种病态的“信用销售”中，因为“不参与就意味着没有业务可做”（某旅行社总经理语）。这种竞争给了一些境外旅行社可乘之机，他们肆意抬高价格，推迟付款的期限，还要求国内的旅行社承诺同意。这种竞争也给国内一些不良的旅行社可乘之机，他们长期恶意拖欠账款，形成呆账死账。这种竞争最终造成了旅行社应收账款居高不下，流动资金严重短缺，服务质量难以保障，旅行社间信用关系不断恶化，旅游市场一片混乱，使得旅游行业在经济全球化和中国入世的大背景下的健康发展蒙上了阴影。

[点评]

建立旅行社信用制度，是当前旅游界议论最多的话题。“信用”是旅行社立社之本，是一把尺子，可以度量一个旅行社公信力的程度；“信用”也是一面镜子，可以照见一个旅行社整体素质的好坏；“信用”更是一个试金石，可以检验一个旅行社的承诺和广告宣传是否真实。旅行社要发展壮大,就要靠信用树品牌,靠信用保质量,靠信用开拓市场,靠信用出效益。一句话,信用是旅行社的生命。

一、旅行社之间要讲信用

组团社与接待社之间的信用关系,是开展旅游业务的基本条件,组团社对旅游团的信用承诺靠接待社的信用体现,接待社对旅游团的质量信用就是对组团社的信用体现。在加强旅游市场整顿的运作中,旅行社逐步从松散型向集约型发展,小、散、弱的旅行社不断被旅行社集团公司接纳,成为大旅行社的接待社或者代理社,通过契约形式,明确约定权利义务,从吃、住、行、游、购等方面都做到明确约定,将旅行社之间的信用纳入《合同法》调整范畴,信用有了法律保障,这一类旅行社的信用程度普遍较高。旅行社之间的信用建立,要从解决"三角债"入手,乙方不因丙方旅行社的欠款为由欠甲方旅行社的款,也不采取互相冲突的结算措施,凡是有损旅行社信用的行为一概不为,如果这样,建立旅行社之间的信用就有了基础。

二、建立旅行社与旅游者之间的信用

旅行社与旅游者之间的关系是经营者与旅游消费者的关系,旅游者向旅行社购买一次旅游消费产品,不像到商场买一件物品,可以一目了然;旅游产品只有在旅游消费过程中通过感受来衡量已购买的旅游产品的服务质量,所以旅行社的信用尤其重要,国家旅游局制定的《旅行社管理条例实施细则》第八章专门规定"旅游者的权益保护"。旅行社提供的服务即使是与旅游者事先约定的标准,在服务中所提供的服务也不得低于国家标准或行业标准,有的项目还是强制性的。如旅行社投保旅行社责任险,不因旅游者未交保险费而免除旅行社为旅游者投保意外险的责任。旅行社的信用在于旅行社是否提供了符合约定价格的旅游服务质量,旅游服务质量包括有形产品质量和无形产品质量两部分,是旅游者在旅游活动中享受到服务劳动的使用价值,得到某种物质和心理满足的一种感受。旅游服务质量具有知识性、舒适性、文明性、时间性、经济性等特点。旅行社的信用从广告词开始,其宣传要符合客观实际,其承诺与履行的服务要一致,否则谈不上信用。

三、建立旅行社与相关旅游企业的相互信用

旅行社具有产品组装、销售的职能,要将旅游活动涉及行、住、食、游、购、娱等方面的旅游产品采购组装,再销售给旅游者,这就涉及与各旅游相关企业的信用问题。旅行社与旅游相关企业的信用无不涉及旅游产品质量,旅行社不得因其他旅游企业的信用影响而降低服务标准,损害旅游者的合法权益,因此旅行社还承担着信用补救的责任。如采购的旅游产品有缺陷,旅行社就不能原封不动地销售给旅游者,而要采取补救措施,使旅游产品达到能够满足旅游者的要求,

即使旅行社要遭受经济损失也不得转嫁给旅游者,旅行社始终要对旅游者负责,所受损失可通过法律渠道向相关旅游企业索赔。旅行社对相关旅游企业也一样要讲信用,往来账款要在约定的时间内结清。只有讲信用,才能更顺利地采购到优质的旅游产品,保证旅游者的需求。

旅行社的信用,是一个政治概念,也具有经济内容,旅行社有了信用,在社会上才会有良好的形象,才会赢得更多的客源、更多的业务增长,最终带来的是效益的丰厚回报

(资料来源:http://zx.917ly.com/article/article_1788_1.html,2006-5-23)

[思考]

1. 旅行社为什么要呼唤信用制度?

2. 我国旅行社为什么诚信缺失?

3. 如何构建旅行社信用制度?

【实训题】

结合案例,说说旅行社应怎样进行财务分析。

主要参考文献

1. 杜江编著:《旅行社经营管理》,旅游教育出版社 2002 年版。

2. 陈永发主编:《旅行社经营管理》,高等教育出版社 2002 年版。

3. 段国强编著:《旅游投诉案例与分析》,中国旅游出版社 2003 年版。

4. 梁智主编:《旅行社运行与管理》,东北财经大学出版社 2001 年版。

5. 李宝明主编:《旅行社经营管理》,经济科学出版社 2004 年版。

6. 郑双庆编著:《香港旅行社管理与运作》,旅游教育出版社 2001 年版。

7. 丁力主编:《旅行社经营管理》,高等教育出版社 1999 年版。

8. 魏星编著:《实用导游语言艺术》,中国旅游出版社 2001 年版。

9. 梁智编:《旅行社业务》,旅游教育出版社 2000 年版。

10. 郭鲁芳主编:《旅行社经营管理》,东北财经大学出版社 2002 年版。

11. 姚延波、左坚编:《旅行社经营管理理论、实践与案例》,天津人民出版社 2004 年版。

12. 王缇萦:《旅行社经营与管理》,上海人民出版社 2006 年版。

13. 陈小春主编:《旅行社管理学》,中国旅游教育出版社 2003 年版。

14. 潘宝明主编:《旅行社管理概论》,华中师范大学出版社 2005 年版。

15. 国家旅游局人事劳动教育司编:《旅行社管理基础》,旅游教育出版社 2000 年版。

16. 薛毅、林德崇主编:《旅行社经营管理》,旅游教育出版社 1989 年版。

17. 钟海生、郭英之编著:《中国旅游市场需求与预测》,广东旅游出版社 2001 年版。

18. 贺学良:《现代旅行社经营管理》,复旦大学出版社 2003 年版。

19. 何忠诚:《旅行社管理》,广东旅游出版社 2002 年版。

20. 楼嘉军主编:《旅行社经营管理》,立信会计出版社 2004 年版。

21. 徐东文主编:《旅行社管理》,武汉大学出版社 2004 年版。

22. 李宝明主编:《旅行社经营管理》,经济科学出版社 2004 年版。

23. 财政部注册会计师考试委员会办公室编:《经济法》,经济科学出版社

2004 年版。

24. 财政部注册会计师考试委员会办公室编:《会计》,经济科学出版社 2003 年版。

25. 财政部注册会计师考试委员会办公室编:《财务成本管理》,经济科学出版社 2004 年版。

26. 孟永峰主编:《财务会计学》,经济管理出版社 2005 年版。

27. 李明、陈晓霞主编:《财务管理实务》,黄河水利出版社 2007 年版。

28. 贾宗武、盛碧荷主编:《成本会计学》,西安交通大学出版社 2007 年版。

29. [美]迈克尔·考脱曼:《旅游饭店管理会计》,王燕、梁颖、李文峰编译,浙江摄影出版社 1992 年版。

30. 中华人民共和国财政部组织编写:《旅游、饮食服务企业会计制度》,经济科学出版社 1992 年版。

31. 杜江、戴斌:《旅行社管理比较研究》,旅游教育出版社 2000 年版。

32. 郅润明:《浅论加强旅行社成本管理的核心环节》,载《经济问题》2004 年第 9 期。

33. 陆朋:《旅行社从"暴利"转"微利"的现状分析》,载《北京第二外国语学院学报》2003 年第 5 期。

34. 汪辉、蒋栋:《试析旅行社经营中的外汇风险及规避》,载《北京第二外国语学院学报》2005 年第 5 期。

35. 中国人寿保险公司:《中国人寿保险 2006 年版旅行社责任保险介绍》,2006 年。

36. 中华人民共和国国家旅游局:《旅行社投保旅行社责任保险规定》,2004 年。

37. 中国人力资源开发网(http://www.chinahrd.net/)。

38. 21 世纪管理培训网(http://www.21emr.com/)。